中华职教社2021年第一届黄炎培职业教育思想研究规划课题：黄炎培职业教育质量观研究与实践，立项号：ZJS2022YB290；

重庆工业职业技术学院博士基金项目：黄炎培职业教育思想与当代中国实践研究，项目编号：2022GZYBSZK3-25。

| 光明社科文库 |

职教之声
职业教育高质量发展研究

金正连◎著

光明日报出版社

图书在版编目（CIP）数据

职教之声：职业教育高质量发展研究 ／ 金正连著
. --北京：光明日报出版社，2023.5
ISBN 978－7－5194－7259－7

Ⅰ.①职… Ⅱ.①金… Ⅲ.①职业教育—教育质量—研究—中国 Ⅳ.①G719.2

中国国家版本馆 CIP 数据核字（2023）第 088994 号

职教之声：职业教育高质量发展研究
ZHIJIAO ZHI SHENG：ZHIYE JIAOYU GAO ZHILIANG FAZHAN YANJIU

著　　者：金正连	
责任编辑：李月娥	责任校对：鲍鹏飞　张月月
封面设计：中联华文	责任印制：曹　净

出版发行：光明日报出版社
地　　址：北京市西城区永安路 106 号，100050
电　　话：010－63169890（咨询），010－63131930（邮购）
传　　真：010－63131930
网　　址：http：//book.gmw.cn
E－mail：gmrbcbs@gmw.cn
法律顾问：北京市兰台律师事务所龚柳方律师
印　　刷：三河市华东印刷有限公司
装　　订：三河市华东印刷有限公司
本书如有破损、缺页、装订错误，请与本社联系调换，电话：010-63131930

开　　本：170mm×240mm	
字　　数：312 千字	印　　张：17
版　　次：2023 年 10 月第 1 版	印　　次：2023 年 10 月第 1 次印刷
书　　号：ISBN 978－7－5194－7259－7	
定　　价：95.00 元	

版权所有　　翻印必究

目 录
CONTENTS

第一编　立德树人、"三全育人"研究 ………………………………… 1

基于工匠精神培养视角的高职院校精准资助育人工作探索 ……………… 3

心理育人工作在高职教育中的困境与突破
　　——以汽车工程学院为例 ……………………………………………… 10

人工智能驱动"立德树人"创新发展研究
　　——以职业教育为视角 ………………………………………………… 17

职业教育要坚持把立德树人作为根本任务 ………………………………… 24

第二编　思政课、课程思政研究 ……………………………………… 29

新形势下行业院校课程思政建设的研究与实践 …………………………… 31

高职院校实施课程思政困境及对策研究 …………………………………… 40

思政教育服务于技能型人才培养目标的现状调查与思考
　　——以山西机电职业技术学院为例 …………………………………… 48

现代学徒制培养模式下课程思政的实施路径
　　——以汽车检测与维修技术专业为例 ………………………………… 53

高职院校思政课教学资源建设与应用探析
　　——以陕西铁路工程职业技术学院为例 ……………………………… 58

突出"四强化"时代意蕴，构建职业院校思政育人新模式
　　——以天津市机电工艺技师学院为例 ………………………………… 64

职业院校开展思政课实践教学与团学实践活动一体化构建研究 ………… 71

对高职课程思政建设的思考 ………………………………………………… 79

第三编　工匠精神、劳模精神、劳动精神研究　89

工匠精神在职业教育中的价值认知与实践路径研究　91

"双高"背景下新时代高职院校劳动教育实施路径研究　97

劳动教育实践融入职业教育的路径与思考　103

高职院校学生劳模和工匠精神培养及实践研究
　　——以渤海船舶职业学院为例　109

高职院校工匠精神的培养路径探索　116

培育和弘扬"工匠精神"
　　——论习近平总书记职业教育重要指示精神　123

新时代高职院校劳动教育改革发展研究　128

"工匠精神"融入职业院校思想政治教育的价值与实践探索　134

第四编　教师建设研究　143

新时代高职院校教师队伍建设路径浅析　145

贯彻习近平关于职业教育工作的重要指示精神,探究对高职"三教改革"教师建设的重要影响　153

高职院校教师教育教学质量提升策略研究　160

第五编　文化建设研究　167

红色文化融入高职院校思想政治理论课路径研究　169

特色校园文化育人实践思考与探索
　　——以陕西国防工业职业技术学院吴运铎雕像建设为例　176

红色军工文化育人研究
　　——以陕西国防工业职业技术学院为例　182

浅谈中等职业院校校园文化建设对思政育人工作的影响
　　——以天津市机电工艺技师学院为例　188

大学生维护文化安全的五重使命
　　——基于习近平总书记关于文化安全的重要论述　194

第六编　其他　207

职业教育高质量发展的难题与对策　209

现代职业教育体系建设背景下高职院校人才培养质量提升的实践路径　217

立德树人视阈下高职院校创新创业生态升级路径研究 …………… 223
以社团活动为载体,推动美育全覆盖,培养德智体美劳全面发展的
高素质大国工匠 ……………………………………………………… 230
黄炎培职业教育质量观的内涵及其当代价值 …………………………… 239
构建现代职业教育体系:精神、框架与路径 …………………………… 246
新时代背景下职业教育何以实现"大有作为"
　　——学习习近平总书记对职业教育工作作出的重要指示精神 ……… 253
精准扶贫工作中的职业教育理论及其实践 ……………………………… 259

第一编 01
立德树人、"三全育人"研究

基于工匠精神培养视角的高职院校精准资助育人工作探索

河南工业职业技术学院　司铜生

摘　要：随着国家资助政策体系的完善和资助工作水平的不断提高，高职资助在缓解家庭经济困难学生的经济压力和提升其综合素质等方面发挥着重要作用。本文从高职院校精准资助育人的重要意义研究入手，阐述以精准扶贫思想为指导，将高校资助工作与德育工作紧密有机结合，进而有效提升广大贫困生的职业技术能力、职业综合素养，塑造工匠精神，真正有效发挥资助工作的育人功能，实现学生的成长成才。

关键词：高职院校；精准资助；工匠精神

一、工匠精神视域下高职院校精准资助育人探索的重要意义

经过多年的不断建设和发展，我国逐步建立并完善了以"奖、助、贷、补、减"为主的大学生资助体系，在高校资助工作的良好运行和有效保障下，家庭经济困难学生绝大多数完成了学业，这不仅在很大程度上缓解了家庭经济压力，而且使学生在精神上得到了很大的鼓励和支持。他们自立自强，在学业上投入更多的精力来提升自我，立志将自己的人生梦想融入中华民族伟大复兴中国梦的实现征程中，取得了良好的育人效果、社会效果。然而，在高校资助工作发挥积极作用的背后，我们不难发现在高等教育规模不断扩大的背景下，现行的资助体系仍然有许多不完善的地方，资助育人功能的发挥比较有限。例如家庭经济困难学生的区分和界定标准不客观、不科学；认定机制不成熟、不健全；资助工作重外延、轻内涵，校内外各种资助形式之间缺乏整合协调等问题。

二、高职院校资助工作存在的主要问题

笔者以某高职的部分师生为调研对象，向全校3000名贫困生发放了调查问

卷，随后又选取了3个年级30名贫困生、8名辅导员做了集体访谈和一对一访谈。

从调研结果发现，贫困生求学过程面临的困难内容和对内容的提名顺序上在贫困生视角和辅导员视角都存在差异。从贫困生视角来看，求学过程面临的困难由大到小的顺序为：心理问题、学业问题、就业问题；从辅导员视角来看，求学过程面临的困难由大到小的顺序为：心理问题、人际交往问题、自强问题。

经过对调查结果的整理和分析，高职院校资助工作存在的问题主要体现在以下三个方面。

一是资助对象的认定机制不完善，贫困生识别不够精准。在高校资助工作中，贫困生认定工作是第一步，也是高校资助工作的核心和灵魂。能否精准识别贫困生，将直接影响高校资助工作的成效，甚至影响高等教育的公平和教育事业改革发展目标的实现。同时，建立客观完善的贫困生认定流程和机制，也能有力促进我国高校贫困生各项资助政策的落地落实。

从事一线辅导员工作十多年来，高职院校贫困生认定工作一贯是由班级民主评议小组完成的。他们在辅导员的指导下，通过审阅、查验学生提供的《高等学校学生及家庭情况调查表》和结合申请人日常表现来进行认定。2019年以前，《高等学校学生及家庭情况调查表》上面需要村委会、乡镇政府、县民政局三级公章证明，但一些地方的民政部门对此标准不清、把关不严，尤其是乡、村，可能出于乡里乡亲的原因，未能严格按照要求对申请学生的家庭经济情况进行审核，直接在证明材料上面盖章，这种做法严重影响了评定的公平性。从2019年开始，《高等学校学生及家庭情况调查表》上不再需要三级部门盖章，只需要学生个人承诺所填信息真实有效并签字即可。然而，随着资助标准不断提高和受助面不断扩大，甚至国家助学金比有些校内奖学金高得多，一些家庭经济情况并不贫困、不符合评审条件的学生也产生了申请国家助学金的想法。因此近年来高职院校申请认定贫困生的数量逐年增加。

作为班级评议小组组长的辅导员，在贫困生认定中起着关键性的决定作用，但由于庞杂的学生管理事务，时间和精力的严重不足，或由于少数辅导员的责任心不强，在贫困生认定中未进行细致有效的调查，使得认定标准单一、程序轻松简单，导致贫困生的认定结果缺乏客观真实性、公平和公正性。

二是重视物质资助，轻视精神资助，资助方式单一。高职院校的资助工作，物质资助是途径和手段，育人育才才是根本。在现行多种资助体系的阶段，高职院校对家庭经济困难学生的资助观念陈旧落后，大多重视物质资助。很多院校在开展大学生资助工作的过程中，只重视国家的资助资金是否落实到位，为他们提供诸如棉被、衣物、学习用品等物质方面的帮助，仅是单纯的"物质扶贫",没有意识到对家庭经济困难学生进行资助是为了把他们培养成德智体全面发展的人才,忽略了其精神方面的培养,这与国家"精准扶贫"思想中扶贫先扶志的观念有所违背。这样的做法导致很多贫困生容易产生自卑的心理,内心抑郁,没有形成完备的人格。因此,如果高职院校对家庭经济困难学生的资助理念和行为只是停留在物质方面,忽视精神和心理方面,很容易会出现物质、精神"双重贫困"的现象,走向另外一个恶性循环。

在高职院校中,国家助学金的评定、发放是每学年学生工作的一件大事,也是高职院校资助工作最重要的资助方式,但部分学生未因受到国家好政策的资助而心怀感恩、恪守诚信、自强励志。这种现象的出现和蔓延,导致一些学生产生"等、靠、要"的惰性心理,同时,在面对学业和成长方面,有些贫困生忽略了专业学习,缺乏积极进取、自立自强的信念。还有些贫困生因为有了受助经验,用故意拖延学费、恶意不交学费的错误,来证明自己确实很贫困,这不但失去了资助育人的意义,也在不同程度上造成了学校建设发展的困难。甚至一些伪贫困生一旦助学金打入自己账户,"慷慨"地请同学聚餐,买高档衣物、高档手机等电子产品。这种现象是客观存在的,不仅滋生助长了学生的消极无为的心理,而且有悖于培养学生自立自强、自尊自爱、诚信感恩等良好品质的形成。

三是重一时的资助,忽视职业能力培养及工匠精神塑造。在我国现行的资助政策和社会公共力量的帮助下,家庭经济困难学生的学费和生活费大部分都能得到解决。但是,除了对家庭经济困难学生的经济方面的资助外,更应该注重贫困生职业能力的培养和工匠精神的塑造,才能最终做好贫困生的资助工作,才能使贫困生及他们的家庭真正走出困境。

在连续多年寒暑假走访慰问贫困生的过程中,经常会发现我们的贫困生缺乏职业规划能力。很多贫困生父母文化程度不高,靠打零工维持生计,对于学生的学业指导非常有限,学生只能意识到利用课余时间打零工减轻家庭经济负担,他们对于自己的未来非常迷茫。这样虽然解决了家庭眼前的困难,但对于学生和家庭的长远发展非常不利。我们需要在物质方面解除贫困生学业方面的后顾之忧,更重要的是注重培养他们的职业素养和综合素质。

作为培养具有"劳模精神"和"大国工匠"人才的高等职业教育,注重工匠精神的培养至关重要。目前高职院校对学生工匠精神培养工作的认识深浅不一,开展实践育人工作的水平参差不齐,部分高校缺乏探索和创新,工作模式陈旧落后,大多停留在参观考察、调查访谈等浅层次、易开展的传统活动形式,影响实践育人工作的针对性和时效性;有些高校仍沿用"会议式""讲座式"

"灌输式""填鸭式"的教育教学模式，缺乏与学生的交流互动，很难有效激发学生的创新创造意识和主动思考兴趣，仍存在重形式轻内涵的现象，在不同程度上制约了资助育人工作的开展。

三、基于工匠精神培养视角的高职院校精准资助育人工作的对策分析

针对高职院校资助工作存在的问题，基于精准扶贫思想，提升贫困生的职业素养，塑造工匠精神，我们可以从以下三个方面做好高职院校的资助育人工作。

（一）精准识别贫困生，建立动态数据库

高职院校开展资助工作的前提和基础是贫困生认定。创新高职院校家庭经济困难学生认定工作，探索资助和育人的有机融合必须探索识别贫困生的新方法、新途径、新模式。在贫困生的认定过程中，采用五步工作流程——查、看、谈、建、跟，构建更为精准的贫困生认定模式，结合分析大数据并量化，从而精准识别贫困生的家庭困难程度，切实让贫困生得到资助，解决他们上学的问题，减轻他们家庭的负担。

一查。学生入校后，辅导员对于学生的信息掌握十分有限，通过查阅学生的高中档案和家庭情况调查表，了解学生的家庭所在地、父母职业、家庭年收入、有无遭受家庭变故或自然灾害等情况，初步掌握学生的家庭经济情况，建立起初步档案。必要时辅导员可利用寒暑假进行家访，加强高职院校与贫困生家庭之间的联系，及时与贫困生的家人交流，详细了解学生家庭情况和实际困难，并且向其家庭介绍高校资助的相应政策，帮助解决其后顾之忧，完成学业。

二看。通过走访宿舍看学生日常的穿衣打扮，使用的电子通信产品、宿舍摆放的物品等，观察学生日常生活中有无抽烟、酗酒等不良嗜好，查看学生的饭卡消费记录等，从而推断该生的经济消费水平，考察受助学生是不是将资助用于学习和必需的日常生活，推断学生的学业努力程度和经济水平。

三谈。在前面两步工作的基础上，和学生进行谈心谈话，掌握更为详尽的材料；找同宿舍的学生谈话，详细了解学生平时的生活消费状况；找任课老师沟通，了解学生的学业情况；与班级的学生干部谈话，了解学生的班级事务、活动等参与情况，进而全方位、全过程地了解学生的家庭经济困难程度和在校综合表现。

四建。在查、看、谈的基础上，建立动态的贫困生数据库。由于每个学生的具体情况不同，加之每年会有极少数学生的家庭突发变故或遭受自然灾害，因此每年要动态更新学生入学之初就建立的贫困生档案，有利于全面地掌握学生的家庭经济情况；同时利用学生食堂消费记录、通信费用等一些大数据，把

学生的伙食费、通信费、在校表现方面等进行量化，逐步形成科学化、精准化的数据管理系统，精准识别学生家庭经济困难的程度，为高职院校的精准扶贫提供有效依据。

五跟。对认定的贫困生做定期跟踪。在贫困生的认定过程中不仅要采用家庭基本信息和日常消费行为相结合的民主评议方式，保证贫困生认定的公平性和效率性，同时定期跟踪已认定的贫困生，及时处理那些获得资助却将资助用于高档消费的学生，使真正家庭贫困的学生获得资助，确保资助的公平、公正。

（二）重视精神资助，确保贫困生资助需求精准

加强三项教育，培养贫困生的自立自强、诚实守信、勇于担当的社会责任感。

一是加强励志教育。通过定期组织开展"自强之星"评选、"助学政策，助我成才"征文比赛、励志典型宣讲会、资助先进学生事迹展等活动，挖掘并宣传贫困生中积极进取、奋斗拼搏的感人事迹，发挥榜样示范作用。用他们不畏困难、积极进取、乐观向上的精神力量感染和教育广大学生，营造勤学奋进的氛围，激励贫困生自立自强、不断进取。

二是加强诚信教育。结合河南省资助中心每年推行的"诚信校园行"活动，举办"征信知识和诚信还贷"报告会、安排辅导员与贷款毕业生进行一对一的诚信谈话、签订还款计划书、开展网上还贷知识答题、诚信辩论赛、诚信演讲等丰富多彩的诚信主题教育系列活动，使广大学生树立诚实守信的优良品质，重视个人征信，更好立足企业、立足社会。

三是加强社会责任感教育。以课外实践、志愿服务等活动为载体，将贫困生编入志愿服务团队，积极参与各项公益活动和广泛开展校内外志愿服务活动，将感恩之心带进农村、福利院、敬老院等，为贫困生创造经济脱贫和精神脱贫的良好条件，激发贫困生树立起知恩感恩、回报社会、服务他人的意识，从而达到资助育人的目标。

加强精神帮扶，把解决贫困生的思想问题和实际问题结合起来，对贫困生的心理、学业和就业进行重点帮扶。

一是进行心理帮扶。用思想去教育学生，用知识去滋润学生，用真情去感化学生。通过潜移默化的方法引导学生树立正确的世界观、人生观、价值观，鼓励他们不断提升自我、完善人格，教会他们以积极乐观的态度面对生活。贫困生多数有自卑的心理，在平时应细心观察、仔细了解，关注贫困生的思想动态，给予关心，适时开导，使他们学会调节自我，提高心理健康水平。定期开展心理排查，充分发挥心理辅导的作用，及时缓解贫困生的心理压力，并提供

实质性建议。在端午、中秋等传统节日期间开展"我们的节日"活动，让学生切身感受到家一般的温暖，最大限度地消除家庭经济困难带来的消极影响，进而增强学生对集体的归属感。

二是进行学业帮扶。有条件的高职院校可以推行班主任导师制。精心选拔一批优秀教师担任班主任，他们应具备较高的专业技术水平、丰富的工作经验，关心热爱学生，每位导师负责一个班级，负责对学生进行学业辅导和专业指导。根据学生的不同特点和兴趣爱好，为贫困生提供个性化和专业性的指导帮助。同时将国家奖学金、国家励志奖学金获得者与学业困难的贫困生结成对子，进行学业精准帮扶。实现了助人者与受助者二人共同进步和成长的"双赢"，助人者学习到了更多知识，体会到助人的乐趣，同时锻炼了自己的能力；受助者成绩提高，增强了学习的信心和动力。

三是进行就业指导。大一入校后对学生进行专业教育，加深学生专业认知，使学生了解专业的就业前景、发展方向和应具备的良好职业素质等，帮助贫困生树立信心，增强学习兴趣。大二进行职业生涯规划，帮助贫困生正确认识自我，引导他们进行学习专业知识的同时确立目标和行动方案，激发学习积极性，实现目标。大三开展一对一的就业指导，听取学生就业意愿，宣讲就业政策，引导学生准确定位，制定个性化的就业方案，使个人兴趣、特长和岗位进行链接，一方面积极推荐贫困生进入企业订单班学习，让学生通过校企合作进行企业实践，提前感受、了解所学专业在行业中的地位，所学知识和技能在具体工作过程中的实际运用。工学交替，让学生更直观看到自身素质能力与行业发展需求的差距，这样的对比和反差，使学生不断改进自己的内生动力，更好更快地提升自己的专业技能和适应能力。另一方面，可以择优推荐贫困生进入实习基地、就业基地进行顶岗实习，毕业后还可继续留在企业工作，拓宽了贫困生的就业渠道。

（三）注重职业能力和工匠精神培养，提升贫困生的综合素质

一是把工匠精神的培养和塑造融入专业学习过程中，营造校园工匠精神文化氛围。工匠精神是高职教育的核心精神，营造具有工匠精神的校园文化氛围更是每一个高职院校的奋斗目标。帮助贫困生解决家庭经济困难，使其安心专业学习的同时，将工匠精神所具有的精益求精、创新等职业精神融入教学课程、专业课程设计、实验实训等当中去，强化课堂教学与社会实践相结合，通过亲身体验、知行合一，大力提升学生的动手能力和社会实践能力，提升学生的技能，促进书本上知识"内化"为学生真正的"本领"；在学和做的过程当中，受助学生真正感受到和获得切身体验——匠心精神对职业、岗位等的重要性。通过课堂教学、展板、校园微信公众号、报告讲座、志愿服务活动等形式多样

的途径来正向引导学生的世界观、人生观、价值观、职业观等，将工匠精神的培养内化为贫困生自身所需的职业态度。

二是将工匠精神培养与人文素养教育相结合。通过邀请创业成功人士、校友走进校园开展就业创业讲座，树立贫困生成长成才的优秀典型，强化受助群体激励功效，培育自立、感恩的匠心精神。邀请大国工匠为学生做报告，展示工匠精神，让学生能够近距离与技能大师接触，感受技能大师的魅力，引导贫困生提升职业综合素养，成为工匠精神的传承者和弘扬者，使高职院校成为新时代工匠的摇篮。成立专业社团，引导贫困生加入社团，将技能比赛常规化，建立多支不同种类的学生竞赛团队，每学年组织教师和学生参加校、市、省、国家级的技能竞赛。在技能大赛的选拔、训练、参赛等过程中，贫困生不仅掌握了扎实的理论知识和娴熟的操作技能，还培养了良好的心理素质、职业素质和就业能力。

三是构建工匠精神的培育机制，实行校企双主体育人。培养工匠精神是促进学校、企业共同发展的需要，采用工学结合的人才培养模式，促使企业积极参与到培养具有工匠精神的学生过程中去，全面提高学生的职业素养。校企双方把培养工匠精神融入人才培养方案、课程体系建设、学习评价中，充分利用校内外各种实践基地，加强与企业交流，为受助学生提供顶岗实习、就业岗位。企业应指定行业专业技术骨干担任学生顶岗实习的带岗师傅，他们应普遍具有较高的专业技能水平、实际工作经验和良好的职业道德，既能有专业理论方面的辅导，也能对现场操作技术进行指导，还能通过敬业精神、职业道德、人生追求来潜移默化地影响学生，将实习企业所具有的军工文化和匠心精神，潜移默化地渗透到贫困生的行为、价值观中，不断磨砺精神品质，加大对"爱岗敬业、诚实守信、军工精神、奉献担当"等职业品质的训练与考核，让贫困生在具体工作实践中掌握扎实本领、磨炼意志，逐步成为认同企业文化，爱岗敬业，任劳任怨，具有追求卓越、开拓创新等工匠精神的技能专门型人才。

作为培养技能人才的重要基地，高职院校必须培育和塑造新一代大学生的工匠精神，提高他们的主动性和创造性，使其为我国制造业的转型升级发挥积极作用。高职院校资助育人工作是解决家庭经济困难学生"经济帮困"和"精神解困"的重要手段，应不断创新资助育人的新路径，将工匠精神培养融入资助育人工作当中，激发受助学生的自强奋发之心、感恩回馈之情、为国奉献之志。在社会、企业和校园三种不同形式的工匠精神文化的熏陶下，将资助、育人、匠心精神融合在一起，贫困生的劳动、就业、求学等观念都会发生改变，一个个能工巧匠将会脱颖而出，为实现中华民族伟大复兴作出贡献。

心理育人工作在高职教育中的困境与突破
——以汽车工程学院为例

河南工业职业技术学院　王洪艳

摘　要：育人重育德，育德先育心，心理育人工作在职业教育改革发展中占据了重要的位置，但在技能导向的职业教育中深化实施，困难重重。研究者在推动心理育人工作的过程中，不断探索职业教育与心理育人的有效融合，创新心理育人在高职教育中实施的有效路径，逐渐形成心理育人工作的长效机制，为学生提供了精准化、温情化、专业化、系统化的心理健康指导，促进学生全面成长成才。

关键词：心理育人；高职教育；育人改革；实施路径

教育部《高校思想政治工作质量提升工程实施纲要》明确要求把心理育人纳入新时代高校思想政治教育工作十大重要育人体系。当前，新时代高校思想政治教育主要矛盾逐渐凸显为主体与客体、诉求与实际、方法与效果等之间的矛盾（王永益，2018）。学生的需求发生了根本性变化，高校思想政治教育只有加强对学生思想、心理、行为精准的研判，才能提高思想政治教育的实效性。习近平在纪念五四运动100周年大会上的讲话指出："要主动走近青年、倾听青年，做青年朋友的知心人""要关注青年所思、所忧、所盼"。新时代心理育人正契合解决高校思想政治教育矛盾的诉求，有利于落实高校立德树人的根本任务，为高校"培养什么人"和"如何培养人"提供重要的视角；它符合国家战略层面心理建设需要，有利于培育学生自尊自信、理性平和、积极向上的健康心态；有利于促进学生人格健全和心理素质发展，为投身中国梦实践奠定良好心理基础。因此，厘清新时代高校心理育人新内涵、认清新时代心理育人面临的现实境遇，积极推动高校心理育人科学化发展是当前思想政治教育者必须深度思考和亟须解决的问题。

一、研究实施的背景及意义

（一）研究实施的背景分析

国务院印发的《国家职业教育改革实施方案》中明确了职业院校人才培养的目标，要"健全德技双修、工学结合的育人机制""培养高素质劳动者和技术技能人才"。育人重育德，育德先育心，心理育人工作作为提升思想政治工作质量的"十大育人"体系之一，其发展不仅需要宏观层面的顶层设计，更需要微观细节的落实执行。伴随着时代的发展，当前大学生表现出了新的特点，他们既有远大理想、崇高信念，对未来充满憧憬；同时也会在遇到问题、疑惑和冲突时，出现恐惧、畏难和彷徨不前（曾晶，2019）；更有甚者遇到困难备受打击，自我否定，误入歧途，一蹶不振。高职院校新生心理健康筛查结果显示，近年来大学生心理问题更加隐蔽，不易察觉，平时在生活、学业和人际交往中常常表现很优秀的学生，被大家视为"成功"的代表，会出现突然的"崩塌式"的消失，或伴随有严重的心理障碍。面对大学生心理特点的新变化和学生心理成长，传统的预防式心理健康教育已经不能满足职业教育发展需要，创新心理育人模式，将积极的心理健康要素渗透到学生成长的全过程中，引导学生关注自我、珍视自我、激励自我，努力提升自我调适能力，提升心理健康水平，就成为职业院校心理健康教育首要任务。

（二）心理育人在高职教育实施中的困境

目前心理健康教育课程在高职院校实施过程中，开设了公共基础课、公共选修课，各学院通过第二课堂推进心理育人实践活动，基本满足学生心理健康教育普及宣传需要。但就目前掌握的情况看，在高职院校中心理健康教育的公共基础课程，多采用线上课堂形式，线下多以心理选修课的形式开展教学，更多的心理育人工作需要依靠各二级学院第二课堂实施。由于缺乏专业的指导，很多院系的心理健康教育流于形式，远远不能满足学生心理健康需求，更难以实现心理育人质量的提升。在职业教育中心理育人重要性日益提升的今天，育人形式和机制改革势在必行。

汽车工程学院是河南工业职业技术学院的二级学院，该学院学生表现出较为明显的专业特色，为准确把握学生的基本情况，研究团队通过班级心理晴雨表、心理问卷调查的方式对不同专业、不同年级学生进行调研，目前学生表现出如下特点：其一，男生人数众多，学生精力旺盛，对新奇事物好奇心重，实践操作能力强；其二，五年制学生比例较大，占全院学生的45.3%，在对五年制学生心理问卷调研分析中发现，学生更倾向于使用网络新媒体，喜欢参与户外游戏活动，但整体心理健康知识储备较低，缺乏必要的沟通和心理调适技巧（比例为49.6%），表现出较为明显的自卑心理（37.8%）；其三，高职学生适应问题、人际交往问题、情感问题、学业问题较为突出，学生厌学情绪和网络成瘾现象较为普遍，分别达到54.2%和61.8%，与此同时，学生也表现出了对于未来就业压力的担忧。这些问题普遍存在，仅依靠原有传统的第二课堂心理育人模式，已经远远不能满足学院心理育人工作提升的需求，将心理育人工作以课程形式纳入人才培养方案中，对不同年级学生实施针对性心理育人实践，提升心理育人工作的质量，已经成为心理育人课程改革的必然趋势。

（三）研究实施的意义

本研究以汽车工程学院为例，改革现有心理育人模式，在实践探索中，研究小组根据高职院校专业特色和不同年级学生需求，逐步构建"12345"心理育人长效机制，有效推进"五位一体"心理育人质量提升体系的健全与发展。本研究的实施，在理论和实践层面，均具有重要的意义。

从理论上讲，本研究拟完善心理育人的课程体系，打造"成蝶计划"专业特色课程，实现课程设计创新。研究组针对不同学院学生专业特点，设计针对学生发展性需求的"成蝶计划"特色课程，根据不同年级学生的需求和特点，形成分年级实施的具体方案，为学生心理成长提供系统支持，助力学生顺利完成学生到职场人的角色转换。

从心理育人实践层面看，本研究实施的过程中，建立了心理育人长效机制，实现育人模式创新，尊重学生发展规律与成长需求，立足于发展性咨询与教育引导，逐渐形成"12345"心理育人长效机制，在学校心理育人工作中广泛推广，推进"五位一体"心理育人质量提升体系的不断完善。

二、心理育人在高职教育中的实施路径探索

研究组根据心理育人工作需要，制订了特色课程"成蝶计划"，并将此课程纳入第二课堂教学实施中，依托社团和学生会，在学生中普遍开展，逐步构建"12345"的"五位一体"心理育人长效机制，满足学生心理发展需求。

（一）心理育人服务定位

心理育人的服务定位于发展性心理健康教育与干预指导，在"理性平和、健康心态"的理念指导下，心理育人项目工作有序开展，形成了固定的服务对象：主要面向学校的师生与学生家长；逐渐形成心理育人服务的定位：学院心理健康知识宣传、学生心理问题辅导、职业生涯辅导与咨询、心理测评、心理危机应对方法、协定个体发展方案等；具体服务内容包括：对学生学习生活中

遇到的学习困难、方向迷茫、人际关系障碍、情感问题、情绪调节、就业辅导、生涯规划等提供指导和帮助；运用团体心理训练和心理辅导的技术与方法，挖掘个人潜能，解决心理问题，制定个体化成长方案；运用生涯辅导工具，辅导学生完成生涯规划，做出生涯决策，提供求职指导服务、心理委员培训、院系教师及班主任心理培训；利用现有的测试量表和测评仪器，为同学提供测评服务，并提供测评结果点评及指导。

(二) 心理育人工作实施现状

1. 实施"心理育人"一个标准，助推心理育人课程规范化发展

心理育人是指通过心理教育引导的方式来实现育人的目的。具体地说，是教育者从教育对象的身心实际出发，遵循人的心理成长规律和教育规律，有目的、有计划地对教育对象进行积极心理引导，缓解心理压力，开发心理潜能，提升心理品质，促进人格健全，以实现培育有理想、有能力、有担当的时代新人。研究组在实施心理育人工程的过程中，依托标准化心理咨询工作室，按照教育部心理育人工作统一的标准实施并推进心理育人工作，在完成基础设施建设的基础上，制定规范化的课程体系标准，完成标准化课程标准、授课计划、教材、教案等材料，助推心理育人课程的规范化发展。

2. 建立线上线下两个平台，推进心理育人课程师资队伍建设

线上、线下平台同步建设。线上创设微信公众号，完善阵地建设；线下建立二级心理辅导站、心理协会办公室，满足学生个体咨询、团体辅导平台需求的同时，推进线下心理育人课程普及。

3. 完善"成蝶计划"三阶段课程建设，实现心理育人普及发展

项目组成员针对汽车工程学院不同专业的特点，形成专业心理育人特色课程"成蝶计划"，按照不同年级需求，分阶段实施"成蝶计划"，满足学生发展性心理健康需要。

(1) 大一学生心理"蓄势"教育

"成蝶计划"特色课程在针对大一学生的设计中，团队指导老师遵循刚入校新生心理特点和成长规律，开展心理"蓄势"教育。为确保活动开展，依托协会和社团活动，定期开展社团活动日，确保每周至少举行一次大型心理健康教育活动。具体活动实践中，通过心理趣味运动会和素质拓展活动，将趣味性、竞争性、合作性融于一体，培养学生团体协作和有效竞争意识。开展心理健康月系列活动，借助于心理讲座、主题班会、心理健康征文、现场咨询、留言板等形式，实现了心理健康专业知识普及。

(2) 大二学生心理"破茧"教育

学生进入大二，心理进入破茧阶段。依据学生成长型需求进行活动设计，确保心理育人惠及更多学生。在育人实践中，团队借助于团体辅导、场景演练拓展活动等，设计情绪管理、压力调试等目标性团体辅导讲座和校园心理剧的具体实施计划，在学生培训中，提升学生心理"破茧"技能。

(3) 大三学生心理"成蝶"教育

高职学校大三的学生以顶岗实习和适应社会为主要教育内容，团队指导老师针对学生就业迷茫、职业适应不良等特点开展心理成蝶拓展集训。通过职场适应、职场人际、时间管理等场景设计，利用征集签名、为自己鼓掌等团建活动，帮助学生破茧成蝶，顺利完成学生到职场人的角色转变。

4. 打造心理育人"四心"实践，确保心理育人课程点面结合

项目根据学生培养定位和学生特点，推进搜集分析"知心"、系统宣传"入心"、团体活动"开心"和精准教育"扶心"工程，促进学生知、情、意、行的健康发展。

(1) 搜集分析"知心"

"知心"是通过多种渠道掌握学生基本情况，知生情、明生意。学生基本情况的掌握源于新生心理数据库、学生心理需求调研、每月心理危机干预情况汇总、班主任与心理委员访谈、心语工作坊接访等渠道，依据搜集到的信息和数据综合分析，形成不同类别的学生数据库，掌握各类学生的心理需求和特点。

(2) 系统宣传"入心"

"入心"是基础，从知、情、意实现引导和干预，以促进学生人格健全和心理素质发展。系统宣传采用线上、线下同步进行，贴合不同阶段学生成长规律和心理需求分析，选择学生乐于接受的方法，通过"青春心语工作坊"微信公众号、微课、主题班会、心理系列讲座、主题辩论会等形式，实现系统心理知识传播的全面覆盖。

(3) 团体活动"开心"

"开心"是行为和人格层面的引导与干预，属于较深层次的育人工程。"开心"在知情明意的基础上，按照学生需求和不同特点，借助于心理趣味运动会、发展性团体辅导、校园心理情景剧等团体活动形式，让学生在活动参与中，完成心理行为的引导和干预。

(4) 精准教育"扶心"

"扶心"是根据贫困生特别是建档立卡家庭学生的心理特点开展心理帮扶，是针对特殊群体的精准心理健康教育。与资助工作建立协同机制，明确心理帮

扶对象，划分心理帮扶需求类型，力争一类一策地采取帮扶措施，积极探索"隐形"的心理健康教育形式，实现"扶贫先扶志，扶志先扶心"。

5. 形成预防干预五级体系，实现心理育人课程效果实时反馈

心理育人工作在高职院校中逐步形成普查—筛查—干预—追踪—监控的五级心理预防干预体系，通过学校—心理健康教育中心—心语工作坊—班级—宿舍五级自上而下的组织设计，借助于心理咨询督导、心理咨询教师、辅导员和班主任、心理委员、宿舍信息员等不同层级人员反馈，实现学生心理状态的动态监测，为心理育人工作实施提供依据和指导。

三、心理育人工作的突破

研究者在推进心理育人工作实效性研究的过程中，主要从机制建设、方法创新和成果提炼三个方面实现职业教育的新突破。

（一）建立心理育人长效机制，实现育人模式创新

心理育人项目在探索实施的过程中，尊重学生发展规律与成长需求，立足于发展性咨询与教育引导，逐渐形成"12345"心理育人模式，在学校心理育人工作中广泛推广，推进"五位一体"心理育人质量提升体系的不断完善。

（二）打造"成蝶计划"专业特色课程，实现课程设计创新

针对不同学院学生专业特点，设计针对学生发展性需求的"成蝶计划"特色课程，助力学生顺利完成学生到职场人的角色转换，为学生心理成长提供系统支持。

（三）实施"四心"实践活动，实现特色成果凝练

在项目实施中推进"四心"实践，确保心理育人工作的点面结合，不断巩固育人成果，推进育人工作专业化、精细化发展，打造精品化团队，以"头雁效应"带动项目往深里走，确保项目精品化发展。

四、结语

心理育人工作在实施发展过程中，必须以学生成长成才为中心，彰显育人的特色，进而推进项目内涵式发展；形成稳固的育人模式，制定可供复制的具体实施流程；在项目实施中不断巩固育人成果，推进育人工作专业化、精细化发展，打造精品化团队，以"头雁效应"带动项目往深里走，才能确保项目精品化发展。在高职教育中实施心理育人的深入发展，也应该重点关注以下三个方面。

（一）形成育人模式，有序推进项目开展

心理育人工作的深入推进，必须形成稳固的育人模式，制定可供复制的具体实施流程，这样才能有效判断项目的价值和是否具有推广的条件。同时，稳固的育人模式，可以指导应用者在具体实施中，根据育人模式的设计，有计划、有重点地开展工作，确保心理育人目标的不断实现。

（二）打造育人特色，引领项目内涵发展

在心理育人工作推进的过程中，必须打造育人的特色，在特色项目引领下，深入推进项目的内涵式发展，进而提升项目的应用和推广价值。育人特色的打造，最基本的是以学生为中心，了解学生所思所想所需，结合学生培养目标和专业特色，形成适合学生发展又具有推广应用价值的育人特色。如本项目推进的"成蝶计划"特色课程的建立，就是在五位一体心理育人模式的基础上，结合汽车学院学生实际和订单班培养需求，旨在提升学生就业竞争力和就业质量的思路下逐渐形成的。

（三）及时提炼成果，提升团队影响力

在辅导员专业化、职业化发展的过程中，要把工作做得专业化、精细化，必须对工作的经验进行及时总结和提炼，形成成果，只有不断呈现成果，才能提升项目的影响力，为项目推广应用和内涵式发展奠定坚实的基础，成果形成的过程中，团队的影响力不断提升，也更有助于团队成员逐步向专业化、职业化方向发展。

人工智能驱动"立德树人"创新发展研究
——以职业教育为视角

河南工业职业技术学院　张晓梅　李宛　梁艺岚

摘　要：随着新技术革命的不断发展，职业教育学生的世界观、人生观、价值观的形成都受到诸多因素的影响，因此，职业教育理念需要转变。党的十八大明确指出"把立德树人作为教育的根本任务""开创人人皆可成才、人人尽展其才的生动局面"。教育规划纲要提出"德育为先、能力为重、全面发展"、构建"现代职业教育体系"。立德树人已经成为教育改革发展的首要目标，是建设现代职业教育体系的精神实质，是加快发展现代职业教育的根本任务。在人工智能快速发展的驱动下，要有与时俱进的教育理念，要积极利用现代教学技术手段，尤其利用人工智能的先进性开展思想政治工作，提高职业教育思想政治教育的时效性，实现立德树人的根本任务。

关键词：人工智能；立德树人；职业教育；创新发展

职业教育进入了提质培优、增值赋能时代，职业教育要紧跟科技发展，在立德树人方面结合人工智能优势，提质增效。人工智能对于社会的影响是全面的，已经开始广泛嫁接生活场景，从实验室走向寻常百姓家。如今，人工智能核心技术取得突破性进展，具体表现为人工智能的基础技术、通用技术、应用技术都得到广泛运用。在移动互联网、大数据、超级计算、传感网、脑科学等新理论技术的驱动下，人工智能呈现出深度学习、跨界融合、人机协同、群智开放、自主操控等新特点。"AI+应用"更是大显身手，对国内国际社会的经济、文化、教育产生了广泛而又深刻的影响。一个"新人工智能时代"正在走来。由此，职业教育要积极面对人工智能时代的到来，要认识到"人工智能赋能职业教育不仅要在认知的维度上提高站位，将智能化的思维贯穿在产业升级与职业教育的关系中；更要辨识清楚变与不变的相关要素和特征，使其能够在技术变化中坚守职业教育初心；还要厘清人工智能赋能职业教育的具体路径和方法。

为此，职业院校才能在人工智能时代来临时，培养出适应社会发展的高素质技能人才。"

一、人工智能驱动对立德树人的现实意义

2019年8月，《关于深化新时代学校思想政治理论课改革创新的若干意见》出台就强调要推动人工智能等现代信息技术在思政课教学中的应用，建设一批国家级虚拟仿真思政课体验教学中心。习近平总书记在致国际人工智能与教育大会的贺信中指出，要"高度重视人工智能对教育的深刻影响，积极推动人工智能和教育深度融合，促进教育变革创新"。

立德树人是教育的根本任务。人工智能时代，积极推进职业教育快速、创新、科学发展，以立德树人为引领成为不二选择。以立德树人为根本任务，指引职业教育科学、创新、和谐发展具有时代价值意义，即立德树人是新时代职业教育开拓创新、快速发展要遵循的基础，也是职业教育根本任务和本质要求的反映。以立德树人指引职业教育快速、创新、科学发展具有发展逻辑，即立德树人反映了职业教育新时代要求的根本诉求，立德树人是职业教育科学发展的内在动力，立德树人也彰显以社会实践发展为基础的价值旨归。

十八大以来，党和国家聚焦立德树人工作发展实际，提出了一系列新思想与新战略，职业教育立德树人工作取得了阶段性进展。国务院2019年的《国家职业教育改革实施方案》明确指出，职业教育要着力培养高素质劳动者和技术技能人才。高素质职业人才的培养，绕不开教育"立德树人"的根本任务，离不开思政课的具体指引。2019年3月18日，习近平总书记在主持召开学校思想政治理论课教师座谈会时指出，"思政课是高等学校落实立德树人根本任务的关键课程"。思政课作为职业教育的主阵地，对于落实立德树人，培养德才兼备、全面发展的人才，实现新时代职业教育的新发展具有强大的助推作用。因此，讲好思政课，讲好生动的思政课、实效的思政课，实现立德树人，培养担当民族复兴大任的时代新人具有十分重要的意义。在信息飞速发展、技术革命日新月异的时代背景下，研究如何利用人工智能提升职业教育立德树人效果具有很强的现实指导意义。

立足人工智能时代，立德树人工作已经不同于手工业时代、工业时代的农耕教育和拷贝型知识教育，一个个性化、复合型的创新教育模式正在兴起。在人工智能时代，立德树人工作的"三维一体"正在全新演绎。立德树人工作的时空被无限扩大，教育形式更加生动、逼真、活泼，内容更加科学、全面，载体除了文字、语言、图片，还增添了大量的"新技术"工具，这使立德树人工作扩充到了前所未有的广度和深度。由此，立德树人教育的内容和形式突破了传统束缚，学生也能够在更加自由的时空中进行教育内容和形式的相对自由的选择，其主观能动性得到了充分的发挥。更为重要的是，在人工智能时代，更多的、丰富的、可视的资源展现在教育者和受教育者的面前，教师与学生之间实现了主体间性，自主选择性得到了前所未有的满足，教育的先进性和时效性也得到了有效保证。

二、人工智能驱动对职业教育立德树人带来的升级

人工智能技术对职业教育立德树人将产生历史性影响，并推动思想政治教育系统的整体性升级。思想政治教育属于教育的范畴，必然遵循教育的规律和方法，在思想政治教育系统中，其包括教师、学生、教学媒体、教学资源四个核心要素。在人工智能技术这一背景下，立德树人教育必然引起思政教师的教学方式、学生的学习方式、获得学习资源形态和教育教学媒体形式的深刻变革，具体表现在以下四个方面。

（一）思政教师育人角色将更加突出

人工智能时代，职业教育教师的角色将发生根本性转变，教师知识性的教学角色将会被人工智能所取代，教师的立德树人角色将越来越凸显，趋向教师与人工智能协作教学。教师不再是课堂的唯一主讲人和权威人，人工智能将充当很好的助教，结合庞大的数字资源库为学生提供个性化学习支持与服务，同时完整记录、分析学生的资源使用情况以及学习过程中产生的生成性资源，通过精准化的数据分析为教师及时提供反馈信息，帮助教师快速了解学生的情况。人工智能将提供作业设置、批改、学生素质测评与心理疏导、智能化导师等服务项目，辅助实现学生个性化管理、精准化学习服务与指导、科学化成长记录与健康检测等多项目标。此外，还支持教师收集学生学习过程中的动态生成性教学资源，开展高效备课、授课、答疑等相关活动，创造个性化课堂教学。这些过程中，教师的角色和重心已经从传统的知识主导型转为引领全面发展型，教师面临的压力和责任比以前更大、更重要。

（二）人+机结合学习共同体成为必然

学生是社会的关键人群，在智能时代背景下，学生群体形成了独具特色的人工智能技术下的学习习惯。在人工智能技术支持下，智能机器人积极参与到学生的思想政治学习中去，智能机器人既能帮助学生也能自己独立学习。作为参与帮助者来说可以帮助学生制定学习目标、搜集学习资料、科学规划学习进度、提醒完成作业等；此外，人工智能还可以根据大数据采集、分析、了解学生的兴趣和特长，帮助学生设计个人规划，遴选课外活动，适时提醒学习者参与各类活动，并动态生成各类活动记录，有助于学生进行课后反思。智能机器人作为独立学习者，可与学生组成学习小组，形成人机结合的学习共同体，充分发挥学生在人类思维方面的特长，发挥人工智能在处理烦琐的、枯燥的、重复的工作以及逻辑演算等方面的特长，共同完成目标，达成学习成果。在此过程中，一方面培养学生问题解决、创新以及人际交流等实际能力，另一方面培养学生与人工智能"交流"和"沟通"的应用能力。

（三）学习资源更加精准化、个性化

职业教育与普通高校德育具有很大的不同，产教融合、工学结合的特点更加适应人工智能德育模式。人工智能驱动立德树人教育资源多元集成化、精准对象化以及个性推送化的实现。在人工智能环境下，以技术为支撑，把分布凌乱的海量学习资源整合、汇聚成不同类型的优质学习资源库，通过科学的、有序的方式整理，建构开放、可扩展的资源库供学生学习使用。比起传统"千人一面"的学习方式，人工智能技术构建的资源库实现了"千人千面"的精准化、个性化立德树人育人教育。在人工智能驱动下，能够实现因材施教，充分体现了职业教育学生的差异化、个性化发展。

（四）智能化学习空间得以建构

人工智能驱动对学习环境的影响将是全方位的，360度全景式，包含了传统教室和在线学习平台。职业教育具有自己的教学模式和人才培养方法，比起传统的局限于课堂教育的模式，职业教育更加具有分散性和多样性。人工智能驱动将全面升级传统的教室环境设备，通过收集温度、光线、声音等参数创建一个包含虚拟视觉、听觉、触觉在内的全面感知学习场域。针对在线学习平台，人工智能与虚拟现实技术、5G技术等相结合，可以为职业学生建构一个具有智能性和交互性的虚拟教室——接近真实教室的学习环境，从而克服时空局限，并增强远程学习者的沉浸感和体验感。另外，人工智能技术赋能在线学习平台，使其能够动态识别学习者的认知能力、学习风格和学习状态，实现学习资源和学习路径的个性化推荐，从而建构基于大数据的智能化学习空间，如学生在定岗岗位或实训场所，利用人工智能实现德艺、德技齐发展。

三、人工智能对职业教育立德树人工作的价值分析

在人工智能时代，职业教育中的学生思维方式和行为方式都发生了深刻的变化，他们在接收人工智能时代传递的"正能量"的同时，也不可避免地接触到了一些负面的影响。

（一）正面价值

1. 在人工智能时代中，网络技术的开放性与立德树人工作之间能够形成紧密的关联，教学信息的丰富性和网络时空的信息辐射功能紧密关联，使学生德育工作处在了一个宽松、便捷的环境之中。此外，网络技术以分布式结构构建，借助若干节点及其之间的关系朝不同方向无限延伸和扩展。在这种情况下，学生的立德树人教育工作，也就逐渐淡化了原有的强制性，那种以"中心意义"为主的趋势也逐渐减弱，客体的多样化与个性化得到了前所未有的释放，学生在立德树人的教育教学中的主体性得到了认可，其自主参与和独立选择的积极性得到了加强。由此一来，职业教育的学生的立德树人教育实践活动可以借助人工智能的技术形式完成，在模拟、再现现实世界的过程中，丰富教学形式，提高教学效果，完成了教育目标。如利用智能化技术，可以给学生上一堂党史课，这样的党史课突破传统的干涩、无趣，可以通过身临其境，打造学生亲自在革命年代的感觉，其效果不可同日而语。

2. 人工智能驱动的最大优势和价值使其具有开放性与共享性的特征，同时由于网络信息可以在网络空间自由复制，其传播的速度和规模是超乎想象的。因此，立德树人实践工作也就可以在人工智能技术支撑下进行，一方面能够有效消除物理空间上的限制与束缚，还可以把各类资源置于无界的虚拟空间中，最大限度地增加思想政治教学的信息量，丰富教学内容，提升教学质量。

（二）负面影响

1. 虽然人工智能给立德树人带来了全新的发展机遇，使思政工作获得了前所未有的方便，正面价值十分显著，但是，不可否认，人工智能驱动下给立德树人工作也带来了一定的负面影响，且这种影响和发展趋势是不可逆转的。例如，人工智能的虚拟实践致使现实世界和虚拟世界中的事物出现了异常化和颠倒化的倾向，甚至出现了"人的网络异化"。一些学生对人工智能实践的"虚拟性"和"半现实性"熟视无睹，在认识到虚拟实践是其获取信息、知识的重要方式的同时，将其看作是唯一的、正确的途径，对现实生活采取了漠视甚至敌视的态度，使思想政治教育的作用和效果无法得到有效发挥；此外，一些学生过度沉湎在人工智能虚拟实践中，给思想政治教育工作带来了负面的影响。

2. 人工智能的实践颠覆了传统社会实践的形式和内容，它依托于电脑、网络与信息技术。在这一实践模式中，由于开放性、匿名性和"去抑制性"等特征，一些学生逐渐分不清现实与虚拟的界限，迷失在人工智能技术构建的世界里无法走出，甚至沉浸在网络生活的低级趣味领域里，逐渐丧失了自身原有的价值追求、理想抱负和责任担当。尤其对那些意志力较差的学生，其主体性有逐渐弱化甚至退化的风险，现实与虚拟、网络与生活之间的差异无法识别，给立德树人工作带来了明显的阻碍。

四、人工智能驱动下职业教育立德树人路径研究

司马光在《资治通鉴》中指出："德胜才谓之君子，才胜德谓之小人。"在职业学生培养与发展过程中，职业教育以"立德树人"为核心办学理念，进行思政教育、职业精神、人文素养、创新创业、心理健康以及校园文化等方面的育人实践都是塑造健全健康的高素质技能型人才，人工智能驱动的目标就是要完成立德树人这一核心要义。

在人工智能时代，传统立德树人工作受到了一定的挑战，思想政治教育作为知识传授和价值塑造的主要场域有被消解的危险，思政教师传道授业解惑的主体性和权威性被弱化，传统思想政治教育教学内容和表达方式正在发生转变。针对人工智能对思想政治教育带来的不利影响以及职业教育的特点，立德树人工作要及时采取有效措施，避免不利影响，可以通过人工智能的驱动提升价值判断教育，因为简单的知识灌输和呈现不能深刻影响学生。要充分利用人工智能技术呈现人文社科教育中的价值判断教育，发挥课程思政的育人合力作用，深挖价值判断的教育方法，探索价值判断教育的有效途径，培养职业学生的价值判断能力。立德树人工作是一项复杂的系统工程，身处人工智能时代中的职业教育学生应明辨虚拟和现实之间的关系，在虚拟实践与现实实践中全面保持必要的张力与联系。

（一）集合多种要素，创造优良育人环境

在人工智能技术时代，立德树人工作的创新和实效强化，需要借助各种有效的网络平台，只有教育工具具备了"即时性"与"实时性"的特征，才能最终形成全方位渗透的态势。为此，在不影响立德树人核心思想表达的情况下，集合多种要素，创造优良教育环境，掌握和运用人工智能场域中的话语模式提升学生的接受感是很重要的。当然，为了实现这一点，还需要构建更适合人工智能时代场域的教学行为模式，转变传统教育中的教与学的被动关系为主动关系，通过对语言、教学等模式的改善，全面构建良好的教育环境，在与学生进行信息互动的过程中，增强亲和力、提高吸引力，使价值观形成于潜移默化中，尤其要适应职业教育的特点，不能简单模仿普通高校。

（二）借助人工智能技术创设真实语言环境，激发学生的积极情感

职业教育学生动手能力强、实践能力强，这为很好地借助人工智能提供了便利。人工智能实现将三维图形生成技术、多传感交互技术和高分辨显示技术

等集合在一起，能够为学生生成逼真的虚拟环境，使之产生身临其境的感受。因此，为了能够在人工智能场域中更好地完成学生的立德树人工作，可以将此技术应用其中，使之进入教学空间之中。然后，通过教师与学生之间的实时交互，并对虚拟世界中的各种对象进行"亲自操作"，获得真实的体验。这种接近于真实的实践活动，可以使学生不受时空的限制，能够极为便捷地获得各类与立德树人学习相关的教育资源，在拓展了教育空间的同时，也使教育和教学效果获得显著的提升。

（三）借助多元网络平台，构建灵活、高效的实践应用体系

在人工智能场域中，学生所借助的"生存"载体是多种多样的，即在网络世界中可供学生关注和消遣的平台十分丰富。因此，要想提高人工智能场域中职业教育学生立德树人的吸引力与实效性，就应该对传统的教育教学方式进行统一的整改，充分结合职业教育的特点，借助多元网络平台开展思想政治教育工作。例如，加大资金和精力投入，重点开发用于思想政治教育的软件工具和人工智能网络平台，使智能化下的思想政治教育工作更具实效性，在教育者的熟练掌握与应用中，使人工智能环境下的立德树人工作更加契合职业教育的特点。

结束语

习近平总书记在全国教育大会上强调"要高度重视职业教育，大力推进产教融合，健全德技并修、工学结合的育人机制"。

当代职业教育由于受到科技进步的影响，已经全面进入了新智能时代。在这个时代，虽然网络技术的"工具性"特征很好地诠释和模拟了思想政治教育的交互方式，对实现较好的教育教学效果起到了明显的促进作用，但是需要看到的是，在这积极作用的反面，网络技术也使立德树人工作一度陷入困境之中。因此，需要结合职业以及学生的自身特点，集合多种要素，创造优良教育环境；在实际工作中不断增加反馈渠道，借助网络技术创设真实语言环境，激发学生的积极情感，提高学习效率；借助多元网络平台，构建灵活、高效的实践应用体系；等等。唯有如此，才能借助人工智能优势，实现学习者和教育者之间的情感共鸣和信息互动，提高立德树人的教学效果。

职业教育要坚持把立德树人作为根本任务

陕西国防工业职业技术学院　吴　娟

摘　要：高职院校要加强和改进学校思想政治教育工作，坚持把立德树人作为教育的根本任务。为了落实立德树人根本任务，高职院校应建立全员全过程全方位育人的"三全"育人理念，构建"大思政"育人格局。充分依托校内外资源，把握第一课堂，形成思政课程与课程思政协同育人；活跃第二课堂，促进思政小课堂与社会大课堂的融合；拓展第三课堂，推动线上教学与线下教学相结合；重视第四课堂，营造"思政+"校园文化氛围。通过第一、二、三、四课堂的有机融合，引导学生将理论内化于心、外化于行，全面落实立德树人根本任务，培养担当民族复兴大任的时代新人。

关键字：立德树人；思想政治教育；理论；实践；网络；校园文化

一、在职业教育中树立立德树人的总目标

我们党历来重视德育工作，党的教育方针始终坚持把德育工作放在首位。党的十八大将"立德树人"明确为教育的根本任务；党的十九大进一步指出，要"落实立德树人根本任务"；党的十九届四中全会对完善立德树人体制机制提出了新的具体要求。2021年4月13日，习近平总书记对职业教育工作做出重要指示，强调职业教育要坚持立德树人。这就要求高职院校在教育工作中要始终坚持德育为先，做好学生的思想政治教育工作，提升学生的认知能力，引领学生的价值取向，使学生在错综复杂的社会环境中能找准方向，坚定"四个自信"；培养一代代听党话、跟党走、扎根人民、奉献祖国的社会主义建设者和接班人。

目前，世界正处于百年未有之大变局。一方面，当前国际格局正在深度调整，全球治理体系正在深刻变革，国际力量对比发生重大变化，世界百年未有之大变局进入加速演变期。受疫情等综合因素影响，世界经济持续低迷，世界政治形势错综复杂，民粹主义、保护主义、单边主义抬头，意识形态的斗争也

日益复杂，各种敌对势力干扰我国发展、试图发动"颜色革命"的招数层出不穷。另一方面，随着中国的不断发展，我国的综合国力日益增强，中国在世界的影响力日益突出，中国的制度优势日益彰显，中国日益走近世界舞台中央。在纷繁复杂的社会环境下帮助学生树立远大的理想信念，引导大学生坚定马克思主义信仰、中国特色社会主义信念、实现中华民族伟大复兴中国梦的信心尤为重要，事关国家人才培养、社会发展和中华民族伟大复兴。

高校大学生正处于"拔节孕穗期"，他们在思想上拥护中国共产党的领导，热爱祖国，思维活跃、善于思考、乐于表达、勇于创新，但同时也受到西方拜金主义、享乐主义、个人主义等影响；他们知识面广、眼界宽阔但涉世不深，辨别能力不强，容易受到网络、媒体等的影响，看问题易于片面化，容易形成趋众思维。因此，在高校教育中要坚定一个目标——以立德树人为目标，高职院校坚持德育为先，加强和改进学校思想政治教育工作，把立德树人的成效作为检验学校工作的根本标准。

二、立德树人总目标的实现路径

为了落实立德树人根本任务，高职院校应构建全员全过程全方位育人的"三全"育人体系，充分依托校内外资源，把握第一课堂——理论课堂，形成思政课程与课程思政协同育人；活跃第二课堂，促进思政小课堂与社会大课堂的融合；拓展第三课堂，推动线上教学与线下教学相结合；重视第四课堂，营造"思政+"校园文化氛围。通过第一、二、三、四课堂的有机融合，使思政课教学能够始于"知"、终于"行"，遵循"知情意行"的认知规律，使学生能将理论内化于心、外化于行，将立德树人的体制机制优势转化为育人实效。

（一）把握第一课堂，形成思政课程与课程思政协同育人

理论课堂是第一课堂，是学生获取知识、提升素质的重要阵地。习近平总书记在全国高校思想政治工作会议上指出："要用好课堂教学这个主渠道，思想政治理论课要坚持在改进中加强，提升思想政治教育亲和力和针对性，满足学生成长发展需求和期待，其他各门课都要守好一段渠、种好责任田，使各类课程与思想政治理论课同向同行，形成协同效应。"将思政课程与课程思政共同纳入思想政治教育工作体系中，推动课程育人。充分运用好思政课堂，做好系统思想政治理论教育工作；充分运用好其他课堂，挖掘课程思政元素，同向同行，形成协同效应。

思想政治理论课要筑牢立德树人主阵地。在思想政治理论课教师座谈会上，习近平总书记曾指出："思政课是落实立德树人根本任务的关键课程，思政课作用不可替代。"思想政治理论课是学生系统学习马克思主义理论的主阵地，是引

导学生培养社会主义核心价值观，树牢"四个意识"、坚定"四个自信"、做好"两个维护"的重要阵地；是巩固马克思主义在高校意识形态领域指导地位的重要阵地；是厚植爱国主义情怀，引导学生将爱国情、强国志、报国行融入自身发展，勇担民族复兴大任的重要阵地。

思政课教师要以"八个相统一"为标准，不断推进思想政治理论课改革创新。思想政治理论课的政治性和理论性是其区别于其他课程的重要特征。思政课教师自身要政治信仰坚定，通过有信仰的人讲信仰，才能以深厚的理论功底和言传身教引导学生系统学习和掌握马克思主义理论；通过学术讲政治，通过学理讲现实，以理服人，用强大的真理教导学生，帮助学生在意识形态斗争中保持正确的政治定力，坚定对马克思主义、共产主义的信仰，对中国特色社会主义的信念和对实现中华民族伟大复兴的信心。思政课还要坚持价值性和知识性相统一、建设性和批判性相统一、理论性和实践性相统一、统一性和多样性相统一、主导性和主体性相统一、灌输性和启发性相统一、显性教育和隐性教育相统一，不断深化思政课改革创新，提升思政课教学实效。

课程思政是近些年思想政治教育工作的一大变化，意在深入挖掘专业课程、其他基础课程的思政元素，在学习领悟课程固有知识、掌握专业技能的同时，结合所学内容，适时对学生进行价值引领，把爱国主义教育、中国精神、社会主义核心价值观、法治精神、创新精神等融入课堂教学中，通过"盐溶于水"的潜移默化的方式发挥所有课程的育人功能，促进学生的自由全面发展，充分发挥高职院校教书育人、立德树人的重要作用。

(二) 活跃第二课堂，促进思政小课堂与社会大课堂的融合

实践课堂是第二课堂，在开展思想政治教育工作中起着无可替代的重要作用。在学校思想政治理论课教师座谈会上，习近平总书记强调，把"思政小课堂"同"社会大课堂"结合起来，教育引导学生立鸿鹄志、做奋斗者。这一论断包含着丰富的哲理，蕴含着深厚的中华文化和中国智慧。首先，通过思政小课堂向学生传授马克思主义科学理论，全面推动习近平新时代中国特色社会主义思想进学生头脑，构建基本的理论体系，形成科学的初步认识，对大学生的思想政治教育起着基础性、系统性作用，是提高学生政治素养、树立正确的三观、践行社会主义核心价值观的重要途径。其次，思想政治工作必须重视发挥"社会大课堂"的作用，将理论付诸实践，通过实践深化认识，提高对理论的深度理解，才能做到真学真信，实现改造主观世界和客观世界的统一。高职院校可以通过组织志愿者活动、社会调查、参观研学、实习实践、优秀人物访谈等各类社会活动，重点回应学生关注度高、认识不到位的问题，满足学生的成长成才需求，实现学校、企业、社会协同育人，推动形成全员全过程全方位育人

的大思政格局。

推进思政小课堂与社会大课堂的融合要注重发挥各方作用,做好协调工作。首先,要争取社会各方力量的广泛支持,充分发挥当地红色资源、传统文化资源、校友资源、企业资源等,将引进来与走出去相结合。例如我校组织的"大国工匠进校园""抗美援朝老战士讲党史""企业家讲创新精神""普法活动进校园"等系列活动,将优秀校友、老红军、企业家、法官等邀请进校,为学生开展核心价值观教育、四史教育、法治教育等活动,运用他们的典范效应、名人效应提升思想政治教育的参与度、认可度,增强学生的认同感。同时,学校要加强思政课社会实践教学基地建设,带领学生走出去,深入当地红色教育展馆、博物馆、企业、法院、检察院、农村、养老院等,开展社会实践活动,组织志愿者服务活动、乡村振兴社会调查活动、普法宣传、党史宣传、环境保护等,深入社会、深入基层,通过切身体验深刻体会中国共产党的百年奋斗征程,深入学习领会国家的大政方针,有效提升政治素养,坚定中国特色社会主义道路自信、理论自信、制度自信、文化自信,强化高职学生的社会责任感,践行使命担当。

其次,思政课教师要发挥好引导、组织、策划的作用,根据教学内容、学生专业、社会资源提前设计实践教学主题和环节,深度挖掘和开发实践活动中思想政治教育元素,将理论知识和社会实践充分结合,保证实践教学的时效性、有效性,为实践教学提供有力保障。

(三)拓展第三课堂,推动线上教学与线下教学相结合

网络是把双刃剑,在信息化时代,大学生获取信息的主要途径是网络,网络已然成为影响学生价值观的重要阵地。因此,用好网络的传播形式,占领网络阵地,强化网络思想政治教育就变得尤为重要。做好网络思想政治教育不仅要从思想上重视学生需求,更要掌握新媒体的传播规律,为学生提供有效的服务。通过网络阵地的天然优势拓展课程资源,开阔学生的知识面,结合学生关注的重点难点问题,让课堂教学有的放矢,润物无声。

线上思政课教学为思想政治教育提供了更多便利,对优化教学工作、推进教育教学改革起到举足轻重的作用,具有很强的现实意义。首先,线上教学能提高学生的课堂参与度。传统的思政课主要以教师讲授为主,教师在课堂中占主体地位,学生互动较少,学习热情不高,导致学习效率欠佳。开展线上线下相结合的教学模式,通过超星信息化平台、本校精品在线开放课程、课堂互动游戏平台、多媒体视频、电子课件、课堂派、云班课、QQ等多种信息化手段,能有效培养学生兴趣,引导学生参与课堂教学,加强教学互动,推动落实以学生为主体、以教师为主导的教学理念,促使学生主动思考、带着问题学习,加

深对所学知识的理解，并提高自主探索能力。以我校为例，在现实教学中，思政课以精品在线课程为依托，思政课教师将课堂教学分解为几个知识点录制5~8分钟的微视频，学生可以利用手机或电脑观看教学视频，在课堂上结合问题主动思考，小组讨论，配合教师理论讲授和引导，加深对马克思主义理论知识的掌握。同时，马克思主义学院通过易班、微信公众号等平台每周向学生推送"一周新闻速览""党史小知识""红色人物"等，将马克思主义理论、时政新闻、百年党史知识通过小故事、微视频等通过线上推送给学生，丰富了教学资源，极大拓展了教学内容。其次，线上教学可以延伸教学空间，将部分知识通过课前学习、课后扩展的方式由学生自主在线上学习，同时通过线上方式为师生提供沟通交流平台，解决认识中的难题，为一对一个案教学提供可能，有效解决学生的思想困惑，提高教学的针对性和有效性。最后，线上线下双线并行，互相补充，能更好地扩充教学资源库，构建更加完善的课程体系，进一步优化思政课教学建设。

（四）重视第四课堂，营造"思政+"校园文化氛围

思想工作是一项复杂的工程，在思想政治教育工作中，既要重视课堂教学、实践教学、网络教学这样的显性教育，清晰明了地讲思政，同时也要注重营造"思政+"校园文化氛围，将中华优秀传统文化、中国精神、社会主义核心价值观、社会主义法治等充分融入校园文化，通过校园文化长廊、校园文化标语、教室文化走廊等，在校园、教室、宿舍、餐厅等学生活动场所营造充满爱党爱国、遵纪守法、积极向上、富有美感的生活环境，使学生获得沉浸式体验，对学生的思想政治教育起到耳濡目染、潜移默化的长期影响。当然，学校良好的校风、严格的校纪、和谐的师生关系、生生关系等也是影响学生价值观确立、信仰形成、崇德守法的重要因素。高职院校要充分重视，加强教师队伍建设，规范和简化各职能部门的工作流程，逐步形成"引导学生、服务学生、成就学生"的氛围，通过言传身教，起到引领示范作用。将显性教育与隐性教育相结合，才能真正践行全员全过程全方位育人的教育理念，才能形成大思政育人格局，推动思想政治教育工作。

思想政治教育工作是职业教育的首要工作，是一项长期的德政工程，是为国家培养德才兼备的技能型人才的必由之路，需要协同各方、久久为功，既要重视顶层设计，又要坚持落细落实，调动一切力量，环环相扣、层层递进，打出"组合拳"，画出"同心圆"，让学生在课堂上接受理论，在网络中提高认识，在实践中淬炼坚守，在文化中滋养浸润。通过课堂教育、实践教育、网络教育和校园文化熏陶落实思想政治教育工作，形成育人合力，实现立德树人总目标。

第二编 02
思政课、课程思政研究

新形势下行业院校课程思政建设的研究与实践

河南工业职业技术学院　建筑工程学院

李江华　韩岚岚　翁梅　崔乃元　孙荣荣

摘　要：2020 年教育部为深入贯彻习近平总书记的教育论述、会议精神，印发《高等学校课程思政建设指导纲要》指出把思想政治教育贯穿人才培养体系，全面推进高校课程思政建设，发挥好每门课程的育人作用，提高高校人才培养质量。本着"为社会主义培养合格接班人"的宗旨，文章从课程思政研究的意义、新形势下行业院校"课程思政"建设存在的主要问题、新形势下行业院校"课程思政"建设实施过程、新形势下行业院校"课程思政"建设实施路径等方面进行了探索与研究，这些研究与实践，给行业院校课程思政建设提供了可借鉴的实施方案。

关键词：行业院校；课程思政；铸魂育人；实施路径

引言

2016 年习近平总书记发表讲话强调高校思想政治工作事关高校人才培养根基，最终决定着高校培养出什么样的高校人才、如何培养高校人才以及为谁培养高校人才这一系列问题，强化和改善大学生思政教育是党和国家对高等院校的基本要求，是提高人才培养质量与效率的重要举措。

2017 年教育部发布《高校思想政治工作质量提升工程实施纲要》强调大力推动以"课程思政"为核心目标的教学改革，在教学全过程渗透思想政治教育，让专业课程在教育学生知识体系中能够承载思想政治教育功能。

2020 年教育部为深入贯彻习近平总书记的教育论述、会议精神，印发《高等学校课程思政建设指导纲要》指出把思想政治教育贯穿人才培养体系，全面推进高校课程思政建设，发挥好每门课程的育人作用，提高高校人才培养质量。

一、研究意义

"习近平铸魂育人"是新时期中国"铸魂""育人"与马克思主义"铸魂""育人"理论同新时期中国特色社会主义思想体系建设的集大成,着重从两个维度,即思想观念和精神文化构建习近平新时代治国理政的理念、思想、战略的最新理论逻辑和重要内容。抓实意识形态工作极为重要,这是高校学生健康成长的内在要求,也是使高校人才培养符合习近平新时代中国特色社会主义现代化建设的需要。对习近平新时代"思想铸魂育人"的深入研究既是马克思"人的全面发展学说"在中国的丰富和发展,还是加强和发展的社会主义思想文化战略课题,促进思想政治教育的创新发展,强化前沿和一般思想政治教育的融合,对于当代中国建设"铸魂育人"和整体教育理论的深化和实践创新均具有重要意义。

紧紧围绕高校要培养出什么样的高校人才、如何培养高校人才以及为谁培养高校人才这一系列根本问题,深化课程的思想政治建设,充分加强教育实施者"主力军"作用、聚力专业课程建设"主战场"作用、夯实课堂教学"主渠道"作用。因此,各个专业的任课教师、辅导员等都应承担起思想政治育人的责任,教师之间保持良好的协作关系,让思想政治课程和各专业课程沿着习近平新时代中国特色社会主义的方向进行,形成效果协同效应,为培养有能力、有道德、有思想、有文化的各个方面全面发展的社会主义建设者而不懈努力。高校的人才培养目标得以真正实现,同时在招生市场上高校自身竞争力也会提高,人才可持续发展终将成为现实。

明确思想铸魂育人的内涵与外延,将思想铸魂融入高校办学、学生培养及校园建设的全过程中,使思想铸魂工作在紧密联系时代发展与社会进步的基础上,获得理论与实践上的优化和升华。在课程思政建设的过程中,高校可将思政教育的具体要求、育人规律、教育原则与各课程相对接、相匹配、相融合,探究课程思政建设的新方向与新道路,提升课程思政建设的实效性,提高高校的办学水平。

二、新形势下行业院校"课程思政"建设存在的主要问题

近年来,全国高校开展了形式各样的课程思政实践活动,教育教学工作者积极参与研究如何实现专业课程和基础课程的课程思政教育。各高校取得了一系列的研究成果,在课程思政建设教学成果奖、课题研究等方面卓有成效,但

相对成熟的范式较为缺乏，课程思政建设目前还处于探索阶段，课程思政推进中还面临诸多难题，具体表现在以下三个方面。

（一）学校教育者和管理者对于思政教育理念认识不到位

高校教师中关于"全员、全过程、全方位"的育人理念还未全面树立起来，对待高校立德树人根本任务、对待高校思想政治教育工作认识不深、实践不足、创新不够。同时，专业课教师在进行"课程思政"建设处理专业课与思想政治教育的关系时易发生游离现象，融入思想政治教育资源的教学方式比较浅显、生疏、勉强，甚至将专业课程与思政完全割裂。还有些高职院校将其他学校的课程体系照搬下来，没有体现出本校特色，校领导更是没有关注该项工作的执行情况，这在一定程度上削弱课程思政建设效果，高职思政教育质量也会一再下降。

（二）高校规章制度建设不完善

目前，高职院校普遍存在"重技术、轻育人"的倾向。学校的工作重心集中在技能大赛、专业建设上。在专业人才培养方案的制定方面，未积极有效发掘与提炼思政教育内容，"课程思政"实施体系亟待健全。学校的职称评聘也给教师们带来很大的压力。许多高职院校对专任教师的考核主要从德、能、勤、绩等方面进行，重点在绩和能上，即完成的教学工作量和教学效果，个人在教学、科研、各类技能竞赛中获得的各项荣誉和奖项，对"德"的考核没有制定出科学、合理、可操作的评价标准和考核方式。同时，不少学校虽然也强调"课程思政"，但在学校层面的顶层设计中，对专业课教师开展思政教育的重要性和紧迫性认识不足，没有具体的规章制度、管理制度以及评价制度来支撑和保障"课程思政"的实施。在专业的人才培养方案制定上，未体现出"课程思政"的要求和目标；在师资队伍建设上，没有具体的针对专业课教师"课程思政"教学能力的提升培训；在管理机制上，相关部门合力推进立德树人的机制体制待完善。

（三）专业教师"课程思政"教育的能力和素质有待提高

"课程思政"并不是扩大某一门专业课的内涵与外延，而是一种综合性的、全新的课程教育理念。需要对高校教师进行系统、专业的"课程思政"教学培训，以知识传授与价值引领为基础的课程思政要求教学实施者具备足够的、超常的教学智慧。专业课知识的传授与思想价值引领融合统一的教学形式多、课程设计难度大。新时代的人才培养质量好坏与高校的课程思政教育效果有密切关系，是新时代社会人才培养对高校及全体教师提出的新命题。为回答这一新时代命题，要求新时代的高校教师应具备过硬的政治素质、丰富的想象力、极高的创造性及高超的教学能力。各高校在具体的教育实践改革中，在某些专业、学科出台了相对应的适应本专业、学科特点的课程思政指南。但是，总体上这些成果还不够成熟、系统，对于其他专业、学科开展思政教育可借鉴性不强，科学性不高，难以做到广泛推广。

针对以上存在的问题，采用国内课程思政教育已有相关实践经验，结合河南工业职业技术学院在课程思政方面的典型做法，为行业院校课程思政建设实施过程提供借鉴。

三、新形势下行业院校"课程思政"建设实施过程

（一）"思想铸魂育人"课程思政建设前期阶段

1. 强化管理，推进落实

严抓课堂纪律管理，狠抓教师言语不规范问题，实行学校、学院分两级进行值班制；在期中教学检查及期末教学检查中突出课程思政落实评价情况；规范执行教师、学院及学校听课制度；教学督导要着重检查专业课课程思政；在日常教学管理中结合育人效果和师德师风评价，不断提高教学质量。

2. 修订制度，建立机制

建立并完善系统、完备的课程思政制度，明确各教学参与方的工作职责及流程，在日常教学实施、管理、研究等各环节贯彻落实思想政治"铸魂"育人要求，推动课程思政进程实施。

3. 修订文件，形成体系

重新制订、修正教学文件，并将课程思想全面深入纳入专业人才培养方案、课程建设标准、专业课教学教案、课件和考试中。

4. 开展培训，提升水平

定期组织专家，开展与"课程思政"相关的专题讲座、培训等活动；考核在校教职工思想政治理论学习效果，开展相关专题研讨活动；组织校内骨干教师参观、学习其他思政建设示范高校的先进经验，转变教育理念，提升教师课程思政水平。

（二）"思想铸魂育人"课程思政建设中期阶段

1. 开展评优，提升质量

在校内树立榜样，组织并开展优秀课程思想政治人才培养方案制定，对于专业课教案、课程标准以及试卷进行评优评先的选拔。

2. 进行立项，凝练成果

设立校内课程思政教学研究中心进行教学改革、专业示范、课程示范、教科书编著及选用建设。

(三)"思想铸魂育人"课程思政建设后期阶段

1. 开展竞赛，激发热情

分别在学校和院系范围内进行课程思政优质课比赛。

2. 开展评先，树立典型

针对课程思政改革制定完备的评价体系，对课程思政各参与方工作实施的状况进行有效评价，对于示范典型个人、单位要及时予以表彰、宣传。

3. 加强宣传，扩大影响

利用互联网打造课程思政资源平台，及时进行经验交流会，也可利用其他媒体进行经验宣传。

四、新形势下行业院校课程思政建设实施路径——以河南工业职业技术学院为例

河南工业职业技术学院作为培养技术技能型人才的职业教育院校，高度重视人才的思想政治教育，以课程思政研究落实新时代职业教育人才培养要求，将思政教育全面渗透到学校教育教学全过程，培养德技双全的高层次技术技能人才，为社会经济发展输送高质量优秀人才。除了思政课程的开设之外，学校还需要构建"大思政"铸魂育人的育人格局，在进行课程思政建设的实践中全方位系统设计，秉持科学理念，运用系统思维，借助周详规划、卓有成效的实践并分类加以推进，探究出思想铸魂育人的有效路径。

(一)"一个中心，两个结合，三个体系，四级联动"的工作机制

1. 利用系统论的方法，建立统一的党委领导工作机制，紧密结合党政，树立三级（国家、省级、地方学校）建设品牌，以上三级将学校与各教学部门联系起来四方共同创建科学完整的课程思政体系和相关工作执行体系。

2. 以学校党委书记领导为主，创建新的课程思政工作组织，推进课程思想政治教育改革。

3. 以教务处为总引导，全校相关部门相互协调参与，学院教学部门实践推进课程思政建设，形成四级（校、院、教研室、课程组）联动的工作体系。

4. 由各教学组织组建"课程思政"专项工作小组，加强过程管理，确保课程思政教育改革实施效果保质高效。

5. 学校基层党组织、辅导员、班主任及专业课教师四方要全部参与课程思

政建设工作，形成整体工作以专业课教师为主，其他三方积极参与的工作推进格局。

（二）"铸魂育人""十融入"教学体系

1. "一融入"——人才培养方案

全面落实高校的根本任务：立德树人，以培养新时期要求人才既有才又有德、各方全面发展的新时期社会主义建设者为着眼点，认真执行高职院校专业教学标准，在人才培养中融入价值培养的内容，科学修订已有人才培养方案。以各个专业人才培养的总目标为主，有针对性地结合相关专业特点和定位，精准设计高校人才有关思想政治素质方面的培养目标、培养规格和培养内容，突出其在人才培养中的核心地位。以具体专业特点、专业能力、素质要求为基础，有系统、有侧重地找到思政教育融入点，"优化体系、修订方案、落实要求"。

2. "二融入"——课程标准

教学实施者要对所教授的专业课内容进行彻底梳理分析，深入挖掘出课程思政的切入点。课程标准要以专业特点为抓手，聚焦教学内容、教学实施和教学评价三方面，及时修订相关课程标准。在深入研究专业特点的前提下，结合高职院校特点，梳理概括、反复论证提炼出"三位一体"视域下课程目标即价值塑造、能力培养、知识传授，找到课程思政的实施途径和方法，既做好专业课知识的传授又做好思想政治教育。

3. "三融入"——教案与教学课件

各专业课教师要以所教授课程的单元授课内容为主，找出相关思想政治教育元素，从教学内容、教学设计及教案三方面重新整合课堂教学，将思想政治教育纳入教学考核与评价之中，使"铸魂育人"的概念贯穿在课程设计与实施过程中。用好现代信息技术及各种形式的教学方法，根据不同专业课教学与思政元素的结合，采用交互式的教学，增强学生教学参与感，发挥学生学习的主观能动性、积极性。

4. "四融入"——教科书编写与选用

教科书的选择、使用和管理应有严格的标准。为确保学生政治方向和价值取向的正确性，要严格按照国家及地方教育主管部门相关规定选用教科书。在教科书选择时要优中选优，与哲学学科和社会科学学科相关的教科书必须使用"马克思主义理论研究与建设工程"核心教材。改进教科书的选择和使用、质量监测及评估机制，改进后续信息反馈机制，以提高教科书的使用效率，将课程思想和政治因素纳入教科书中，并组织教材的编写和组成，组织、开发、建设一批"具有河南工业职业技术学院特色"的新形态课程思政教材。

5. "五融入"——课堂教学过程

将"习近平新时代中国特色社会主义思想铸魂育人"引领贯穿课堂教学始终，将"铸魂育人"的概念融入人才培养方案、专业课教学计划、专业课课程标准、专业课教案、专业课日常授课过程、专业课教学评价等实施全过程。使用形式各样的方式如教师主讲、学生即时回答、师生线上互动、课堂及时反馈、实践课教学等方式创新教学模式与方法，在各门课程的课堂教学全过程融入"三位一体"目标。借鉴行动导向教学，通过参与式教学、情景式教学、案例式教学，挖掘出所教授专业课的思想政治元素，改革教学模式，采用"线上、线下混合式"教学模式，开发"互联网+"思政教学课程，录制网络教学视频资源，利用好教师专业课研讨会、集体备课等途径进行思政教学的经验交流、"头脑风暴"，推进"铸魂育人"建设的实施。

6. "六融入"——课程考试考核

大力改革修订课程考试模式、内容、过程，在学生的课堂学习、作业、实践等环节考核评价过程中融入匠人精神、政治思想、道德情怀、精神素养等素质考核，着重考察并强调学生的思维能力、价值判断、创新精神和团队精神考核的重要性，更新课程考试内容，设计出能够充分考查学生的职业素养、社会责任、安全意识、社会主义核心价值观等方面的考试题目。

7. "七融入"——教学研究活动

有计划开展"铸魂育人"课程思政教学研究活动，探索课程思想政治教学改革，整个过程要发挥好教研室、教学团队、课程组各自的作用。分析专业特点，就课程思想政治组成内容、课程建设标准、配套评估体系、课堂及实践教学、教师施教能力提高和学生全面发展素质提升等核心问题进行深入讨论。研究要面向未来，以强化课程思政建设的要点、重点和难点，提高全体教员的思想政治理论水平和课程专业水平。

8. "八融入"——教学评价

教学评价分为三个主体：课程、教师及学生。针对课程建设评价：要增加设置两项评价指标即"价值引领"和"德育功能"；针对教师教学质量评价：要强调教师"价值引领"是首要任务，明确其在各项教师评教中的突出地位；针对学生学习成效评价：改进评价方式，让"三位一体"的导向强化学生的"价值、知识、能力"评价体系。

9. "九融入"——教育教学管理

将"铸魂育人"融入教学管理，要求学校管理要具有大局意识，提高课程思政意识，强化课程思政监督管理工作，做好相关监督、指导、反馈和评价，确保课程思政工作落到实处。严抓课堂纪律管理，狠抓教师言语不规范问题，实行学校、学院分两级进行值班制；在期中教学检查及期末教学检查中突出课程思政落实评价情况，规范执行教师、学院及学校听课制度；教学督导要着重检查专业课课程思政，在日常教学管理中结合育人效果和师德师风评价，不断提高教学质量。

10. "十融入"——教学管理制度

建立并完善课程思政制度，明确各教学参与方的工作职责及流程，在日常教学实施、管理、研究等各环节贯彻落实思想政治"铸魂"育人要求，推动课程思政进程实施。重新制订、修正教学文件，并将课程思想全面深入纳入专业人才培养方案、课程建设标准、专业课教学教案、课件和考试中。

（三）整体提升教师"铸魂育人"施教水平

1. 提高教师"铸魂育人"意识

组织教师深入学习习近平总书记关于我国高校推进思想政治工作的讲话指示和精神，认真提高自己的思想政治觉悟，提高"铸魂育人"意识。有计划开展"教师师德师风建设"专题培训和教育活动，以提升全体高校教师的师德素养，提升"不忘初心、牢记使命"的政治使命感，提升"立德树人"根本任务的自觉意识，转变教师的教育观念并树立"课程思政"理念，强调教师"引领""塑造"作用，做学生健康成长道路上的引路人。

2. 打造"四位一体"思想育人教学创新团队

要求辅导员、班主任、思政课教师及其他专业课教师四方参与课程思政创新团队建设工作，打造"四位一体"育人共同体，实现思政教育与专业课教育的上下联动，形成育人合力。选聘上述四方教师参与课程思政建设，明确"四位一体"共建育人负责人职责，定期开展研讨会和实践经验交流会，将课程思政由课堂延伸到学生日常生活学习中去。通过对优秀团队课程思政课题进行立项支持，积极安排团队参与教师的研修、考察、访问，以此提升其课程思政改革的能力以及充分调动其课程思政教学的积极性，发挥优秀团队、个人的示范引领带头作用。

3. "铸魂育人"融入教师各项培训

将课程思想政治"铸魂育人"纳入教师培训，以提高教师课程思政教育水平。整个教师思想政治培训体系主体包含思想政治理论教师、专业课教师、辅导员，通过集中教学、教学研究、优秀教师示范引领等多种方式，提升师资队伍的思想政治素质和课程思政教育水平，把"立德树人"的教育理念深入高校教师的思想中并使其内化为教学活动实施的内在动力。

(四) 发掘"军工精神", 发挥军工文化塑魂功能

河南工业职业技术学院作为一所军工行业学校，继承和发扬了光荣的军工办学传统，以国防科技工业军工文化教育基地为依托，打造以"军工精神、军工标准、军工质量"为主要内涵的军工特色文化校园，充分发挥文化塑魂功能，把军工特色贯穿于课程思政全过程，夯实人才质量，服务国防科技工业和地方经济社会发展。为了让文化落地生根，把"忠、毅、严、细、精、优"的军工文化教育植入课程思政工作，坚持以"育人为本，德育为先，行动导向，素质养成"为主题，以日常管理为重点，以素质养成为主线，推行军工文化、军工标准和军工质量进课堂、进教材、进师生头脑的"三进"活动，参观校史馆、军工文化报告会、军事理论课、国防教育课、《军工魂》思想政治工作专题网站等一系列军工精神教育，使军工特色素质成为学生的显著特征，"国家利益至上"的军工核心价值理念深深融入广大师生心中，以此全面贯彻落实习近平新时代中国特色社会主义思想铸魂育人，不断提升课程思政工作水平，坚定理想信念，筑牢精神支柱，以高质量党建引领中国特色高水平高职学校建设。

结语

为满足新形势下全面推进高校课程思政建设，发挥好每门课程的育人作用，提高高校人才培养质量的育人要求，本文对河南工业职业技术学院"课程思政"的建设实施过程、建设实施路径进行了探索。明确"课程思政"建设实施的三个过程，将"课程思政"理念贯穿到专业课教师教学中来，通过灵活多样的形式，激发教师大胆进行课程思政教学改革，提升教师课程思政教学能力；通过课程思政建设实施路径的探索，进行三教改革，首创"铸魂育人""十融入"教学体系，重视每个环节，提高了"课程思政"的教学效果。因此，本文提出的面向新形势下行业院校课程思政建设具有一定的推广价值，希望对行业院校"课程思政"教学能够提供一定的参考。

高职院校实施课程思政困境及对策研究

河南工业职业技术学院 赵国峰 张晓梅 李宛

摘　要：课程思政的提出和实施，是高职院校思想政治教育创新的客观需求、是立德树人的创新形式以及思政教育的一种有效补充与升华。当前我国高职院校课程思政实施主要存在四个方面的问题：高职院校课程思政的重要性认识有待提高；课程思政教学实施的主体身份模糊；课程思政的教学效果不佳；教学资源不足，教学体系未建立。因此，需要在统一认识、转变观念，主体清晰、责任明确，资源整合、搭建体系，立规建制、保驾护航上不断提升。

关键词：高职院校；课程思政；困境；对策研究

高等职业教育经过二十多年的快速发展，规模上已占据了高等教育的"半壁江山"。随着经济转型、社会快速发展，以及高等职业教育本身的不断完善，当前高等职业教育逐步从原来的规模扩张为特点的外延式发展，转向以质量提高为重点的内涵式发展新阶段，提质培优，内涵建设成为发展的方向。内涵式发展有很多途径和方式来实现，思想政治教育是高职院校内涵发展的根和魂，是高职院校健康发展的根本保障，是落实党和国家对职业教育的殷切期望的重要途径。

党的十八大明确指出"把立德树人作为教育的根本任务"。2019年3月18日，习近平总书记主持召开了学校思想政治理论课教师座谈会。总书记在座谈会上强调，办好思想政治理论课，最根本的是全面贯彻我们党的教育方针，解决好培养什么人、为谁培养人、怎么培养人这个根本问题。2004年10月14日电中共中央、国务院最近发出《关于进一步加强和改进大学生思想政治教育的意见》中明确提出："高等学校各门课程都具有育人功能，所有教师都负有育人职责……要把思想政治教育融入大学生专业学习的各个环节，渗透到教学、科研和社会服务各个方面。"以上指示指出高职院校立德树人要避免单打独斗，实现多部门、多项目、多资源、多学科、多教师的协同育人策略，这为高职院校思政实践教学指明了方向，为高职院校实施课程思政提供了契机和明确的要求。

高职院校作为应用型、技能型的高等教育，强调学生的技能操作和动手能力，高职院校也是社会技能型、应用型人才培养的主渠道。这些高技能、高素质的应用型人才的思想政治教育工作一刻也不能落下，思想政治教育是高职院校工作中的重中之重，其立德树人工作的效果直接关系到未来这些人才在工作中的品德素质、政治素养、奉献精神、工匠精神以及继续发扬红色精神等问题，其意义深远。随着课程思政教学实施的不断完善，高职院校立德树人成绩斐然，但是与党和国家的期望还有距离，还需继续努力。因此，本文主要针对高职院校实施课程思政存在的困境展开研究，以期为高职院校实施课程思政实践效果、快速发展提供有益的借鉴，真正实现知识、技术技能的传授，又实现教书育人、立德树人这一根本任务，为党的千秋大业、为民族复兴培养高素质、技能型人才。

一、课程思政内涵

课程思政这一说法最早是由上海市委和市政府在2014年提出的，在2017年教育部发布的《高校思想政治工作质量提升工程实施纲要》中，指出"大力推动课程思政为目标的课程教学改革"，这是第一次正式文件中出现"课程思政"这一概念。这一概念到如今已经过去几年，但是课程思政概念并不会随着时间推移失去价值，相反，随着国家对立德树人的重视，党和国家对思想政治课高度重视，高职院校内涵式发展的需要、职业教育全面进步以及学生的全面发展的现实需要，课程思政担起了更加重要的时代价值和历史责任，课程思政只能加强而不能减弱。课程思政的内涵，从范围上可以将其定义为"将思想政治教育渗透于所有育人和教学活动的教育理念"；从内容上可以将其定义为"教师在传授课程知识的基础上，引导学生将知识内化为德行、素质以及能力的一种教育模式和方法"。高职院校的课程目标是为了实现"知识的传授与价值的引领相结合"，为了实现高职院校学生的思想政治教育，需要显性思政和隐性思政。其中，显性思政教育，具体是指开设的思想政治教育理论课程，而隐性思政教育，就是指非思想政治教育课程表现的思政教育思想和价值理念。高职院校在开展课程思政教育工作的实践中，一方面，加强思想政治教育这一主渠道、主阵地显性思政课程的价值功能；另一方面，深挖、细化隐性课程思政元素内容，使社会主义核心价值观、百年党史的苦难与辉煌、党的十九大精神、十九届六中全会精神、红色文化等融入各个课程中去。发挥显性思政课程与隐性思政课程的"同向、同力"育人功能，形成合力育人模式。思想政治课程与课程思政的这种"合力"育人模式体现了二者的政治性、价值性、引导性的统一。无论是思想政治教育还是课程思政育人，主要目的是从不同角度、不同方面加强对学生民族认同、政治拥护、制度满意、道路自信、文化认可等引领作用。在提升高职育人质量和水平的同时，使学生增强"四个意识"坚定"四个自信"做到"两个维护"。在百年未有之大变局的时局和错综复杂的国际形势下，学生思想所受到的影响是复杂的。在这种时代背景下，高职的立德树人工作显得更为关键和重要。课程思政的提出和实施，就是促进立德树人向更加全面、立体和创新的方向发展。

二、高职院校实施课程思政的重要意义

（一）课程思政是高职院校思想政治教育创新的现实需求

从系统的观点来看，任何事物的发展都不是孤立存在的。高职院校立德树人根本任务的实现不能仅仅寄托在思政课上，在快速发展的现代社会，网络技术迅速发展，现代学生接受的信息很多，单靠传统的思政教育方式难以取得理想的效果。

在2016年全国高校思想政治工作会议上，习近平总书记指出："其他各门课都要守好一段渠、种好责任田，使各类课程与思想政治理论课同向同行，形成协同效应。"课程思政的实施，就是在高职院校落实党和国家对思政课提出的殷切期望，是新时代开展思想政治教育有效性的重要方法。

（二）课程思政是实现立德树人根本育人任务的创新方式

大国工匠精神、劳动精神、职业精神等，这些对高职院校的学生来说都是德育的底色和最基本的要求。在传统思维认识里，高职院校就是培养学生的技能技术，学一技之长，至于思想政治教育好像有点拔高了他们的要求。但是，工业强国、大国竞争、时代的发展，这些综合素质的较量都体现在以德育为基础的立德树人工作中。在传统高职教育模式下，学生获得立德树人模式就是思政课，缺乏同力同向。随着现代社会经济的快速发展，高职院校必须培养既有高素质又有社会实践的全面性应用型、技能型人才。而课程思政有机融入高职各个专业课程中去，就是为了培养新时代既有责任又有担当还有过硬本领的综合型人才。课程思政在专业课程中的体现，能够带领学生认识到国家、社会和个人是一体的，三者的命运是休戚与共的。在专业课程中融入政治思想元素，使学生树立远大的目标而不是简单地为了个人。从而帮助学生树立正确的"三观"，让学生成为有利于国家、民族和社会发展的优秀技能型人才，为民族伟大复兴作出自己的贡献。

（三）正确处理课程思政与思政课程的关系

2018年5月2日，在北京大学师生座谈会上，习近平总书记指出："古今中外，每个国家都是按照自己的政治要求来培养人的，世界一流大学都是在服务自己国家发展中成长起来的。"这说明，任何一个国家的办学都有自己的底色和价值理念，没有无目的的教育。面对课程思政教学改革的热潮，部分非思政教师不理解。认为："我们是专业课程教师，主要是对学生进行专业知识和技能的传授，与思政有什么关系？"部分高职教师对课程思政的不解就是没有正确认识课程思政与思政课程的辩证关系。从党和国家对全国高校思想政治工作的态度来看，以及就中共中央、国务院发布的《关于加强和改进新形势下高校思想政治工作的意见》来说，思政课仍然是高校立德树人的主要途径、主渠道。实施课程思政的目的，主要是要有效提高立德树人的时效性，扭转长期以来高校思政课与非思政课合力、同向问题不够的现状。因此，课程思政融入思政元素，不是说在知识和技能讲授过程中强塞给学生大道理，而是说要引领教学理念、突出社会主义办学方向，杜绝教学活动中出现违背党和国家的错误思想和言论，于无声之处提高学生的道德素质。

三、高职院校实施课程思政现状与困境分析

为了研究当前高职院校实施课程思政存在的困境，笔者选取了河南6所高职院校的非思政教师开展调查。此次调查共发出问卷300份，回收有效问卷291份，有效问卷回收率达到了97%。通过调查发现，当前我国高职院校实施课程思政有以下三个方面困境。

（一）对高职院校课程思政的重要性认识不到位

在有关"在您的课程中是否已经开展课程思政教学？"的问题调查上，100%的受访教师表示"是"，这体现了当前高职院校的课程思政教学已经得到了认可和普及。然而，在有关"您觉得在非思政课中开展课程思政是否有必要？"的问题调查上，35%的受访者表示"有必要"，45%的受访者表示"没必要"，有20%的受访者表示"无所谓"。通过调查发现，尽管课程思政在高职院校教育中得到了普及，但是部分教师对于课程思政的重要性认识不到，存在模糊的认识，这种认识对落实课程思政具有很大的危害性。

（二）课程思政教学实施的主体身份模糊

课程思政教学的工作开展是实现立德树人的重要方式，需要从学院领导到一般老师均明确落实，而不是一句口号和形式主义。在有关"您觉得立德树人需要非思政专业老师参与吗？"的问题调查上，60%的受访者表示"需要"，

30%的受访者表示"不需要",还有10%的受访者表示"不关心",见图1。从调查结果来看,有部分老师不明确具体的责任分工及相关的负责人,这对于实施课程思政教学来说很不利。即使有文件分工或者说要求,但是在实践中缺乏认真执行,从而使课程思政工作的开展处在一个较为混乱、形式主义、不科学的状态。

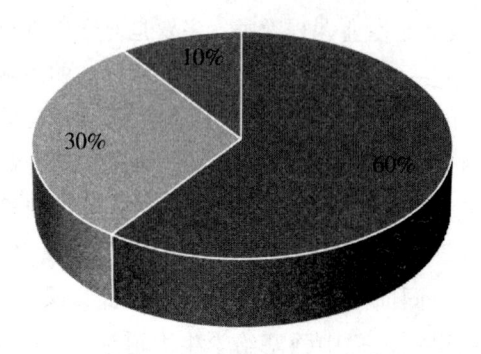

■ 您觉得立德树人需要非思政专业老师参与吗　■ 需要　■ 不需要　■ 不关心

图1　高职院校教师对非思政专业教师参与立德树人的态度

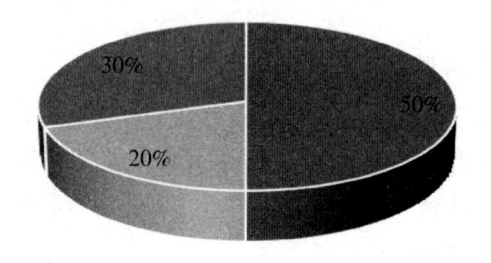

■ 非思政课开展思政教学采取的教学方式是什么
■ 直接讲授式
■ 多媒体教学
■ 融入课程中

图2　高职院校非思政课教师开展课程思政的教学方式

（三）教学资源不足，教学体系未建立

在有关"非思政课开展思政教学是否有足够的教学资源供您选择，如PPT、课本、相关案例等？"的问题调查上，24%的受访者表示"有"，45%的受访者表示"没有"，还有31%的受访者表示"不清楚"，见图3。在有关"非思政课开展思政教学，备课花在思政元素查找的时间占备课时间的比例？"的问题调查上，占比时间在40%和50%的受访者最多，分别达到了35%和24%。通过调查发现，在课程思政教学资源准备上，课程思政教学课件或者思政教学案例并没有一个完整的体系，或者没有专业教师去帮助非思政专业教师去整理思政题材或元素，教师需要自己提前去备课准备相关内容；课程思政教学效果评价机制不健全、不科学，这些都是课程思政教学实施所必须解决的问题。

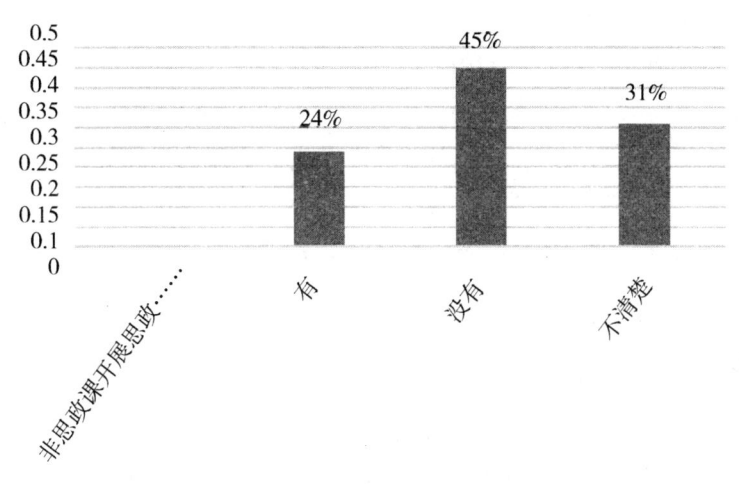

图3 高职院校非思政课教师开展课程思政的教学资源状态

四、走出困境的高职院校课程思政对策

（一）统一认识，转变观念

思想是行动的先导，只有统一认识，才能步调一致。在高职院校实施课程思政，首先，要统一所有任课教师的思想观念和认知，在思想观念上认识到在高职课程中开展思政教学是"大思政"的时代要求，不再局限于一门课、一个思政教师的工作范畴，从认识高度上达到只有通过课程思政才能够真正提高学生的思想政治教育要求、提高分析国内国外社会现象的能力的水平，不断提升学生的道德品质，增强思想道德素养。其次，加强对任课教师课程思政的培训力度。要让所有教师站在党和国家的角度，站在时代的背景下，明确课程思政实施的大背景，打通任课教师的思想认知，使各个教师很自然地融入课程思政教学过程中，不产生抵触心态和不良表现。要加强对广大任课教师课程思政概念、含义的深度介绍以及先进方法和理念的传授，这样才能为高职院校实施课程思政指明方向和坚定信心。最后，要在学校顶层设计上明确实施课程思政的主要目标、基本任务、实现方式、实施方法，确保把立德树人、德艺双全的理念和合力育人的思想入脑、入心，调动每一位高职院校的教师积极参与到课程思政教学活动中去，实现专业课教学与立德树人有机结合，真正通过课程思政的实施实现全面立德树人的根本任务。

（二）主体清晰，责任明确

打仗没有统帅不行，蛇无头不走，车无头不行，在高职院校实施课程思政需要学院分清主体，责任明确。在高职院校实施课程思政过程中，实施课程思政的主体含糊不清或者不明确，就会导致很多具体措施难以推行，实施的效果也难以达到理想的目标。东西南北中，党领导一切，在高职院校实施课程思政过程中，一定要明确院校党委的主体领导职责和作用。在院校层面来说，要将实施课程思政作为院校年度工作的重点以及主要部门及相关负责人的年度绩效考核重要指标。在院校党委的领导下，组建专门的实施课程思政工作小组，并且根据工作具体安排的需要，从学院领导到各个部门领导，划分相关实施课程思政的具体任务，通过部门和教师来具体落实、校领导主抓和领导、校党委监督和推动的实施课程三层管理体系目标，达到具体工作的落实、领导监督到位的目标。此外，在课程思政教学内容、教学方法的实施上，也要具体落实到责任人，严格对教学内容及实施方法进行指导、监督，保证课程思政教育教学的政治方向正确性；在具体的课堂教学活动中，校党委和领导要高度重视，确保具体的领导负责监督落实到位，并深入课堂现场进行听课、把关、监督、指导、改正等，真正把课程思政教学改革落到实际教学中，以保证课程思政教学的预期效果。

（三）资源整合，搭建体系

虽然实施课程思政已经几年了，但是仍处在初期探索、实施、积累阶段，在教学资源、教学体系、管理水平方面都存在差距。高职院校作为培养应用型、技能型人才的摇篮，在课程思政教学方面，相关的教学资源及教学体系要结合职业教育的特点，不能邯郸学步，要结合职业教育特点、实际情况加以补充和完善。高职院校要积极开展工作，由于课程思政涉及面广，既有专业又有思政还有文化、历史等专业和学科以及部门合作，因此跨学科、跨部门沟通的课程思政教学资源和教学体系的共享共建是当务之急，这个前提不解决，实施课程思政教学改革工作就难以开展。

在课程思政教学资源的扩充整理上，要以每个专业群为单位，成立专门的课题研究小组，在院校领导的统一规划下，以每个专业为线条，将相关的思政教学资源进行选择、设计并合并优化，最后形成一个满足专业教学需要的思政教学资源库。

（四）立规建制，保驾护航

没有规矩不成方圆。完善的制度、健全的体制都是课程思政有序开展的根本条件和保障。在高职院校实施课程思政，要设计好一套制度，为整个课程思政教学改革激励教师、奖励相关人员，提高所有人员在工作中的积极性和主动性。此外，教学评价制度要及时跟进，不断完善、健全课程思政教学的评价制度，确保课程思政教学工作能够成为一个系统性工作，能将教学效果及时反馈、及时沟通、及时优化，确保高职院校课程思政教学能够不断完善、提高、改进、提升。

第一，高职院校首先设计好相关人员的提升通道，保障相关负责人和实施人员的职业生涯和发展机制，提供晋升平台和机制，帮助相关负责人、实施人员以及老师完成快速成长。第二，要完善课程思政科研保障机制。科研与教育是相长的，一个好的课程思政老师或者一门课，没有科研成果，只有单纯的教学，这种效果也是具有局限的。因为课程思政教学具有独特性，为了提高课程思政的科研水平，能够让教师投入课程思政教学、研究中去，就需要为课程思政教师扫清其他非专业因素的影响，确保课程思政教学、科研顺利进行。第三，完善奖励机制。人性的优点就在于被激励能进步，对课程思政教学、科研作出成就的人要采取必要、及时的物质、精神的激励和表彰，营造各个部门之间、学科之间、教师之间配合紧密、积极进取、团结一致的氛围。第四，建立合理的评价机制。课程思政有效实施，需要有不断的改进和检验，要有一个规划、研究、实施、评价、反馈系统，从而保证课程思政教学的不断完善、不断提高。

建立合理、科学的评价机制。首先，要建立合理的评价标准，通过设计评价标准，例如，对教师开展课程思政的基本素养、教学方法、教学内容、教学时效等多个维度指标评价，从而为提高教师开展课程能力提供源泉。其次，要建立科学的评价机制。规则不科学、不完善，效果就不会好。通过让学生、教师、监督人员积极参与，通过丰富多样的形式、途径对课程思政的设计、研发、教学实施、评价反馈等进行评价。最后，要建立健全监督机制。没有监督就没有提高，阳光是最好的防腐剂。通过多种形式的监督、督查、自查等，及时发现实施课程思政教学过程中存在的需要提高的地方，通过会议或印发文件等方式向监督小组、党委在期中教学会、每周例会等进行说明，为进一步提高提供基本的数据支撑和科学建议。

在国际风云瞬息万变、技术发展日新月异的今天，国家发展强大、社会经济繁荣不仅需要知识丰富、技术技能强的专业人才，更需要具有强烈家国情怀、文化自信、理想信念坚定、忠党爱国的职业人才。他们还要具有远大的职业理想和严谨的职业道德，在思想品格和职业道德上要不断提升，完成立德树人的根本任务，这些都需要课程思政积极参与其中。

思政教育服务于技能型人才培养目标的现状调查与思考
——以山西机电职业技术学院为例

山西机电职业技术学院 杨栋杰

摘 要：大学生思想政治教育贯穿学制教育整个过程，在高校尤其是高职院校开展思政工作有其自身特点，高职院校旨在培养应用技能型人才。本文在学院范围内对学生思政教育情况展开调研，结合调研基本情况，综合学院自身实际，探讨如何有针对性地开展好思政教育，达到提升技能型人才培养的目标。

关键词：思政教育 高职高专 应用型人才

一、思政教育与新时代高职人才培养目标实现的关系分析

高职院校与全日制本科院校的最大区别就是培养模式的不同，新时代高职院校培养的是技能应用型人才。无论是高职院校的技能型人才，还是本科院校的学术型人才，这仅仅是指学生的专业范畴。在当前社会环境下，如果想培养社会主义建设者和接班人，就必须高度重视并做好青年学生的思想政治工作，把握好广大学生的思想意识主流，这是决定他们是否拥有正确人生观和价值观的基础，打好这个基础才能决定未来的发展，进而成长为有一技之长的综合型人才。本文探讨的问题就是如何将两者有机结合，相互促进。经过充分调研分析学院思政教育情况、三支队伍情况、学生思想政治状况，总结提炼解决办法，为日后学院更好地开展思政教育工作做好导向，最终目的还是要实现学生的德智体美劳全面发展。

二、我院思政教育现状调研

（一）调研背景与对象

2016年习近平总书记在全国高校思想政治工作大会上已经强调，高校思政教育是学校的核心工作，是学生职业素质全面发展的基础。新时代高职院校培

养的是高素质的复合技能型人才，尤其是当前国家提出的优质校建设、双高院校建设，其目的就是要加强职业院校建设，推动校企高度融合、协同发展。目前，我院已经被教育部列入双高计划大名单，高水平院校高水平专业群必须培养高素质大学生，做好学生的思政教育工作势在必行。

实现思政工作服务技能培养目标，需要掌握目前学院学生的思想政治状况，了解学生接受思政教育的程度。为较好地、充分地掌握我院学生思想政治现状，特对学院全体学生以调查问卷的方式进行随机抽查，在七个教学系部中每个系部抽查 15 名左右学生，共计 100 名学生，收回有效问卷 95 份，调查过程资料见图 1。与此同时，还对学院和各系部开展思政教育的情况进行了摸底。

图 1 调查问卷表格统计过程资料

（二）调研内容及过程

我院高度重视学生思想政治教育工作，认真组织学习贯彻党中央、省委、省高校工委关于学生思想政治教育工作的相关文件，尤其是习近平总书记在全国高校思想政治工作会议上的讲话精神。加强辅导员队伍和专职组织员队伍的建设，系部配备专职辅导员和组织员，每个系部 2~3 名辅导员、1 名组织员，能够满足学生管理工作和学生党员发展工作，但需要不断提高两支队伍的业务水平，紧跟时代发展需求。目前，我院开设的思想政治教育课程主要包括：思想政治理论、心理学、"两课"、思想道德修养与法律基础、毛泽东思想与中国特色社会主义理论、大学生法治安全知识教育等一系列思政课程，同时还开设山西文化、中国诗词之美、中华文化概论等一系列传统文化课。从理论知识的涵盖面来讲，基本上能够满足大学生思想政治理论课程的要求。与此同时，学院党委、学生管理部门、各系部先后开展一系列思政教育实践活动，如大学生志愿者活动、暑期三下乡、主题团课、支部书记讲党课、学习强国 App 学习等，在志愿者和三下乡活动中，将学生专业特长用于服务乡村建设，既能提升学生对国家乡村建设的热情，也能将专业知识应用于实践过程中，可谓一举两得。这种活动，学院和系部每年都在持续推进，但随着学院的不断发展，服务社会的能力要不断提高，思想教育实践活动要求越来越多的师生能够主动参与进来，才能使更多学生得到教育的机会。此外，通过对每个系部发放调查问卷的形式，从学院满意度、师德师风、遵规守矩、心理健康、接收网络信息、职业规划、理想信念等方面进行了调研，将调研情况进行了汇总。

（三）学生思政现状分析

通过对问卷项目整理汇总，得出各类调研项目的数据。学生对学院的满意程度达到 88.5%，表明在学生心中学院形象优良，肯定了学院教育的大环境。在师德师风方面，学生对老师的满意程度为 85%，表明教师在育人方面值得肯定，但还有较大的提升空间。学生在遵规守矩方面意识较淡薄，总体显示为 48%，说明在教育学生遵守学院规章制度、端正学习考试态度等方面需要下大功夫，既要保证学生学习的积极性，同时也要在课堂教学、日常生活、文化宣传等方面加大教育力度，宣传弘扬"无规矩不成方圆"的正确的理念；在心理健康调查方面，学生绝大多数能够正确处理遇到的挫折、困难，能够以一种积极向上的心态面对人生，心理健康数据显示为 87.3%，但也有少部分学生在日常生活学习中感到郁郁寡欢，遇到困难或者考试不顺利时不知道与家长老师沟通，使自己无法得到有效的开导，对于这类学生一定要高度重视。在接受网络不良信息方面，80% 的学生在网络媒体上接触过暴力淫秽等信息，尤其是手机等网络工具普遍使用，加之其功能的不断完善，学生在电视、报纸等正规渠道媒介上观看新闻信息少之又少，造成各种不良信息趁机而入，严重影响青少年的身心健康成长，在职业规划方面，对自己未来的发展有计划的占 62.5%，表明半数以上的学生有短期的人生规划，如直接工作、提升学历等，有 37.5% 的学生不知道自己如何抉择，没有相对清晰的短期规划，持走一步看一步的态度；在理想信念方面，70% 的学生有自己的理想和坚定信念，志愿加入党组织，有正确的人生观、价值观，认为社会要讲公德、讲诚信，但也有少部分学生在理想信念方面需要我们加大教育的力度。

三、如何提升思政教育对新时代高职人才培养目标实现的促进作用

通过调研分析，学院的思政教育工作基本满足学生发展需求，大部分学生的现状都积极向上。但随着学院不断发展，生源质量不断变化，生源规模不断

扩大，生源结构逐渐多样，如何实现思政教育满足新时代高职人才培养目标，是我们要考虑的重点，笔者认为具体从以下五个方面开展。

（1）坚持以习近平总书记在全国高校思想政治工作会议上的讲话精神为指导，完善思政教育体系机制。开展高职院校技能型人才思想工作，必须在正确的指导思想下，结合学院的改革发展、专业建设、社会需求等要素，进一步完善学院学生思想教育体系，把思想政治教育与技能型人才培养有效结合作为重中之重，形成良性循环发展的培养机制。加强学院文化建设，开展多种多样的文体活动，增强师生互动，促进学生健康发展。

（2）不断加强师德师风建设，培养高素质思政队伍、组织员队伍、辅导员队伍，为学生成长保驾护航。教师不仅能为学生传授知识，同时也是思想教育最直接最有效的传播者，要不断加强三支队伍的师德师风建设，学院要统一筹划，优化顶层设计，组织思政教育队伍有计划地进行研修学习，增强和提高责任心，提高综合素质。建立思想政治教育工作室，成立专门的心理健康咨询中心，不断提高思政队伍的业务能力。同时，要学习国家关于思想政治教育的新理念、新政策，为学院学生健康成长夯实基础。

（3）坚持"以人为本，以德树人"的教育理念，做到思政教育与理实一体化教学有机结合，打造融合思政的精品课程。学院开展专业教育和思政教育，学生是服务对象，课程是我们的产品。教师既要做好专业的讲解，同时也要将思政教育融入课堂和大纲中，实现两者有机结合。要把培养思想健康、专业过硬，具有正确人生观、价值观的学生作为落脚点，我们培养的不是一个只知道就业的学生，而是有德有才有责任感的人。要坚持以学生为中心、以德树人为宗旨，构建一套完整的、成体系的"思政+专业"精品课程。

（4）充分发挥校园网络平台作用，将思政教育信息化，将学习过程纳入考核范畴。目前，我院成立信息化教学中心，其目的是将课程实现信息化教学，学生可通过微助教、超星学习通等手机软件完成专业课程内容在线学习，但思政内容占比不大。同时，虽要求学生安装"学习强国"app手机软件，既有思政内容也有专业知识，但真正花时间学的学生较少。因此，要将思政内容纳入考核范畴，不仅要看要学习，而且要作为教师考核学生的成绩指标。

（5）做好新时代大学生社会实践活动，创新思路模式，将提高专业实践技能与服务社会紧密结合。学院和各系部每年都会举办大学生社会实践活动，取得了一定成效，得到了社会的认可，但要加强社会调研，不断创新服务模式。国家正在进行产业结构转型升级与调整，城镇化、新农村建设、智能化逐步推进。在社会实践活动中，是否满足服务对象需求，学生掌握的技能能否解决实际问题，暑期三下乡能否助推新农村建设，都需要我们不断探索创新，其最终目的都是提高服务的效果，增强学生服务社会的意识，提高思政教育的质量。

现代学徒制培养模式下课程思政的实施路径
——以汽车检测与维修技术专业为例

山西机电职业技术学院汽车工程系　张俊娜

摘　要： 现代学徒制人才培养模式下推进课程思政是一种综合教育理念，需要平衡好理论知识、专业技能同思想政治素质、专业职业素质的关系，把"立德树人"作为教育的根本任务。文章结合现代学徒制与课程思政的特点内涵及育人方式，阐述了课程思政实施的重要意义、实施路径及实施成效。

关键词： 现代学徒制；课程思政；实施路径；汽车检测与维修技术专业

习近平总书记在 2016 年全国高校思想政治工作会议上强调："要坚持把立德树人作为中心环节，把思想政治工作贯穿教育教学全过程，实现全程育人、全方位育人，努力开创我国高等教育事业发展新局面。"2019 年 3 月 18 日，习近平在学校思想政治理论课教师座谈会时再次强调："推动思想政治理论课改革创新，要不断增强思政课的思想性、理论性和亲和力、针对性。"这为高校课程思政教育改革提出了要求、指明了方向。现代学徒制培养模式已在全国开展三批试点，取得了丰硕的成果，形成了职业教育的成功案例与模式。在职业教育现代学徒制人才培养模式下进行课程思政教育是高职院校面临的一大挑战和难题。山西机电职业技术学院汽修专业根据现代学徒制的特点，构建了现代学徒制人才培养模式下"三主体"课程思政育人模式。

（一）现代学徒制与课程思政的概念

现代学徒制是通过学校、企业深度合作，坚持双主体育人，教师、师傅联合传授，采用双导师教学，以技能培养为主的创新型人才培养模式，是职业教育人才培养模式改革的一大趋势。

课程思政以构建全员、全程、全课程的"三全"育人模式，将各类课程与思政课程同向同行，所有课程通力协作形成思政合力，努力实现立德树人。

现代学徒制因授课主体、教学对象、育人环境等的变化，给课程思政的实施提出了更高的标准，课程思政要贯穿现代学徒制人才培养的整个过程，要求校内教师、企业教师、指导师傅"三主体"深入挖掘课程中的思想政治教育元素，把"价值引领"融入每门课程的教学细节，全面渗透到教育教学的全过程，一定在落小、落细、落实上下功夫，努力做到"课程门门有思政、教师人人讲育人"，实现职业技能和德育培养高度融合，做到教书与育人相统一。

（二）现代学徒制课程思政实施的意义

课程思政就是要用好课堂教学主渠道，充分发挥思想政治教育作用。课程思政目的是挖掘不同课程的思想政治元素，运用特定教学设计将思政教育融入基础课程、专业课程及实践课程中，形成全方位思政教育的课程体系。在课程思政推进中，既要考虑现代学徒制特点，又要考虑思想政治教育的效果，采用渗透式、潜移默化的方式将劳动精神、工匠精神、团结协作、社会主义核心价值观等隐性内容与专业课程显性内容相结合，坚持"润物无声，沁人心田"，帮助学生坚定正确的理想信念、价值理念和道德观念，形成高尚的科学文化素养和乐观向上的生活态度。

（1）培养学生爱国敬业、诚实守信的价值观

近几年国产自主品牌汽车发展迅速，从老牌国产劲旅再到造车新势力，都在中国汽车市场上演绎属于自己的故事，中国自主品牌近两年市场上占比超过四成，足以见得其步子之大，从而激发学生的爱国热情，增强民族自尊心、自信心和自豪感，更加坚定为实现中华民族伟大复兴中国梦而努力奋斗的决心。

在现实生活中，部分高职学生认为汽车维修工不是一份体面的工作，觉得自己虽然选择汽车检测与维修技术专业，但是以后也不打算从事该专业相关的工作，针对学生错误的职业观融入思政元素，引导学生树立"七十二行，行行出状元"的新时代职业观，不管从事什么方面的职业，只要乐干、愿干、想干，都能够成为最优秀的人才。在汽车检测维修过程中，使用劣质、不合格的配件，就会增加汽车在行驶过程中出现故障的概率，这样也增加了汽车行驶过程出现交通事故的概率，甚至造成人身伤亡，因此，我们在检测维修过程中，不使用劣质、不合格的配件，不过度维修，守住底线，诚实守信，从我做起。

（2）培养学生踏实肯干、吃苦耐劳的劳动精神

汽修企业的一线工作岗位存在工作量大且工作细碎、重复性工作较多、工作环境脏乱差等问题，使得部分学生可能会产生逃避与拒绝的心理，指导师傅通过不厌其烦地讲解，一遍一遍地反复操作与"手把手"教导，以身作则能够以自身不怕脏、不怕累的踏实肯干、吃苦耐劳的劳动精神感染学生，激励学生"从小事做起、从底层干起"，帮助学生树立起踏实肯干、吃苦耐劳的劳动精神。

(3) 培养学生严谨细致、精益求精的工匠精神

习近平总书记多次强调精细，要求在工作中始终保持严谨细致、一丝不苟、精益求精的态度，在汽车拆装过程中工具不要乱丢乱放，拆装零件排放整齐，拆装结束要按照6S管理规定，及时清理工位，将装配工具复位，同时将垃圾分类处理，所有工作在确保安全的前提下有序进行，做到严谨细致、精益求精。

(4) 培养学生规范操作、团结协作的工作态度

德国谚语说"一个人的努力是加法，一个团队的努力是乘法"，让学生深刻地体会到团队合作的重要性，增强学生团结协作的意识，在今后的学习工作中多多听取他人的意见，做到精益求精。汽车零部件的拆装检测实操过程，采取分组实操，要求组员服从组长安排，各组员团结协作，严格按照汽车维修手册的要求，规范操作流程，做到6S管理规定，保质保量完成拆装检测任务。课程思政以实训课程为载体，规范学生操作，团队协作完成实训任务，通过细润而无痕的教育融入，增强思想政治教育亲和力和针对性，促进学生价值感悟和价值内化，提升现代学徒制的育人效果。

(三) 现代学徒制实施课程思政实施路径

(1) 加强顶层设计，强化工作目标引导

现代学徒制领导小组组织成立现代学徒制课程思政中心，现代学徒制负责人担任课程思政中心主任，加强课程思政建设的领导力度，统筹规划，把课程思政建设做实、做细，同时为现代学徒制课程思政建设提供强有力的组织保障，保证现代学徒制课程思政的顺利实施。现代学徒制领导小组根据高校思政工作系列文件和学院课程思政工作落实情况制定《现代学徒制课程思政实施方案》，通过课程建设、教师培训、教学过程管理、教学质量监控与评价等工作，明确课程思政的目标、要求和责任，扎实推进课程思政教育教学改革深入开展。《现代学徒制课程思政实施方案》明确了课程思政教学改革中教学内容、教学案例和教学评价等方面的目标和任务，有效地推动了课程思政教学改革工作，充分发挥课程的思想政治教育功能，实现知识传授、技能培养和思想政治教育有机统一。

(2) 重视教师培训，推进教学模式改革

教师是思想政治教育工作的实施主体，教师素质对学生思想政治教育具有重要影响，加强教师思想政治教育，提高教师思想道德修养，为课程思政工作顺利开展打下坚实基础。教师要坚持教育者先受教，自身必须政治过硬、师德过硬，做到真信真用，努力做党执政的坚定支持者、先进思想文化的传播者，更好担任学生健康成长的指导者和引路人。同时，积极鼓励教师参加思政课程

的专题培训、研讨和课程思政会议，举办课程思政教学观摩，组织教师参加课程思政改革经验交流会，切实培养和提升教师的思政意识和能力。

  课程思政需要教师转变"重知识技能传授、轻价值引领"的观念，增强教师育人意识和育人能力。组织负责现代学徒制教学的教师和师傅参加课程思政网络培训，进一步提升了教师的教学能力。为了帮助教师更好地开展课程思政教学设计，部门组建了由任课教师与思政教师组成的教学协同小组，协作研讨课程思政的实施路径，挖掘各门课程的价值意蕴，通过精心设计教学内容，找准思政元素与课程的契合点，选择恰当的教学方法，将其转化成思政元素的教学载体，把教书育人落到实处。思政教师对任课教师教学过程进行"把脉"，在教学过程中要有意地对学生进行思想政治教育，把思想政治教育放到重要位置，并与专业发展教育相结合。积极鼓励教师优化课程思政的教学效果，鼓励教师开展课程思政方面的教研教改项目申报，引导教师探索课程思政的教学实施路径。同时，在信息社会时代背景下，借助各种信息化教学手段，推进课程思政改革创新，建设课程思政网络平台，推进优质网络课程建设，占领网络主阵地，从线上线下、课内课外全方位的突破，逐步形成融合教学模式，提升课程思政的教学效果。

  "课程思政"教学改革的成效可以体现在教材、多媒体课件、教学基地建设等，但最主要的是体现在学生思想和行为的积极改变，体现在思想政治教育对专业学习的促进，可通过问卷调查、作业反馈、学业成绩、过程性评价、评教、教学竞赛等方面量化成效。

  （3）改革考核模式，健全教学质量监控

  课程考核是检验教学成效的必要环节，结合课程思政教育教学改革，持续推进课程考核模式和考核内容改革，摆脱传统"终结式"考试模式，重视过程性考核，将学生的文化素养和道德情怀等内容纳入考核体系。以汽车检测与维修技术专业为例，无论理论课程还是实践课程都应加大过程考核力度，过程考核不限于出勤率、课堂讨论和作业完成次数及质量、汽车维修案例故障机理分析及故障检修排除情况、汽车检修过程操作是否规范、能否做到6S管理规定，还应涉及态度、情感和价值观，确保考核贯穿课程的全过程，学生学习过程也是课程考核过程，避免再出现上课敷衍考前突击的现象。课程思政教育教学与考核的全程化激发学生学习的主动性，从而将课程思政教育由外在形态转化为学生的内在要求，实现思政教育、理论传授以及技能培训的结合与统一。为了了解课程思政的目标落实情况，现代学徒制领导小组组织完善院领导和教学督导听课制度，落实课程思政监督机制，院领导和督导不定期随机听课，对课程思政实施过程存在的问题及时给出整改意见，评价课程思政教学效果，保障了课程思政目标达成度。

(4) 现代学徒制实施课程思政教育的效果

现代学徒制课程思政教育把劳动精神、工匠精神、职业素养、社会主义核心价值观等内容融入课程思政教育中，真正解决"高校培养什么样的人、如何培养人以及为谁培养人"这个根本问题，成为课程思政教育育人的关键。企业师傅通过言传身教，使学生的"德育"显化于实践操作中；教师通过课堂授课，使学生的"德育"隐藏于理论教学中，引领学生走向正确的政治方向，不仅能提高高职学生的思想政治觉悟和职业道德素养，还能把知识、技能传授与价值观的引领有机统一起来，实现了现代学徒制的人才培养目标。汽车检测与维修技术专业现代学徒制课程思政已深入教师、师傅心中，"课程门门有思政、教师人人讲育人"的局面正在逐步形成，取得了预期工作成效。

高职院校思政课教学资源建设与应用探析
——以陕西铁路工程职业技术学院为例

李崇智 刘娜 刘凯

内容摘要：思政课建设是习近平总书记非常重视的一项重要内容，并为此提出了很多新的要求。如何落实习近平总书记的要求，把高职思政课建设成为学生真心喜爱、终身受益、毕生难忘的课程，就需要在大资源观、全资源观的背景下，优化常规教学资源，建设高质量的思政课堂；开发数字教学资源，拓展思政课教学的时间和空间；打造校企共享资源，构建思政课育人新格局；完善教学支持系统，顺畅思政课教学机制；建设考核评价资源库，激活思政课学习的内生动力。陕西铁路工程职业技术学院近些年探索了教学资源建设的相关理论与实践，取得了相应的成果，具有一定的推广和应用价值。

关键词：高职院校； 思政课； 教学资源； 建设； 应用

党的十九大以来，习近平总书记非常重视思政课建设工作，强调思政课建设要做到"八个相统一"，为新时代思政课高质量教学指明了方向。多年的思政课建设也证明，紧跟时代发展，适应学生特点，着眼大资源观、全资源观，充分开发和利用思政教学的多种资源，能够丰富教学活动，激发教师的创造性，发挥学生的主体地位，使思政课真正成为学生真心喜爱、终身受益、毕生难忘的课程。

一、高职思政课教学资源建设的重要意义

与习近平总书记和国家对思政课立德树人的总要求对照，当前高职院校思政课教学在落实立德树人的根本任务中存在如下三个方面的问题：一是理论与实践脱节，学生思想修养与企业需求不能有效对接，教学效果不佳；二是思政课教学内容针对性、实效性不强，教学的亲和力和吸引力不够；三是教学方法时代感不强，手段陈旧，不易被学生接受。这就要求高职院校思政课教学必须

改革创新，以大资源观、全资源观办好"大思政课"，不断提高教学质量，努力推进思政课守正创新，全面提升教学的效果。

（一）要树立大资源观，增强思政课教学的针对性和实效性

在教学中秉持课程大资源观，优化常规教学资源，开发数字化教学资源，打造校企共享资源，完善教学支持系统和建设考核评价资源库，实现显性课堂同隐性课堂、知识传授、价值引领相结合，在知识讲授中为学生筑牢理想信念，在专业训练中实现价值塑造，真正形成人人乐学、处处能学、时时可学的教学资源，增进思政课教学的针对性和实效性。

（二）要用好各种资源，丰富教学内容，形成思政课教学优势

思政课大资源观、全资源观背景下，与思政课教学有着共同的育人目标的资源，都可以纳入思政课教学资源，成为思政课教学的有益补充。因此，思政课教学要着力盘活思政课传统教学资源存量，激活思政课数字化教学资源增量，提升思政课共享教学资源质量，建设思政课教学考评支持系统，提升教学资源的内在品格、价值定位、支持载体，使思政课教学内容增加时代气息，拓宽来源渠道，贴近专业需要，丰富思政课教学资源，提升学生学习兴趣。

（三）要深挖资源内涵，拓宽教学方法，提升思政课教学效果

着眼行业用人需求、回应学生成长成才需要，提高教学的针对性和实效性。就要多维度、多层面开发和运用新媒体和新技术，实现传统思政教学的优势同信息技术的高度融合，将思政课堂从教室搬到工地、实践基地等场所，在潜移默化的环境中熏陶学生，帮助学生正确认知行业的价值取向、道德标准和行为准则，形成良好的思想道德素质和职业素养，引导学生自觉将个人努力与行业需求、国家需要结合起来，激励鞭策学生掌握过硬本领、勇担行业重任。

二、高职思政课教学资源建设的方法和路径

陕西铁路工程职业技术学院（以下简称"陕铁职院"）从高职思政课教学面临的现实问题出发，从教学理念、教学内容和教学方法手段等方面着手，大力优化常规教学资源、建设数字化教学资源、开发校企共享资源、利用教学支持系统和考核评价资源库等，用丰富优质的教学资源，提高思政课教学的理实一体化水平。

（一）优化常规教学资源，建设高质量的思政课堂

在教学设计上，以统编教材为依据，在保证教学规范性、科学性、权威性的同时，充分利用思政课已有改革成果，结合铁路行业学生特点，挖掘行业文化资源形成系列教学案例，编写三秦传统文化教材，充分联系和利用地方红色

文化教学资源，让思政课的教学资源"活"起来、"火"起来。在备课过程中，整合陕西省高职院校思政课优秀师资力量，开展"手拉手"集体备课，同时开展教研室集体备课，打造高质量的讲稿和课件。在教学方法上，结合铁路高职院校学生实际，将两门主干课程分别整合为26个和28个专题，开展专题式教学，同时增加课堂实践教学活动内容，布置开展校园文明行为随手拍、我的大学我做主、亮亮我的家风等教学实践活动，优化教学设计、教学内容，全面提升学生人文素养和政治理论素养，坚定学生理想信念，提升学生家国情怀，培养学生热爱劳动、尊重劳动的职业精神，推动思政课建设内涵式发展。

（二）开发数字教学资源，拓展思政课教学的时间和空间

当今时代，信息化的发展为思政课教学带来了新气象，开发利用信息化、数字化的资源，有利于拓展思政课教学时间和空间，使思政课更能适应当代大学生的需求。为此，陕铁院开发和利用多种数字资源对思政课不断改革，取得了明显的教学效果。首先，利用学习强国App、全国高校思想政治理论课教师网络集体备课平台、全国高校马克思主义学院数字化信息平台、线上展览馆等数字化信息资源，丰富教师教学的载体和媒介，拓宽学生学习的路径和渠道。其次，运用爱课程、职教云、学习通等数字化教学软件，全过程监测教师教学、学生学习过程中的各项数据，挖掘相关教学软件中的辅助教学资源，引导学生积极参与学习。再次，组织教师和学生拍摄微视频（如反映校友扎根一线、学生思想收获）、微课（党课、传统文化、红色文化、铁路文化）、动画等，开发设计与专题内容、学生成长相适应的各种数字化资源。最后，以建设两门主干在线开放课程为索引，配套开发包括教学设计、参考教案、课件、实践教学方案、习题库、教学视频等共计300余G的教学资源，为思政课教学提供了更加灵活和丰富的教学时间和空间。

（三）打造校企共享资源，构建思政课育人新格局

一是建设"融合型"思政教学团队。与中铁一局、西安铁路局等多家大型企业宣传部门共建马克思主义学院，定期邀请企业领导、大国工匠、劳模模范、优秀校友与学生面对面交流，答疑释惑。定期组织思政课教师到具有行业代表性企业回访校友，挖掘行业企业中的典型故事人物、精神等鲜活的思政课育人元素。二是开发校企共享思政教学基地。与合作企业建立"工地课堂""流动课堂"，开发了16个校企思政实践教学基地，打通企业党建宣传与思政课教学"工作相融、优势互补、资源共享、发展共赢"的新格局，推进校企协同育人。三是推进行业特色文化资源进入思政教学资源库。根据两门主干课程的教学内容，开发设计与专题内容、学生成长相适应的各种数字化资源，编写优秀校友

风采录汇编、铁路红色故事汇编、铁路红色基因汇编3本教学资料，整理128名优秀校友的共计200多个故事，中国铁路100多年的发展历史，以及呈现出来的铁路文化、铁路精神等。开发校企思政实践教育基地，打造包括企业党政领导、全国劳模、技能大师、思政教师在内共计70余人的融合型思政教学团队，充分挖掘具有铁路特色、包含思政育人元素的教育基地20个，建立了全员全域全面全时的考核评价资源库，帮助学生成长成才。

（四）完善教学支持系统，顺畅思政课教学机制

一是打造"六要"思政课教师，提升教师综合素质。鼓励教师参与全国各种思政课教学能力培训和教学比赛，让教师在培训和比赛中长见识、增能力、提水平。鼓励思政课教师担任班主任，了解学生，下企业实践锻炼了解单位需求，提升教师对教学对象的全方位认知。二是充分激活校园文化资源。挖掘学校校风校训、学院精神、学风教风等精神文化中的思政元素，利用各种规章制度和行为准则中蕴含的育人方法，发挥校园物质文化的熏陶功能，打造凝心铸魂的精神磁场，对学生进行政治教育、情感熏陶、价值观教育。三是开发运用校内实践教学基地。与中铁一局合作建设窦铁成事迹展览馆、中国铁路发展史馆，近年来共组织师生3万人次进行参观学习，通过校内实训展馆建设，有效地补充了思政课理论教学。利用技能大师工作室、校史馆、校内专业实习实训基地，对学生进行全覆盖的思政课实践教学，组织学生撰写实践报告，挑选优秀作品，形成九期《知与行》实践教学成果，让学生身边人讲熟悉事，感染学生去做更多的社会实践，提升自我教育水平。

（五）建设考核评价资源库，激活思政课学习的内生动力

思政课教学的指挥棒是考核评价。因此，建设考核评价资源，是激发思政课教学内生动力的主要指标。思政课的教学有其特殊性，陕铁院依据发展性评价理论和"三全育人"要求，对照思政课指标要素和评价标准，建设考核评价资源库，不仅考核学生学习思政课的知识体系，还全面设置了思政课考核学分银行，全方位、全流程、网络化、数据化对每个学生的课堂表现、学业成绩、第二课堂、志愿服务等情况进行全程监控、实时诊断、及时预警，根据这些表现，清晰呈现学生三年的成长折线图和雷达图，帮助教师精准掌握学生思想状况，及时改进思政课教学内容，充分发挥思政课立德树人关键课程的作用。

三、高职思政课教学资源建设的效果和影响

陕铁职院从高职思政课建设的要求出发，结合当地的文化资源，突出以学

生为中心的理念，用大资源观建设了思政课多种资源，为思政课改革探索了切实有效的路径和方法，也赢得了良好的社会效果和影响。

（一）思政课教学质量显著提升，学生获得感同步增强

运用大资源观构建的多种教学资源，引导学生主动参与教学，以敬畏之心对待课堂、知识，最终形成了以学生为中心的教学模式，学生学习思政课积极性、到课率、抬头率、参与率大大提高，思政课变成了人人爱听的"金课"。三门必修核心课程连续四年学生评教满意度在95%以上，教学成效显著。学生广泛参与实践教学，了解社会，走进企业，学习目标和动力更加明确；学生的政治素养、道德情操、工匠精神等综合素养加强，认同感和获得感明显提升，毕业生在单位留得住、下得去、干得好、用得上，获得用人单位好评。

（二）思政课教学影响力逐步提升，在学校立德树人中的作用不断凸显

建设和运用教学资源过程中，教师乐为、有为、敢为，在教书育人中得到充分发展，政治素养更强、思维更新、视野更广；在职业发展中受益良多，职称评审、学历提升、教学大赛、论文获奖，培养学生方面取得显著成果。一名教师先后荣获国家级、省级多项荣誉称号，50多人次在国家、陕西省各级各类教学比赛中获奖，主持教育部、省级课题7项，30余名教师获得优秀班主任称号。运用大资源观积极整合教学资源，搭建多维度、多时空教学场景资源，整合和利用校园文化资源、专业实践教学基地等教学支持系统，举办铁路讲堂、大学生讲思政课、党史国情知识竞赛等各类各项活动100余次，通过思政课理论教学与学生未来实际工作、学生实践相结合的路径，增强了思政课教学的思想性、理论性、亲和力和针对性，引导学生尊敬思政课教师，爱上思政课教学使学生时时处处感知思政课教学的魅力。

（三）推动思政课改革创新的实践，在行业类高职院校发挥了示范引领效应

运用大资源观，建设思政课教学资源，推动思政课教学的改革创新，取得了明显效果，受到国内高职院校的广泛关注，产生了良好的社会影响。2017年中青在线报道了陕铁职院马克思主义学院思政课"一体两翼"的实践教学；2019年《陕西日报》教育版以"让思政课变成人人爱听的金课"，《教师报》以"陕铁职院：弘扬工匠精神，打造思政'金课'"为题，对学院思政课教学改革进行了全方位专题报道，获得了同行的高度认可；2020年人民网公开课以"聚焦战'疫'，打造思政微金课"为题报道陕铁院的思政战"疫"微课。随着学院思政课教学改革影响力的不断提升，受到省内外同类高职院校的高度关注，教师应邀担任全国高职高专、陕西省内各高职院校思政课评审活动评委数十次，先后为陕西省多所高职院校百余名思政课教师进行教学内容和方法的培训，介

绍学院思政课教学资源建设应用情况，7名教师成为渭南市党史宣讲团、青年讲师团成员，为渭南市各级单位宣讲30余次，14名教师暑期赴中国铁建、中国中铁等企业挂职锻炼，为企业员工讲思政课。

突出"四强化"时代意蕴，构建职业院校思政育人新模式
——以天津市机电工艺技师学院为例

天津市机电工艺技师学院（天津市机电工艺学校） 王彩霞 刘芳

摘　要：习近平总书记在学校思想政治理论课教师座谈会上指出"学校思想政治工作不是单纯一条线的工作，而应该是全方位的"。思想政治教育过程是教育者与受教育者之间相互频繁地传递并获得理解的过程。本论文研究以天津市机电工艺技师学院为例，积极探索构建以"四个强化"为抓手的职业院校思政育人新模式和长效机制，即强化政治引领：坚持价值导向，立德树人展示新担当；强化课程改革：坚持守正创新，课程育人融入新思想；强化活动载体：坚持品牌特色，活动育人注入新活力；强化协同育人：坚持凝聚共识，劳动实践打造新亮点，切实为解决党建价值引领和思政育人实效两张皮、思政育人主渠道和第二课堂育人实效两张皮、思政理论育人和劳动实践育人两张皮的根本问题，提供了参考和借鉴。

关键词：职业院校；中职；思想政治教育；劳动教育

一、当前职业院校思政课建设研究现状和研究意义

（一）研究现状

当前学术界对中职院校的思想政治教育的开展都非常关注，也成为学术界探讨的一个热点问题。不同的研究者和教学工作者他们从不同的方面对中职思政工作进行了丰富和严谨的探讨，但笔者发现一是针对天津中职院校的思想政治教育研究开展较少；二是大多类似的选题在研究侧重点上并没有将理论和实践相结合，没有将实践论证放在重要位置。该论文在前人研究基础上，以国家级示范院校——天津市机电工艺技师学院为例，研究构建以"四个强化"为抓手，构建职业院校思政育人新模式，从而填补了新时代针对天津市中职院校思政课体系化建设的空白，具有一定的理论意义和现实意义。

（二）研究意义

1. 理论意义：习近平总书记在学校思想政治理论课教师座谈会上说道："学校思想政治工作不是单纯一条线的工作，而应该是全方位的。"因而积极探索以"四个强化"为抓手，构建职业院校思政育人新模式和长效机制，即强化政治引领：坚持价值导向，立德树人展示新担当；强化课程改革：坚持守正创新，课程育人融入新思想；强化活动载体：坚持品牌特色，活动育人注入新活力；强化协同育人：坚持凝聚共识，劳动实践打造新亮点，在协同育人上实现了突破创新。

2. 实践意义：构建以"四个强化"为抓手，探索职业院校思政育人新模式既是顺应课程改革的要求，也是提高思政教育实效性的积极探索，是一项系统工程，是落实好立德树人根本任务、培养社会主义建设者和接班人的一个重要的途径和载体。这一有效模式和机制的构建切实解决了党建价值引领和思政育人实效两张皮的问题，思政育人主渠道和第二课堂育人实效两张皮的问题，思政理论育人和劳动实践育人两张皮的问题，为全国职业院校思政育人提供新的参考和借鉴。

二、职业院校思政课建设存在的问题

基于当前职业院校思政课建设的研究和意义，针对当前思政课建设现状，分析归纳现存问题如下。

（一）党建引领在思政建设中发挥的作用不够强

2019年，教育部办公厅在《关于加强和改进新时代中等职业学院德育工作的意见》中指出："学院党组织要发挥领导核心和政治核心作用，将德育工作作为学院党建工作的重要内容，纳入学院总体规划，纳入党建述职评议。"因此，党建工作应充分发挥对思政课建设的核心引领作用，但经前期研究发现，当前职业院校没有建立系统的协同机制保障，党建工作与思政教育存在各自分工、融合度不够的问题。主要表现为：一是党委领导作用发挥不充分；二是党组织战斗堡垒作用不强，组织建设有所弱化，支部书记缺乏对支部建设的深入思考，忽视对党员教师、思政教师队伍建设的必要管理，没有切实抓干部的思政教育；三是执纪监督机制不完备，配套的监督制度未跟进，缺乏操作性强的实施细则，监督没有抓手、缺乏依据。

（二）思政课程、课程思政双向协同育人机制不健全

2020年，中共中央办公厅、国务院办公厅印发《关于深化新时代学校思想政治理论课改革创新的若干意见》，《意见》指出："充分发挥思想政治理论在

立德树人中的关键课程作用，循序渐进、螺旋式上升地开展好大中小学思政课。"而当前职业院校普遍存在思政课程教师、教材、教法相互脱节的问题。思想政治教育与专业课教育相互隔绝的"孤岛效应"尚未打破，主要体现在专业课教师存在思想误区，在教学过程中存在将德育内容生硬楔入专业课程的倾向，采用机械组合而不是有机融合、相互促进、协调发展地认识、把握两者关系。因此，应以增强德育意识、提升德育能力为目标，主动学习、践行课程思政的新理念，适应课程思政的新要求，助力构建学院思政新格局。

（三）全方位思政育人格局尚未形成

习近平总书记在学校思想政治理论课教师座谈会上强调："青少年阶段是人生的'拔节孕穗期'，最需要精心引导和栽培。"作为受教育主体，职业院校学生普遍存在思维活跃、个性鲜明等特点，如何有的放矢地充分利用学生喜闻乐见的形式持续深化教育引导，是职业院校面临的永恒课题。因此，职业院校思政教育应以多层次、宽领域、全覆盖为准则构建全方位育人大格局，但从当前职业院校现状来看，网络信息碎片化对学生认识与思维产生的负面影响仍在加剧，教育时间与空间的障碍仍然存在，教育形式与手段的过分单一导致学生个性化喜好和需求仍未得到满足。此外，重形式轻内容、重过程轻结果的做法导致育人实效性大打折扣，寓教于乐的真正作用和育人活动内化于心、外化于行的实际效能没有发挥出来。思想引领与活动参与二者的融合不深，价值引领的作用没有在特色活动的组织、开展过程中落地生根。

（四）劳动教育在思政育人中发挥的作用不够充分

2018年，习近平总书记在全国教育大会上强调："坚持中国特色社会主义教育发展道路，培养德智体美劳全面发展的社会主义建设者和接班人。"立足于新时代，习近平总书记大力提倡"劳动最光荣、劳动最崇高、劳动最伟大、劳动最美丽"的理念。这一理念的提出为深入开展劳动教育提供了根本遵循，也是思政育人的关键课程。而当前职业院校却存在一定程度上的重智育轻劳育，劳动价值弱化；重理论轻实践，劳动教育机制虚化；载体运用不灵活，平台使用不充分，劳动教育内容窄化等问题。此外，缺乏顶层设计、具体规划、经费投入、综合实践活动课程结构不合理，劳动教育课时无保障等方面的问题也严重制约了劳动教育的有效开展。因此，必须从创新劳动教育理念、搭建劳动教育平台等方面着手，凝聚共识，汇聚合力，充分挖掘和运用劳动教育资源，充分发挥劳动教育课程主渠道作用，积极构建学院劳动育人新机制，真正让学生在劳动教育过程中实现将劳动的自觉意识转变为行动的目标。

三、职业院校思政育人新模式探究——以天津市机电工艺技师学院为例

学院党委始终坚持用习近平新时代中国特色社会主义思想铸魂育人，将思想政治工作作为重中之重，牢牢把握思想政治工作的主动权，在高质量发展的快车道上彰显新时代职业教育的特色，在不断自我革命中书写奋进之笔，办好人民满意的教育。

（一）强化政治引领：坚持价值导向，立德树人展示新担当

1. 抓实思想政治建设，强化引领筑牢根基。学院党委坚持以政治建设为引领，把立德树人成效作为根本标准，坚持五育并举协同发展，全面提升思想政治工作质量。聚焦"五讲"，夯实思想之基。即党委书记带头讲、班子成员紧跟讲、二级学院融入讲、思政教师专题讲、青年学生用情讲。通过有高度、有思想、有新意、有实效的课程讲授，让学生学思政、懂思政、爱思政。

2. 抓实组织作风建设，提神振气激发活力。学院坚持把师德师风作为第一标准，教育教学与师德师风建设"两手抓、两手硬"。将思政工作纳入绩效考核、纳入职称评定、纳入评优评比。坚持以品德和能力为导向的人才选用机制，树立科学的教育发展观、人才成长观、选人用人观。

3. 抓实思想政治教育，构建大思政育人格局。学院党委坚持构建大思政育人格局，打造"3内+3外"的思政专家团队。坚持做到：班子带头讲好"三课程"、教师队伍做好"三进入"、思政队伍牵好"三条线"、思政教育抓好"三阶段"、思政工作坚持"三不"理念——不谈思政不是合格教师、不谈思政不是合格党员、不谈思政不是合格干部。实现百分百的教室都有思政元素、百分百的教师履行思政职责、百分百的课程体现思政成果。

（二）强化课程改革：坚持守正创新，课程育人融入新思想

1. 以名师工作室为抓手，推动新时代思政课程建设。我院以中职学校思想政治理论课名师工作室、课程思政教学研究示范中心、思政课教学创新团队为依托，潜心打造"1+4+N"研修模式，打造静心读书、用心研究、专心实践、真心共享的"四心"研修文化，逐步形成辐N方的思政育人共同体。通过开展主题沙龙、名师讲坛、课例研讨、课题研究、读书交流等特色活动，强化思政教师的政治素养和思政意识，吸引思政教师参与头脑风暴、开展互动探讨，开发与整合课程资源，实现课堂教学有效性的增长和教研能力的提升，引领思政教师打造有深度、有广度、有温度的思想政治教育精品课。

2. 以课程思政为手段，营造全过程红色育人基调。我院通过实施课程思政"三个一"工作，即完成一系列课程思政培训、每周进行一次课程思政联合教

研、开展一个课程思政质量月主题活动，在传统理论教学与实习教学基础上，不断持续强化思政课程与课程思政共享联动。在学院内建立了一批以电梯安装与维修为代表的课程思政精品课，充分确保课程思政内容的思想性、前沿性与时代性，教学方法体现先进性、互动性与针对性，形成可供同类课程借鉴共享的经验、成果和模式。

（三）强化活动载体：坚持品牌特色，活动育人注入新活力

1. 以社团活动为抓手，实现美育主体无盲区。我院构建"以社团活动为载体 推动美育全覆盖"工程，组建思政类、学习类、科技类、技能类、文体类五大类76个社团，打造5000平方米的社团专用场地，7700余名在校生全员参与、462名教师担任指导教师，新时代研"习"社是我院构建"以社团活动为载体 推动美育全覆盖"工程中的思政类社团，通过"一社、一课、一引领"思路，突出红色文化的引领作用。社团课程通过学习党史知识、讲授红色故事、感悟红色力量、传承红色精神四个环节，组织开展党史故事"我"来讲活动，以一种全新的方式开启社团活动新模式。充分发挥了"第二课堂"功效，促进了"第一课堂"质量提升。

2. 以"四史"宣讲为品牌，实现育人效果全覆盖。为把开展"四史"学习教育作为建立不忘初心、牢记使命长效机制的重要内容抓实抓好，我院以"四史"宣讲为品牌，成立了"四史"进宿舍联合宣讲团，连续开展了三个学期，每周进行两次主题宣讲活动，进一步推动"四史"学习教育往深里走、往心里走、往实里走，引导广大学子"学史明理、学史增信、学史崇德、学史力行"，实现育人效果全覆盖。

3. 以特色活动为平台，发掘思政育人新潜能。学院坚持以特色活动为育人载体，充分发挥寓教于乐手段，将思政教育蕴含在课本剧、心理剧、思政剧之中，实现把思政理论"演"出来，让思政课真正地"活"起来，从而使学生在参与中实现感悟与提升。学院党委顶层设计、高位擘画，先后以心灵情景剧、警示教育情景剧这一独特新颖的表现形式，再现了学院筚路蓝缕发展过程中，那些令人难以忘怀、启迪心灵的感人片段，唤醒全体机电人的良心、爱心、责任心。教育引导教师真正把为学、为事、为人统一起来，守好师德底线，当好学生成长的引路人。《陷阱》《一件小事引发的思考》《一双不该伸出的手》《向校园欺凌说"不"》《样子》五个短剧，让全体师生再次筑牢规矩意识，自觉遵守各项规章制度，夯实"六五大行动"（在全体教职员工中开展政治意识大增强、思想境界大提高、精神状态大提振、师德师风大改变、爱生如子大践行、工作能力大提升的"六大行动"，在全体学生中开展校园欺凌大起底、文明礼仪

大整顿、电信诈骗大教育、安全保障大排查、教育教学大规范的"五大行动")育人成果。近年来，我院思政课情景剧《望乡》《离聚》《赤星》、课本剧《永不消逝的电波》等作品取得优异成绩。

(四)强化协同育人：坚持凝聚共识，劳动实践打造新亮点

1. 打造三大基地，突出劳育特色。我院成立劳动教育工作部，开创了以4000平方米的"三基地"为创新载体的劳动教育实践模式，即劳动教育实践基地、劳动安全体验基地和航空航天产教融合实践基地。建立课程完善、资源丰富、模式多样、富有实效的劳动教育机制，实现全院179个教学班级劳动素养课、劳动实践课、生产实习课全覆盖。

2. 构建课程体系，实现全员覆盖。通过开展劳动教育理论课程、通识类劳动实践教育课程、具有行业特色的劳动实践教育课程、专业技能提升类劳动实践课程和社会服务型劳动实践教育，帮助学生建立劳动意识，树立劳动观念，了解劳动内涵，用所学的专业技能奉献社会，用自己的实际劳动回馈社会，在社会劳动实践中传递爱和感恩。

3. 创新评价机制，提升劳育实效。学院将劳动素养纳入学生综合素质评价体系，制定评价标准，将学生参与劳动的具体情况和相关事实材料记入学生综合素质档案，把劳动素养评价结果作为衡量学生全面发展情况的重要内容，并作为毕业、评优的重要参考。

四、成效和经验

学院始终坚持以习近平新时代中国特色社会主义思想为指导，全面贯彻党的教育方针，落实立德树人根本任务，全面提升思想政治工作质量，致力深化"让爱和感恩充满整个校园"的德育、"让每一堂课都有效果、让每一个孩子都受益"的智育、"让全员健身强健体魄"的体育、"让教育带着温度落地"的美育、"培养劳动光荣情怀"的劳育，走出了一条彰显新时代职业教育的特色的育人之路，育人经验及做法在全国巡讲。

(一)解决党建价值引领和思政育人实效两张皮的问题

当前职业院校存在党建价值引领在思政建设中发挥的作用不够强、缺少构建大思政人格局的顶层设计与系统规划的情况。学院党委坚持核心引领、高位推动，坚决做到以高的政治站位，不断探索新时代党建引领的思政育人之路，通过党委书记亲自抓、班子成员带头抓、中层干部紧跟抓，让思想政治教育工作"有棱有角""有情有义"。

（二）解决思政育人主渠道和第二课堂育人实效两张皮的问题

当前职业院校存在思政育人第一课堂主渠道和第二课堂协同育人效果不突出，育人活动内化于心、外化于行的实际效能发挥不充分的情况。我院以社团活动为抓手、以"四史"宣讲为品牌、以特色活动为平台，充分发挥"第二课堂"作用，促进"第一课堂"质量提升，让思政教育融入学生的学习、生活和成长中。

（三）解决思政理论育人和劳动实践育人两张皮的问题

当前职业院校存在一定程度上的重智育轻劳育，劳动价值弱化；重理论轻实践，劳动教育机制虚化；载体运用不灵活，平台使用不充分，劳动教育内容窄化等问题。我院从创新劳动教育理念、搭建劳动教育平台等方面着手，充分挖掘和运用劳动教育资源，发挥劳动教育课程主渠道作用，积极构建学院劳动育人新机制，借助劳动实践的育人载体，解决思政理论育人和劳动实践育人两层皮的问题。让思政课程动起来、活起来、实起来，实现了思政课程的"知行合一"，形成了让学院每片土地都有思政元素、每面墙壁都有思政气息、每堂课程都有思政理念、每名教师都讲思政内容的特色育人模式。

职业院校开展思政课实践教学与团学实践活动一体化构建研究

长春汽车工业高等专科学校　王盼盼

摘　要：在职业教育提质培优的发展快车道中，职业院校开展思政课实践教学与团学实践活动一体化构建，是高校实现立德树人的重要载体，能够为大学生的思想政治教育增进新动力。文章从一体化构建的主要内容着手，阐明一体化构建的作用价值，并从"聚合力""五联动""重实效"三个角度解析一体化构建的新路径，提升思政育人实效。

关键词：高职院校；思政课实践教学；团学实践活动；融合；构建

站在"两个一百年"奋斗目标的历史交汇期，社会的深刻变革加速了高校的改革发展，为实现立德树人的重要育人实效，认真学习习近平总书记关于职业教育的重要论述，结合职业院校自身特点，创建思政课实践教学与团学实践活动一体化育人新模式，对充分发挥思政课实践教学与团学实践活动的育人理念和育人实效意义重大。

一、思政课实践教学与团学实践活动一体化构建的主要内容

时代青年生逢盛世，重任在肩。而广大青年学生正处于人生成长的关键期，尤其作为高职院校的大学生，还处在知识体系搭建尚未完成、价值塑造尚未成型、情感心理尚未成熟的时期，对大学生而言无论是个人的成长成才，还是更好地担负时代重托，都需要高等教育积极引导，实现高职院校学生思想政治教育的育人实效。

（一）育人内容的深度融合

思政课实践教学和团学实践活动作为大学生思想政治教育的重要途径，对引导学生正确三观的养成，意义十分重大。第一，最大限度地实现思政课堂理论教学内容在实践中的落实与延展。通过拓展思政课实践教学内容，将原本受

到课堂局限的教学内容在团学活动的组织中进一步深化学习，实现育人内容的完整性，提升育人的整体效能。第二，进一步发挥团学实践活动的育人理论价值。通过对团学活动内容上的理论把控，帮助团学实践活动提升理论高度与深度，进一步全面提升育人成效。

（二）育人环境的创新融合

培养学生的实践能力是思想政治教育的重要一环，但由于受到教学师资、教学场地及授课时间等多种因素限制，目前很多职业院校思政课的实践教学还是于教室内开展，这也就导致实践内容还是以理论引导为主。而思政课实践教学与团学实践活动的一体化构建，可以实现育人环境的创新融合，从思政小课堂有效延伸到社会大课堂，将校内学院实训基地、当地特色文化场馆、红色教育基地等丰富教育基地做好模块设置，通过思政实践课堂和团学实践活动的丰富形式，在实践环境的创新中增强学生专业认同、提升学生实践能力，同时进一步厚植学生的家国情怀，勇于将"小我"融入国家和社会的"大我"之中，奉献青春力量。

（三）育人队伍的组织融合

高校思政学科和团学活动的"课程思政"在很多地方有异曲同工之处，如核心内容、育人理念都是相一致的。这就从学校组织架构为高校思政教师与团委学工各个部门实现精准对接打下了基础，两个育人队伍便于巧妙联合，制定适合学生的实践育人方案，参与学生核心教育的全过程，坚持育人先育心、育心先育魂的教育理念，将专业知识的应用与加强大学生思想道德修养相统一，引导大学生积极参与思政实践活动，提高社会实践能力，全面提高学生整体素质，助力大学生树立奉献精神和为人民服务意识。

二、思政课实践教学与团学实践活动一体化构建的应用价值

青年大学生正值"拔节孕穗期"，其成长成才的培养是一个系统工程，尤其需要学生们在社会实践中体验、感悟、认同和践行。为了更好地实现高职人才培养目标的客观要求，实现思政课实践教学与团学实践活动一体化的构建，既符合大学生自身成长成才的规律，更是培养时代青年走好新"赶考"路的现实之需。

（一）思政课实践教学与团学实践活动共铸大思政格局

"十四五"时期，是国家社会经济发展的重要时期，也是高校发挥育人主阵地的历史机遇期。实现思政课实践教学与团学实践活动的齐抓共管、协同育人，共同打造大思政格局，是切实提高思政课实效性的有力途径。

1. 满足学生需求，助力成长成才

充分发挥学生的主体作用，引导学生进一步深入认识和理解理论知识，满足自身成长成才。第一，实现青年学生的自身需求的内在满足，符合学生成长成才的发展规律。可以有效缓解思政课实践教学重理论灌输、轻实践能力培养的弊端，在有效激发学生的参与热情和学习兴趣的基础上，进一步对学生开展深而广、精而博的培养。第二，结合"00"后大学生的时代特点在一体化构建的过程中满足时代发展所需。随着当今时代信息化的普及与发展，加上"00后"大学生思想活跃、需求多样、个性张扬、注重自我的个性化特点，显然以往传统的"填鸭式"教学方式已经无法满足当代大学生的时代需求。这种实现二者一体化构建的融合方式解决现实教育之需。

2. 符合学校要求，形成育人合力

在以往的教学模式下，思政课实践教学和团学活动往往自成一体，二者基本不相关联，这就导致了学生的动手能力、知识的应用和社会适应能力未能得到充足的锻炼。根据教学计划和学生成长成才规律，从学校顶层进行制度设计，有助于更好地形成育人合力。第一，充分发挥理论讲授和组织严密的优势，激发团学活动的活力。有效缓解目前只是集中于少数学生干部为主体参与，以及团学活动缺乏系统性、延展性等长效影响力的现状。所以实现二者的融合共建，可以发挥团学活动的活力特点，借助思政课堂全员参与的广度特点，形成知行合一的育人效力。第二，实现资源共享，开展高效的学生实践活动。二者的充分融合，可以利用共同的经费、场地等教学资源，扬长避短发挥各自优势，实现全过程、全方位、全要素合力育人。

3. 促进社会追求，服务国家战略

立德树人是思政育人的关键。实现思政课实践教学和团学活动的融合育人，是面对新形势下新要求的重要举措，同时也是提高职业院校教学的针对性、吸引力、实效性，促进大学生全面、协调、可持续发展的重要途径。不仅如此，立德树人也是服务于国家与社会发展的重要文化支撑，对于与国家发展和自身成长同频共振的广大青年学生而言，可以更好、更快、更强地走好第二个百年奋斗的新赶考路，为实现中华民族伟大复兴的中国梦注入青春能量。

(二) 思政课实践教学提升团学实践活动引领力

在全面塑造学生综合素质能力提升的过程中，充分发挥思政课的引领力，对团学实践活动具有不可替代的现实意义。

1. 强化理论引领，践行知行合一

从教育培养的目标上来看，思政课实践教学与团学实践活动对大学生思想政治教育的追求高度一致，二者都是为了更好地实现对青年学生的思想引领与价值指导。诚然，各高校积极重视团学工作，但目前不乏很多高校将团学工作的重点仅放在团学活动的数量上，缺失内在的价值提升，活动形式也过于零散、碎片化，存在着团学活动主题高度不够、团学活动内容深度不佳、团学活动形式热度不强等常见问题，不足以产生具有思政教育意义和长远影响的作用。而通过二者的有机结合，则可以充分发挥思政课实践教学的理论引领优势，有针对性地指导学生加强对团学活动主题的理解，提升团学活动的深度与厚度，提升团学活动的实效，引导学生树立正确的价值观、人生观、世界观。

2. 凸显精神指引，实现育人铸魂

立德树人、培根铸魂，是思想政治教育的核心，是思政育人的灵魂。实现思政课实践教学与团学活动的融合构建，一方面有助于提高团学工作的政治高度，注足精神动力，增添理论精神的引领，尤其对扎实推进习近平新时代中国特色社会主义思想的实践养成具有重要意义。另一方面可以帮助大学生进一步坚定社会主义理想信念，筑牢精神之钙，奋力走好新时代的"赶考"路，为实现第二个百年奋斗目标书写最美的青春篇章。

3. 发挥专业优势，搭建育人体系

高校围绕立德树人这一根本任务，融合共建的创新教育模式，有助于打破以往育人过程中的条条框框，突破当前育人过程中的瓶颈障碍。思政课实践教学与团学活动有机结合，不仅让实践教学内容更加贴近学生实际，将"最难讲"变成"最精彩"、将"纸上谈"变成"实践行"，通过思政教师的系统指导，使团学活动得到有力的行政支持，有效解决当下团学实践活动偏重娱乐目的、内容缺乏创新、影响人群不够普及、活动意义后劲不足等常见问题，发挥团学的积极作用，让学生切实感受到用科学理论分析和解决现实问题的益处，促进学生实现全面发展与提高。

（三）团学实践活动拓宽思政课实践教学育人实效性

充分依托团学活动的形式载体，有助于学生走出课堂、走进社会，在参与实践的过程中提升思想认知，做"德智体美劳"全面发展的时代青年。

1. 丰富教学内容，完善教学体系

结合目前高校思政课实践教学的实际现状，还存在着对课程本身定位不准、教学设计不符合学情、授课形式单一、考核方式只是论文提交等现实问题，不仅很多实践活动无疾而终，而且没有真正激发学生学习兴趣，更未能实现让学生践行知行合一的育人效果。实现二者的融合，可以进一步强化教师及学生对实践教学重要意义的认知，同时在很大程度上借助形式多样、内容丰富的团学活动将思政课实践教学的内容得以扩充与丰富，将理论的引导与灵活的活动形式充分结合，帮助学生搭建展示和锻炼的平台，优化教育资源的开发与使用，完善高校教学体系，深化教育教学的效果。

2. 增进学生热情，促进德育发展

学生是教学的主体，是实践教学的参与者，更是受益者，但在目前思政课实践教学课程中存在着部分学生对实践课程重视不足的普遍问题，主观上不积极参与，时间和精力分配不足，即使迫于学分考虑参加也多属于敷衍了事。也有部分学生由低年级时的情绪高涨到高年级时的不爱参与，由主动变为被动，学习效率低下，教学收效甚微。在二者一体化构建的过程中，根据不同年级、不同专业的学生特点合理安排第一课堂、第二课堂和校外课堂的实践教学，从内容和形式上提升育人质量，使学生发生认知转化是当下一体化创新构建要解决的实际问题。

3. 提升教师认知，引领科研创新

随着高校思政课教学改革的深入推进，各高校对实践教学的重要性认识在逐渐提高，但作为实践教学的引导者，从教师的层面而言，还存在部分教师未按课标实施实践教学任务，以及在开展实践教学的过程中所设置的实践教学形式化等现实问题。实现二者的融合构建，可以充分调动思政教师育人积极性，提升团学教师育人科研能力，增强育人使命感，对于思政教师队伍和团学教师队伍而言，都是提升育人效力的重要途径。

三、思政课实践教学与团学实践活动一体化构建的创新策略

实现高校思政课实践教学与团学活动相结合，有利于摆脱思政课实践教学的困境，对于构建"大思政"的工作格局、全面促进大学生提高综合素养意义重大。

（一）建设思政课实践教学与团学实践活动"聚合力"的工作队伍

习近平总书记在学校思想政治理论课教师座谈会上发表的重要讲话中强调："思政课作用不可替代，思政课教师队伍责任重大。"队伍建设是思政课实践教学取得成效的关键。

1. 打造"全过程"始终如一的思政教师队伍

习近平总书记指出："建设政治素质过硬、业务能力精湛、育人水平高超的高素质教师队伍是大学建设的基础性工作。"一方面，我们要抓好思政课教师队伍的建设。加强师德师风建设，建立全方位、全过程、多层次、多元化的教师培养体系，重视思政课上、课下全过程的德育引导，积极发挥教师的榜样作用。

另一方面，搭建思政育人大平台。邀请思政教育工作的专家、学者"做客"教师交流会，在"请进来""走出去"中提升思政教师整体教学能力，更好地把握学生认知规律和学情特点，提高做好、做强、做佳思想政治教育工作的能力。

2. 打造"立体化"多管齐下的团学教师队伍

所谓"立体化"团学教师队伍，主要指以思政课教师"全过程"育人为依托，在高职院校团学活动中，通过形式多样、种类繁多的教学模块创建的集育人、研发、服务为一体的育人队伍。第一，"立体化"团学教师队伍可以有效提升团学教师的科研能力。通过团学教师间的相互带动促进队伍科研能力的提升，提高团学工作的目的性、可行性、实效性。第二，实现团学工作与教学工作价值功能的互补。将团学工作通过多元化、分层级、多功能的指导来帮助学生处理所遇问题，并和思政教师相互配合、影响，减弱目前人才培养体系中思政课程与团学活动在各自开展中面临的窘境，实现团学活动与思政课程的相互支撑、相互补充。

3. 打造"对接式"团队互助的企业师傅队伍

在国家追求经济高质量发展的进程中，社会上对技能人才紧缺的实际问题尤为凸显，提升高职院校学生的职业素质是解决问题的重要一环。对于高职院校的学生而言，相较普通本科学生在校学习时间短，而走出校园走向社会的实习阶段正是学生迷茫困惑的重要转折时期，需要及时关注与指导。如何变学校培养的空窗期为成才培养的增值期，这正是打造"对接式"企业师傅队伍的重要问题。"对接式"团结互助企业师傅队伍的建设，是实现校企双方协同育人的重要基石。校企通过共同探索"生产过程"与"教学过程"的对接，产品与作业的对接，在师傅带徒弟这样传帮带的过程中，帮助学生在"练中学、做中学"，同时实现学生将日常理论学习生动转化为实际劳动力，实现职业技能与职业精神的双提升，成为新时代工匠精神的积极践行者，用工匠梦助力中国梦的实现。

（二）巩固思政课实践教学与团学实践活动"五联动"的创新方式

高校思政课实践教学效果直接关系青年学生的成长成才，关系伟大复兴中国梦的实现。采取以学生自主发展为目标的"五联动"育人模式，有助于增强学生的使命担当，使其成为有志气、有骨气、有底气的时代青年。

1. 提高认识、统一思想，加强关注度

新时代高等教育秉持着"三全育人"的重要育人理念，要想更好地实现高职院校人才培养目标，就要抓住协同育人关键点，在充分认识思政课实践教学与团学实践活动融合必要性的育人格局中，构建思政课实践教学与团学实践活动"五联动"的创新方式。"五联动"主要指通过五大课堂即教学课堂、社团课堂、实践课堂、家校课堂及网络课堂的搭建，架设"多元参与、综合融通"的"五位一体"创新型育人方式，协同推进学校、政府、企业、社会及家庭多个主体共同发力，培育社会所需的高素质产业技能人才。这种新型的、特色的育人方式，对于解决目前学生实践过程中"茫然无措不知从何下手"以及"实践过程中出现问题不知如何解决"等一系列现实问题，增强学生思想政治教育具有突出的实际效果。

2. 强化合作、整合资源，打造品牌化实践项目

通过育人基地、育人活动等多方面的资源整合，有利于打造高职院校社会实践项目品牌，是调节思政教育高度、拓展思政教育宽度、把握思政教育长度、实现实践育人的必要举措。其一，共同开发使用大学生社会实践基地，既有助于改善目前思政课实践教学过程中学生社会实践基地种类不多、数量不多的现状，提升学生社会实践参与度，还有助于团学活动分类分级的开展。其二，打造大学生社会实践项目品牌，这一整合方式主要集中解决当下思政课实践教学与团学实践活动"两张皮"的问题，避免学生对思政课实践教学留下"高大全"的刻板认知，同时延伸团学活动的实践意义。

3. 持续推进、全员覆盖，提升影响力

实现思政课实践教学与团学实践活动"五联动"的特色育人方式具有持续推进、全员覆盖的必要性。其一，创新课程体系建设，加强校园文化建设。主要通过第一课堂和第二课堂的搭建，协同推进参观式、体验式、激情式教学，分层实施实践教学安排，激发学生发挥主体作用积极性，提升学生人文素养。其二，建立多元协助通道，切实提高学生自主学习能力。主要通过第三课堂、第四课堂和第五课堂，依托企业、家庭及网络三方面协同推进、紧密配合、有效衔接，积极发挥实践育人优势。

（三）实现思政课实践教学与团学实践活动"重实效"的预期效果

扎实建设思政课实践教学与团学实践活动的育人平台，以高职院校的办学特点为依托，实现思政课实践教学与团学实践活动"重实效"的预期效果。

1. 坚持"四个走进"，扎实搭建协同育人有效平台

推进二者联动合作，搭建以"走进企业、走进社会、走进农村、走进校友"为载体的"四个走进"育人平台是重要一步。在"走进企业"的社会实践中通过走进企业一线，为学生提供更多近距离接触先进生产技术的机会，了解行业的发展趋势；在"走进社会"的社会实践中依托学生专业技能进社区开展公益项目，培养学生社会服务能力；在"走进农村"的社会实践活动中了解国情、

民生，发扬当代大学生的志愿服务精神，增强学生的社会责任感；在"走进校友"的社会实践中通过与优秀毕业生面对面、心对心地交流，解决学生平时"想知道，但在课堂中学不到"的内容，通过榜样的力量激励学生的努力奋斗。"四个走进"社会实践平台彰显了职业教育的新风尚，夯实了学生的专业技能，引导时代青年为实现中华民族伟大复兴的"中国梦"注入青春能量。

2. 自主探究，促进成长成才健康发展

结合当前高职院校学生实践活动中的现实问题，依托"五课堂"联动的育人载体，发挥学生主体作用。第一，在思政课实践教学课堂中要根据教学内容合理设置教学方式，采用自学自讲、激情教学、小组研讨、情景教学等多种形式开展实践教学安排，注重教学导入，要"活"而"趣"；第二，针对校内实践活动，充分挖掘学生特点，激励学生根据自身兴趣参与比赛、社团活动，激发学生求知和解决问题的动机；第三，针对校外实践教学活动，注重结合学生关注的兴趣点及实际需求，注重实践体验，发挥学生自主创新能力，通过个人探究或小组合作探究的方式解决问题，在朋辈启发中激励学生，真正发挥学生的积极性和主动性。

3. 优化发展，实现统筹安排保障效果

近年来，国家对高校开展大学生实践教学高度重视，为思政课实践教学与团学实践活动的融合推进提供了效果保障。一方面，习近平总书记在2021年4月举行的全国职业教育大会上作出重要指示强调，在全面建设社会主义现代化国家新征程中，职业教育前途广阔、大有可为。与此同时，在加快构建现代职业教育体系的大背景下，各地各部门都在加大保障力度，提高技术技能人才待遇，畅通职业发展通道，可以说新时代为广大职教学子提供了广阔的发展平台和人生际遇。另一方面，随着高校思政课教育教学改革的深入推进，各高校对实践教学的重要性认识也逐渐提高，注重大学生在思政课实践教学与团学实践活动相融合的模式中实现思政教育的实效性，促进大学生成长成才。

面对当前的新征程、新形势、新要求，我们要积极面对目前高校思想政治教育工作中存在的一系列的新问题，一系列的新挑战，一系列的新机遇，这就要求我们在职业教育的发展中积极实现思政课实践教学与团学实践活动的融合，做好实践教学的改革和创新，依托"四走进""五联动"的育人平台，指导学生创造有意义的人生，矢志奋进新"赶考"路，为实现中国梦勇担使命。

对高职课程思政建设的思考

重庆工业职业技术学院马克思主义学院 刘德福

摘 要：高职课程思政建设，要深入挖掘公共基础课和专业课蕴含的思政元素，融入中华传统美德、中国革命道德、建党精神和法治精神等教育，使思政元素和红色基因之"盐"溶于公共基础课和专业课之"汤"。注意防范和化解"黑天鹅"事件和"灰犀牛"事件。加强课程思政教师队伍建设，统筹构建思政课、公共基础课、专业课和实训课"四位一体"的课程思政育人体系和"1+2"融合培养机制，建立和完善课程思政教学质量保证体系，形成育人合力。

关键词：高职院校；课程思政；制度建设；协同育人

课程思政是全面开启现代化建设新征程的必然要求，也是新时代培养德智体美劳全面发展的社会主义事业建设者和接班人、培养担当民族复兴大任的"有理想、有本领、有担当"的时代新人的迫切需要，是解决好"培养什么人、如何培养人以及为谁培养人"这个根本问题和落实立德树人根本任务的战略举措。

一、课程思政的内涵

课程思政的概念最早由上海市委、市人民政府于 2014 年提出，认为各类专业课程中都包含思政育人元素。上海市相关高校进行了积极探索，其目的是摆脱大学生思想政治教育的"孤岛"困境，尤其是解决思政课与其他课程之间实际存在的"两张皮"问题。目前，全国各地高校都在积极进行课程思政建设的理论研究和实践探索，但可复制、可推广的建设方案尚未形成。

从有关专家学者们的研究来看，普遍认为课程思政是围绕构建全员、全程、全方位育人格局和模式，将各类课程与思政课有机衔接，同向同行，形成协同效应，把立德树人作为教育的根本任务的一种综合教育理念，是将思政教育融入专业课、公共基础课的教育实践活动。课程思政要求专业教师突出专业课程教学的育人导向，实现专业教学与育人功能的统一。要构建协同育人新机制，培育专业课教师、思政课教师、辅导员等"育人共同体"，实现思政课教师和专业课教师同向同行、共同育人。要加强教学能力培养，针对专业课教师思政弱项开展示范性的课程思政教学培训指导，形成常态化的集体备课制度、与思政教师相互交流制度、教学激励制度，提升专业教师教学的吸引力、感染力和针对性、实效性。

借鉴专家学者们的研究成果，结合高职院校特点，课程思政是指在公共基础课和专业课的教学过程中，把思想政治教育贯穿于教育教学的全过程（课前备课、课中教育、课后辅导、实习实训等），统筹构建思政课、公共基础课、专业课和实训课"四位一体"的课程思政教育理念、体系。课程思政是在传授知识的同时，把思政元素有机融合进去，使思政元素、红色基因之"盐"溶于课程教学之"汤"，达到润物细无声的育人效果。课程思政的实质就是将思政元素（社会政治生活中一切有利于净化心灵、塑造灵魂、陶冶情操、培养德行、提升素质的元素）融入学校各部门、各课程、各环节、各方面，同向同行，实现立体育人、协同育人、全程育人。

二、高职课程思政建设存在的问题

（一）对意识形态风险认识不足

意识形态风险客观存在。部分教师对西方所谓"普世价值"（自由、民主、人权、博爱、法治）的虚伪性以及其拜金主义、享乐主义、极端个人主义的危害性认识不够。改革开放以来，西方社会思潮通过书刊、网络等渠道涌入，其政治观点、意识形态、价值观念和生活方式潜移默化地影响着青少年的思想观念、价值取向、思维方式和行为范式。西方国家凭借其话语霸权，进行意识形态渗透，利用低俗、庸俗和媚俗甚至淫秽文化，对中国人尤其是青少年进行"洗脑"，妄图诱导青少年抛弃所受到的中国特色思想政治教育，弱化甚至消除青少年四个自信。1999年6月，美国智库兰德公司建议美国对华战略应分三步走，其第一步就是西化、分化中国，使中国意识形态西方化。政论片《较量无声》，诠释了美国通过政治、文化、思想、组织和社会等方面的渗透和干预，妄图颠覆社会主义中国的邪恶本质。意识形态风险，是摆在高职课程思政建设面前的首位突出风险。2020年年初发生的许可馨事件，就是典型案例。

(二）思政课建设存在"三化"问题

长期以来，高职院校思政课建设存在弱化、固化、矮化"三化"问题。"弱化"是指部分高职院校片面以技能培养为中心，对思政课教学不重视，措施不力，搞"上有政策、下有对策"，弄虚作假、欺上瞒下。这是缺乏"四个意识"的表现。"固化"是指人们对思政课地位和作用的看法固定化、模式化，形成了刻板印象。教师教学方式方法灌输式、理论化甚至抽象化，鲜有创新，缺乏亲和力、说服力和感染力。"矮化"是指将思政课摆在无足轻重的地位，对思政课建设有关文件规定不以为意，机构不独立，生师比不达标，课时不足，专项经费不到位。"三化"问题在非思政课教师中更为普遍。

（三）部分教师思政素养不高，尤其是缺乏马克思主义和中国化的马克思主义理论素养，缺乏有丰富课程思政实践经验的教师

部分公共基础课教师和专业课教师（以下简称其他教师）对教学中融入思政元素的重要性认识不够，主要因为缺乏思政理论素养尤其是缺乏马克思主义和中国化的马克思主义理论素养。专业课教师尤其是理工科专业教师，思政知识积累和储备不足，很难将思政元素有机融入专业课或实训课教学中，导致专业教学中的知识传授、能力培养、价值引领与世界观、人生观、价值观、道德观和法治观（以下简称"五观"）教育分离。对部分专业教师的调查表明，工科教师往往不知从何处入手融入思政元素。

课程思政教学，离不开第一手资料积累。长期以来，高职院校课程思政教师缺乏行业企业经历，教学中缺乏企事业单位一线资料支撑，加之部分课程思政教师缺乏主动学习能力，不注意收集有用信息，使课程思政教学缺乏第一手资料，社会化、生活化不足，针对性、亲和力、生动性不强，教学质量和效果难以突破瓶颈，其教学价值不能满足学生需要。

（四）"六点"问题突出

在课程思政教师队伍中，存在着教学"难点、盲点、痛点、堵点、热点和焦点""六点"问题。"难点"是指教材中存在的一些抽象的、不易理解的问题或者困惑。部分教师未能解决好这一问题，很难在教学中做到接"地气"。"盲点"是指在教学过程中，教师对一些基本思政知识盲目无知，对细节问题注意不够、思考不多、把握不准，出现解答不清、观点偏差甚至教学失误，误人子弟，产生不良影响。调查表明，这种"盲点"问题在高职院校专业教师尤其是工科教师中客观存在。"痛点"是指在教学过程中，教师难以将思政元素之"盐"有机溶于课程教学之"汤"，学生获得感不强，不能引起学生共鸣而导致师生教与学的"痛苦"感受。"堵点"是指课程思政教师由于政治站位不高、

思政素养不够，导致课程思政教学过程中的"肠梗阻"问题，即形成了PPT依赖或PPT困境，难以有机融入思政元素的现象。"热点"是指国内外突发重大事件，如田佳良事件等。部分教师对这些问题不关心、不重视，不能进行正确剖析，难以帮助学生正确认识其实质，以提升学生的认知能力和判断能力，提升育人效果。"焦点"是指学生中长期存在的一些突出问题，如抬头率不高、认同度不够、获得感不强、实效性不足等问题，教师对这些问题重视不够、解决不力。

（五）其他教师对课程思政教育存在认识误区

部分教师对课程思政的认识存在误区，以为就是在教学中机械地插入思政内容，甚至认为专门拿出几分钟进行思政教育，这实际上是对课程思政内涵的误解。结果往往存在说教式、灌输式、机械式思政教育问题，往往讲不得法、讲不到位、讲无实效，学生接受度低甚至反感，部分学生存在排斥心理，效果往往适得其反。

（六）思政课教师与专业课教师交流、沟通不多，衔接不够，导致"孤岛""两张皮"现象

长期以来，思政课教师与专业课教师各自"孤军奋战"，彼此交流沟通少。总认为，立德树人是思政课教师的事，专业技能培养是专业教师的事，未能把立德树人和专业技能培养有机融合，未能巧妙融入思政元素，未能相向而行，形成育人合力，导致思政课与专业课育人的"孤岛""两张皮"现象。

（七）课程思政教学质量保证体系有待实践检验

课程思政教学质量保证体系的重要性不言而喻。课程思政是新生事物，实践还远远不够，课程思政教学质量评价体系和监督体系还有待实践检验，需要补充、丰富和完善。

三、课程思政建设对策建议

（一）坚持科学理论武装，防范化解西方资产阶级意识形态侵蚀

防范化解西方资产阶级意识形态侵蚀，必须坚持以马克思主义和中国化的马克思主义以及习近平新时代中国特色社会主义思想武装头脑，坚定"四个自信"。提高对意识形态工作的重要性、敏感性认识，自觉把党对意识形态工作的要求贯彻落实到课程思政建设的各环节、各方面。要大力破除思维固化的藩篱、思想僵化的束缚，消除对思政教育的刻板印象，让思政元素和红色基因浸润孩子们的心灵。要像习近平总书记说的那样，教师不能只做传授书本知识的教书匠，而要成为塑造学生品格、品行、品味的"大先生"。要注意防范化解"黑天

鹅"事件和"灰犀牛"事件。前者是指小概率但影响巨大的不可预测的出人意料事件,如许可馨事件和田佳良事件;后者是指大概率且影响巨大的习以为常的潜在危机,如西方敌对势力利用其视觉文化(书籍、期刊、影视片等)、味觉文化(薯片、麦当劳等食品)、网络媒介等形态,在中国青少年中传播其"普世价值"的风险。

(二)培养一支"四有"课程思政师资队伍

培养一支有德行、有理论水平、有教学科研能力、有行业企业经历或经验的"四有"课程思政教师队伍,是高职课程思政建设的重中之重。2018年5月2日,在北大建校120周年前夕,习近平总书记在讲话中提出了"建设政治素质过硬、业务能力精湛、育人水平高超的高素质教师队伍"的明确目标,并再一次强调做一名好老师必须"有理想信念、有道德情操、有扎实学识、有仁爱之心"。

1. 建设一支政治强、情怀深、思维新、视野广、自律严、人格正的课程思政教师队伍

各门课程教师理应政治思想强,是坚定的马克思主义信仰者,自觉运用马克思主义和中国化的马克思主义武装头脑、教育学生;以良好的道德修养感化学生,以严格的自律和高尚的人格力量来感染学生,以仁爱之心呵护学生;以渊博的知识和创新的思维来教育学生,以勤劳的工作作风来带动学生;以中国精神、建党精神来激励学生,以契约精神、法治精神来严格训练学生;以理实结合、深入浅出的教学和丰富的阅历来提升学生,以中国共产党建党百年来所取得的伟大成就和历史经验来鼓舞学生。

2. 善于学习借鉴名师名家

要善于学习借鉴国内外教学大师、名家的教学经验和方法,聆听他们的讲课、讲座和报告等,不断提升个人修养、人格魅力。同时,要积极学习借鉴笑星、小品演员及某些电视节目主持人的风格,他们的表演往往幽默风趣、情景融合、语言精练、动作到位,亲和力、吸引力和感染力强,具有一定的借鉴价值,思政课教师尤其要注意吸纳。

3. 培养一支有行业企业任职经历或经验的课程思政教师队伍

精心组织教师参加学习培训、开展社会实践、学习考察和学术交流活动,有计划、有步骤选派课程思政教师到行业(如中职或高职)交流、企业锻炼,拓宽视野,丰富阅历,厚植教学科研素材,提升课程思政教学能力。

(三)解决好"三化""六点"问题

解决好"弱化、固化、矮化"问题和"难点、盲点、痛点、堵点、热点、

焦点"问题，必须自觉贯彻好、落实好中央和重庆市有关课程思政建设的文件精神，为高职课程思政建设保驾护航。

必须大力培养教师的政治素养、政治品质，提高政治站位的高度。要提高政治敏锐性、政治洞察力、政治鉴别力，遵循教学工作规律、教书育人规律和学生成长规律，融入思政元素，把党的意志、国家的意志通过课程思政传播给学生，践行初心使命，不负党的重托。广大教师应该成为大学生的灵魂育人师。

教师要不断增加思政知识储备的厚度。多读多研马克思主义和中国化的马克思主义原著及其研究成果，认真学习贯彻党中央的有关文件精神，认真学习古今中外政治、经济、文化、军事、外交等各个方面的知识，不断丰富自己的头脑，提升自己的理论修养水平；了解国情、民情、党情、社情、世情，为提高课程思政教学效果准备丰厚的思政知识素材，进而引领学生在知识的海洋中遨游并获取养分，使学生感受课程思政的魅力。

（四）提高教师课程思政能力

1. 加强课程思政教师教育培养

一是组织教师深入学习党和国家关于课程思政育人的有关文件精神，听取专家学者的报告，不断提升广大教师的马克思主义理论素养，不断丰富自己的头脑，提升自己的政策水平、政治素养；二是认真研讨思政元素融入专业课的方式，加强教材、教案、讲稿的编写和审定，组织教师探讨交流思政内容融入专业课教学模式；三是集体备课，集中讨论课程思政教学中的思政元素的难点、盲点、痛点、堵点、热点和焦点等问题，交流教学经验；四是以团带人，即通过建设课程思政团队，带动一批教师教学水平提升。

2. 加强思政元素融入内容的研究

课程思政教学，在什么地方、什么时候和融入什么思政元素，需要认真研究。应包括以下内容：一是思想修养，包括马克思主义和中国化的马克思主义、理想信念、"五观"和社会主义核心价值观等内容；二是优秀道德和精神传承，包括中华传统美德、中国革命道德、革命精神、中国精神、建党精神等内容以及劳动精神、工匠精神和劳模精神；三是道德规范，包括社会公德、职业道德、家庭美德与个人品德等内容；四是法律修养，包括契约精神和法治精神培养、法治思维训练、法治国家、法治政府、法治社会建设等内容。在教学方法和手段上，把课本知识与丰富多彩的社会实践、波诡云谲的国际形势、多姿多彩的学生学习生活实际有机结合，采用多媒体、网络等现代化教学手段，推动课程思政教学形成新动力、迸发新活力、取得新成效。

（五）创新教学模式和教学方法

在长期教学实践过程中，我们创立的"五跟进"教学模式和动感教学法十分有效。

"五跟进"教学模式是指在教学中，紧紧跟进国内外形势、重大事件、社会实践、学生家长和用人单位，及时将相关信息运用到教学中去，将课堂教学与这五个方面紧密联系起来，让学生主动参与、思考、讨论或调研，提高分析问题、解决问题的能力，提高教学效果的一种模式。这种模式强调，要善于利用红色故事、微动漫、微视频、微电影等元素，不断提高大学生学习的积极性。

"跟进形势"，即紧跟当前国内外形势，跟踪热点、焦点问题，与学生一同讨论报纸、电视、网络等媒体中与教材内容密切相关的内容，在评说讨论中引导学生、教育学生。"跟进事件"，即紧跟突发事件、重大事件，紧密结合教材内容。"跟进实践"，即紧密联系社会实践，用丰富多彩的现实生活来证明书本观点，用我国现代化建设的伟大成就来佐证理论。课程思政要强调实践性，"跟进家长"，即坚持与学生家长保持必要的联系，及时了解学生的家庭情况，尤其是那些组织纪律性差、作风不良、学习成绩不好的学生，学校有关部门和任课教师更要主动与其家长进行沟通与衔接，了解情况，积极应对。可以通过QQ、微信、电话等方式或通过询问辅导员、班主任来进行。建议学校把学生家长的联系方式告诉每一个任课教师。"跟进用人单位"，即与用人单位、实训单位保持联系，了解毕业生实习实训和工作情况。

动感教学法是通过PPT和视频，构建"神态动作+资料视频+师生互动"方式，以增强亲和力、实效性为目的的一种教学方法。该方法要求教师善于学习、借鉴、模仿知名影视节目主持人或知名演员的某些风格、做法和表达方式。

动感教学法的五要素是：语言幽默风趣、面部表情（神态）丰富、肢体动作有亲和力和感染力、声音抑扬顿挫、激情飞扬。

第一，语言幽默风趣。通过幽默风趣的讲解知识、演绎逻辑，把内容讲得生动活泼，调动学生学习积极性，提高育人效果。

第二，面部表情（神态）丰富。眼睛是心灵的窗户，面部表情（神态）是课程思政教师教学取得实效的窗户，善于运用面部表情（神态）来表达感情、传递信息，可以起到良好的效果。

第三，肢体动作有亲和力和感染力。借助富于表现力、亲和力和感染力的肢体动作，能为教学加分，提高教学实效。

第四，声音抑扬顿挫。声音抑扬顿挫，会吸引和感染学生，调动学生的积极性、主动性。要避免平淡无味。

第五，激情飞扬。激情就是说服力、感染力和生命力，就是针对性、生动性、亲和力和实效性。激情飞扬的教师，能赢得学生喜爱，高效完成教学任务。

（六）构建"四位一体"的课程思政育人体系和"1+2"融合培养培训机制，解决"孤岛""两张皮"问题

一方面，构建思政课、公共基础课、专业课和实训课"四位一体"的课程思政育人体系。思政课教师与其他教师要加强交流、沟通、衔接，相互学习、相互借鉴、取长补短，共同提高专业能力、教学技能、教学艺术，协同育人，形成育人合力，培养德技双高的高技能人才。另一方面，构建"1+2"融合培养培训机制，即建立"思政课教师+公共基础课教师和专业课教师"的融合培养培训机制，改变过去各自单打独斗、单独培养培训的做法，共同探索在课程教学中如何有机融入思政元素，把公共基础课和专业课讲得生动有趣，达到净化心灵、提升德行的目的。同时解决"孤岛""两张皮"问题。

要充分发挥"双带头人""名师工作室""大师工作室"负责人的示范带头作用，定期组织召开课程思政改革交流会，请上述专家进行课程思政示范课教学，以提升广大课程思政教师融入思政元素的水平和能力。

（七）构建课程思政质量保证体系

1. 建立和完善课程思政教学质量保障体系，确保教学质量稳步提高

第一，完善教学质量内部保障体系。完善学校、二级学院、教研室、学生四级教学质量管理体系，重点加强对教学过程质量的跟踪监管。

第二，建立和完善课程思政教学质量评价体系。课程思政教学质量是指广大课程思政教师的教学价值满足学生需要的程度，学生运用相关知识解决实际问题的实效度及社会的认可度和评价度。必须加强过程监控，建立学校、二级学院、教研室、学生四级评教体系。教学质量评价不能仅仅考核教师"教"的质量，还要考核学生"学"的质量，即要考核学生的学习态度、学习效率和学习效果等。要高度重视对课程思政的实践教学环节的教学质量评价，特别重视考核学生解决实际问题的能力。

第三，建立由学生家庭、用人单位等构成的教学质量外部保障体系。广泛听取家长和用人单位的意见和建议；关注媒体对在校生和毕业生的各种报道；积极参加有关课程建设和改革的交流、研讨活动，学习借鉴兄弟院校的成功经验。

2. 建立课程思政诊改制度

对督导员、二级学院督导或其他教师发现的问题进行诊断和改进。强化日常教学监管，通过教学检查、教学情况汇总、后台数据分析、网上视频监控、

学生信息反馈等途径收集和反馈教学信息，及时了解课程思政教师育人情况。对发现的问题，及时进行诊断、交流、反馈、改进、优化，以提升诊改效果，提高课程思政教师教学水平和教学价值。

3. 构建课程思政激励机制

把课程思政建设成效作为学校办学水平评价、高水平专业（群）建设、监测与成效评价、各二级学院教学绩效考核等的重要内容，把教师参与课程思政建设情况和教学效果作为教师考核评价、岗位聘用、评优奖励、选拔任用的重要内容。

4. 建立教学质量监控体系

遵循教学质量全面管理的思想，构建学校督导、二级学院督导、教师同行评价和学生信息反馈四级监控体系，实现对教学过程的全程监控，确保课程思政育人效果的稳步提高。

5. 建立信息反馈机制

一是建立专人负责的课程思政教学质量信息收集制度，将收集的有关信息及时反馈给学校质量管理委员会、专家委员会、督导组和二级学院教学质量评价小组；二是将收集的教学质量信息反馈给教研室主任和教师本人，督促他们采取相应的教学整改措施，促进教学质量的提高。

第三编 03
工匠精神、劳模精神、劳动精神研究

工匠精神在职业教育中的价值认知与实践路径研究

河南工业职业技术学院　建筑工程学院　孙会芳

摘　要：2021年4月的职业教育大会上，习近平总书记作出重要指示，要加快构建现代职业教育体系，培养更多高素质技术技能人才、能工巧匠、大国工匠。而培养大国工匠，职业教育责无旁贷。职业教育培养更多能工巧匠，成为践行工匠精神、培育多种实用性人才的题中应有之义。本文研究从工匠精神是职业教育的核心要义谈起，从工匠精神对职业教育具有"技"之淬炼、"艺"之修持、"道"之推崇的重大作用，来研究工匠精神在职业教育中的价值认知，并在工匠精神融入职业教育课程体系、推进职业教育考核体系改革、加强企业对工匠能力的提升铸造、重视技能大赛对人才培养的引领作用、优化校园环境等方面找出工匠精神在职业教育中的实践路径。

关键词：工匠精神；职业教育；价值认知；实践路径

2021年4月的职业教育大会上，习近平总书记作出重要指示，要加快构建现代职业教育体系，培养更多高素质技术技能人才、能工巧匠、大国工匠。随着社会的不断进步和工业社会的持续发展，对人才提出了更高的要求。我们要实现"中国制造2025"，走好中国工业由大到强的第一步，进而到2035年，使我国制造业整体实力大幅提升，突破"卡脖子"技术所需要的高精尖人才固然重要，但数以亿计的高素质技能人才同样重要。在国家迈向现代化的新征程上，实现经济转型、中国制造向中国智造的深度转变，迫切需要更多大国工匠的有力支撑。而培养大国工匠，职业教育任重而道远。

一、工匠精神是职业教育的核心要义

据不完全统计，目前我国技能人才的缺口已超过了2000万，到2025年这个数字将接近 3000 万，其中高级技工人才的缺口就更大了。根据《国家职业教育改革实施方案》，按照国家"双高"计划、提质培优行动计划、教育评价改革等措施实施要求，培养技能型人才的职业教育，在职业教育理念、人才培养模式、体系建设、课程改革等方面找短板、下功夫、促改革，培养更多能工巧匠成为践行工匠精神、培育多种实用性人才的题中应有之义，让职业教育成为孕育大国工匠的生机沃土。

人类社会的变迁和发展，只注重培养自身职业素质的传统工匠精神，应转变为现代社会劳动者身上都具备的职业能力、价值观、职业态度等要素为主的工匠精神的培养和铸造。工匠精神，不仅是工业文明高度发展的精神成果，更是现代职业教育的精神标杆和核心要义。职业教育有其自身独特的规律和特点，工匠精神对其的引领，对于职业教育"立德树人"根本任务的体现，提升其内在的人文价值和思想特性，丰富其内涵式的发展和创新式的变革，铸造职业教育文化软实力，具有不可替代的重要作用。工匠精神中敢于创新、善于合作的职业能力，爱岗敬业、精益求精的职业价值观，一丝不苟、负责担当的职业态度，都能成为职业教育发展中重要的价值引领，也构成了职业教育的核心要义。

二、工匠精神在职业教育中的价值认知

工匠精神内涵丰硕、历史悠长，不仅承载着广大劳动者对技艺水平不断提高的追求，也最终形成中华优秀传统文化的重要部分。纵观美、德、日等发达国家的工业发展史，不难看出其高度发达完备的职业教育中，对工匠精神的孜孜追求，最终形成一大批专业技术高超、职业精神突出、专注技艺提升的各行各业的劳动者，这些人因其自身在职业教育中工匠精神的培养、职业教育后工匠精神引领下对技艺提高的完善、职业道德的不断提升对整个国家工业发展、经济水平提高、综合实力增强起到了至关重要的作用。因此，工匠精神对职业教育具有"技"之淬炼、"艺"之修持、"道"之推崇的重大作用。

（一）工匠精神对职业教育"技"之淬炼

"技"是艺术创作和匠作工艺的技巧和方法，工匠精神对职业教育"技"之淬炼，主要体现在职业教育对专业技术的培养、技法的磨炼和技法的实践上。技术技能的掌握和熟练程度是职业院校人才培养的根本，加强职业院校学生实践能力和职业技能的培养，也是职业教育教学改革的出发点和归宿。工匠精神在职业教育中的大力倡导，以其敬业、精益、专注、创新等内容对职业教育的教与学有力促进，最终反馈到职业教育受教者——学生身上。工匠精神的引领，可以促进学生加强专业技术的学习，注重自身技术的打磨与提高并一以贯之，

也能引导学生立足岗位、执着专注、精益求精，在掌握熟练技术的前提下开展创新性的劳动，在不断淬炼技术中促进更新、推动进步、实现发展。

（二）工匠精神对职业教育"艺"之修持

"艺"源于"技"，但是从对美的鉴别领会和对事物的创造性上，又相比"技"在更高层次上有所发展、有所提升。职业教育一直以来比较重视技术人才的培养，但对学生人文素养上的培养和提高、创造性工作的开展上注意得比较少。工匠精神的核心是精益求精和创造创新，人类之所以有现在璀璨的工业文明成果，就是历代匠人们对作品的精益打磨，并不断吸收新的技术、创造出新的成果。在职业教育中，通过工匠精神氛围营造，在教育中传承敬业务实、技术精湛、追求卓越的精神，学生懂得简单重复劳动中蕴含的艺术提升潜力，理解传承与创新对行业发展的生命力，领悟精益求精和创造创新的工匠精神价值，进而对"业精于勤荒于嬉"有更加明确的了解，从而养成干事创业的定力。

（三）工匠精神对职业教育"道"之推崇

单纯的技艺表现并不能称为艺术，好的作品大都融入了思想与灵魂，这就是对"道"的推崇。存在于日常生活中的"道"，通过匠人把自己的人生理想和价值追求，甚至是日常对人事物的感悟在作品中完美表达出来，便形成了作品中的"道"。工匠精神对职业教育"道"之推崇，通过价值引领与道德准则的建立，在职业教育中重塑职业观念与职业理想，体现职业道德与职业品质，并贯穿职业教育始终，可以使学生树立正确职业理想；通过营造崇德尚艺的文化空间，以文化的潜移默化力量熏陶职业院校学生敬业态度和职业品德，为丰富技能水平、树立榜样力量、增强敬业意识、塑造道德品质等能提供更切实有效的途径；通过榜样和模范地树立，在尊师重道中带动学生的学习提高，指引学生路径的正确选择，激励学生求知上进的激情，在学生内生动力的大力提升中，帮助学生养成正确的人生观和职业观。

三、工匠精神在职业教育中的实践路径

在职业教育中培育和践行工匠精神，并不是要求每个职业院校学生都能成为大国工匠，而是要通过工匠精神的涵育，让他们树立优良的职业能力、职业价值观和职业态度，以更加严谨、专注和坚韧不拔的匠人品质面对在校和走入社会后的工作生活。而要达到这种要求，就要从各方面、各层次入手，寻求职业教育工匠精神实施路径，从而不断提升工匠精神在职业教育发展中所起作用的针对性和有效性。

（一）补齐短板，工匠精神融入职业教育课程体系

工匠精神在职业教育中的实施，面临的首要问题是要补齐职业教育课程体系设置上的短板，优化和完善课程结构，建立体现职业教育特色的课程体系，通过教学内容的优化和课程体系的构建，在教育教学全过程中融入工匠精神，在培养职业院校学生基础素质的同时，加强他们创新和实践能力的培养，打造具有工匠精神的特色化人才培养模式。第一，在课程生成系统中明确职业院校以学生成长成才为主的功能观、目的观和价值观，在课程实施系统中要从长远把握、摒弃短期行为，在课程评价上要关注学生综合职业素养的达成，并最终落实到实践能力的提高上。第二，课程教育教学中融合工匠精神。要利用思政课强大的教育引导功能，在学生中厚植家国情怀，让学生在学史学理中，深刻理解工匠精神的实质和内涵，培养正确的职业态度、职业价值观和职业道德，提升职业综合素养。要在专业及实习实训课程中深度融入工匠精神，使学生在教师的言行中、自身的实操中感受工匠精神，在潜移默化中提升自己的专注、敬业、耐心、创新等品质，也能增强学生的劳动意识、提升劳动能力、提升社会责任感。第三，在职业教育心理健康教育、就业指导、职业生涯规划、军事理论等课程中也要强化工匠精神知识的传授，有条件的也可通过开设普及职业规范、宣传职业品质、工匠精神宣讲的特色课程，帮助学生增强责任感和使命感。

（二）转变观念，推进职业教育考核体系改革

职业教育要转变观念，在课程考核体系中纳入工匠精神，将在某种程度上改善当前批量的教育方式和评价方法，在考核内容丰富的同时，考核形式也呈现出多元化的趋势。不管是思政课，还是专业课程，社会热点时事都能同步进课堂教学、进学生头脑，真正在与时俱进中得到了实现，也弥补了学生学习对社会现实关注不够的部分。对学生的评价和评判，不再是单一的卷面成绩，而是完美结合学生的参与度和完成度、学生的实践表现、教师的评语、学生之间的评价等多个因素的考量。学生在这种科学多元的评价体系下，不再是千篇一律优中差的结论，而是都能从其中找到自己的闪光点和独特性，进而能够调动学生学习的积极性，增强其学习的内在动力，提升课程效率。而且在考核体系中工匠精神的引入，将专业课程的考核目标与工匠精神相融合，更加注重了对学生信息化素养、人文素质、创新精神等综合素质的培养，也能使职业道德、职业精神教育细化到课堂中，促进学生形成精益求精、严谨务实的工作态度，敬业、爱业的职业精神，创新创造的岗位发展能力，进而能够培养职业院校学生的综合职业能力。

(三) 强化校企合作，加强企业对工匠能力的提升铸造

强化校企联合的初衷，是基于工匠精神的"引企入教"改革，其目的是改变当前职业教育与企业合作不够深入的现状，支持企业以多种方式参与职业教育培养学生工匠精神的过程。首先要实施校企"产教"融合，明确培育主体。利用校企合作、工学结合等人才培养模式，科学合理地安排学生在真实工作环境下强化知识运用和技术技能训练，强化"工匠精神"的养成、体验和实践教育，进而使技能培养、各种活动和"工匠精神"的培养之间做到融合，使学生能够在其中将"工匠精神"外化于行、内化于心，达到躬行践履、知行合一。其次，要实施校企"文化"互融，丰富培育土壤。不管是企业文化，还是校园文化，都是将人的发展作为着力点，重视对人的发展和价值观的培养与塑造。在这种具有共同文化属性的引领下，企业文化和校园文化之间形成了融合的契合点，从而使企校文化互融成为一种可能。加强两者的有机融合，打造具有职业特征的职业教育文化，是职业教育自身发展的需要，更是职业教育健康成长的内在需求，也是提升企业文化软实力的必然选择。最后，要实施校企"育用"一体，创新培育模式。可以邀请企业或行业专家、技术能手到校进行授课或专题讲座，让学生从这些人身上感受到职业素养和工匠精神；也可以组织师生到企业参观或实习，了解企业先进文化、感受企业对工匠精神的追求的同时，切身体会工匠精神中各种优良品质在企业中的重要作用和对企业发展的巨大促进。

(四) 重视技能大赛，夯实技能对人才培养的引领作用

技能大赛是促进工匠精神与职业教育有效融合的重要路径之一，技能大赛的历练，不仅可以夯实职业教育人才培养基础，还可以培养参赛师生的社会责任感、实践能力、创新意识、精益求精的态度。首先，要发挥技能大赛的效果，将技能大赛作为育人的重要着力点和考察点，注重在技能大赛全过程中对学生岗位知识、专业技能、问题解决、心理素质、专注耐心、坚韧耐久等知识方面和精神品质方面的培养，这也是和工匠精神下在对人才培养上是高度契合的。其次，技能大赛旨在为参赛师生提供一个展示技能、切磋水平、提高能力的平台，并以这个平台为载体，弘扬工匠精神，营造崇尚知识、崇尚技能，学知识、学技能，用知识、用技能，比知识、比技能的良好氛围，起到了很好的人才培养引领作用。最后，也要重视技能大赛的反馈，完善相应的反馈机制。通过技能大赛的反馈，可以有效评估工匠精神的培育成效和职业教育的人才培养质量，能够指引职业教育完善和调节教学内容，以更好迎合时代对技能型人才的需求。

(五) 优化校园环境，加强师生对工匠精神的理论和情感认同

对职业教育培养工匠精神来说，一个优良的校园环境，是必不可少而且至

关重要的。首先,要更新完善职业教育实验室和实习实训基地,完善设置、更新设备,实现从有到精的跨越发展。其次,要加强学风建设,陶冶学生工匠精神情操。将工匠精神纳入校园环境建设的范畴,大力推进工匠精神活动进校园、进课堂,营造学生工匠精神培养氛围。教师要发挥自己的榜样作用,认真对待教学工作,做到严谨、一丝不苟、精益求精;同时引导督促学生端正学习态度,养成良好的学习习惯,提升文明素养。最后,要高度重视学生社团建设,营造良好校园氛围。承载着职业教育文化传播的学生社团,也是传承和弘扬职业教育工匠精神的有效载体。因此,要利用职业教育中学生社团的重要影响力,通过挖掘优秀传统文化在学生中厚植工匠精神,通过开展以工匠精神为主题的社团活动来提升学生对工匠精神的认知,从而丰富职业教育工匠精神传播的文化氛围,以培养职业教育学生认真、专注、追求卓越的优良工匠品质。

"双高"背景下新时代高职院校劳动教育实施路径研究

河南工业职业技术学院　唐锋　董雨

摘　要：习近平总书记对职业教育工作的重要指示，为职业教育改革发展指明了方向。"双高计划"是高职院校建设的重要工程，对高职院校劳动教育的开展和实施产生了深刻影响。劳动教育是中国特色社会主义教育制度的重要内容，是构建"五育并举"全面培养教育体系的重要组成部分。当前，高职院校学生劳动意识、劳动态度以及劳动精神等方面存在一定问题，劳动教育管理制度、课程体系、考核评价等方面体系还不够健全。开展新时代劳动教育，具有重要的历史和现实意义。优化新时代高职劳动教育路径，要加强顶层设计，建立完善管理体系；发挥特色优势，增强学生劳动技能；坚持多措并举，构建科学完备的课程体系；推进多元融合，形成健康向上的劳动文化；注重多维协同，建立合力育人机制。

关键词："双高"；新时代；高职；劳动教育；路径

2021年，习近平总书记对职业教育工作作出重要指示，要求职业院校坚持立德树人，深入推进育人方式等方面改革，为新时代高职教育改革发展指明了方向。2019年以来，教育部在高职院校实施了"双高"建设计划，要求高职院校打造技术技能人才培养高地，加强劳动教育，这为新时代高职院校劳动教育提供了新的契机，也提出了新要求。劳动教育是中国特色社会主义教育制度的重要内容，是构建"五育并举"全面培养教育体系的重要内容。2020年3月，中共中央、国务院印发《关于全面加强新时代大中小学劳动教育的意见》，对加强大中小学劳动教育进行了系统设计和全面部署。2020年7月，教育部印发《大中小学劳动教育指导纲要（试行）》（以下简称《指导纲要》），为构建新时代劳动教育体系，推进劳动教育深入开展提供了具体的行动指南。

当前，在社会价值观多元化背景下，部分高职学生劳动意识、劳动态度以及劳动精神等方面都不同程度存在着一定问题，高职院校劳动教育管理制度、课程体系、考核评价等方面体系还不够健全，这些都影响着新时代高职劳动教育的实施。因此，探索新时代高职院校劳动教育实施路径，培养学生正确的劳动观念和劳动精神、劳动能力、劳动习惯，对于推进"双高"建设，构建"五育并举"教育体系，培养新时代肩负民族复兴大任的时代新人具有重要的历史和现实意义。

一、"双高"背景下高职院校加强新时代劳动教育的现实意义

（一）高职院校完成立德树人根本任务的重要途径

"双高"建设提出，高职院校要加强劳动教育，以劳树德、以劳增智、以劳强体、以劳育美，这是对高职院校完成立德树人任务提出的新要求。当前，部分高职大学生劳动观念淡薄、劳动技能欠缺、劳动习惯不良。加强劳动教育，能够引导学生自觉践行社会主义核心价值观，树立正确的世界观、人生观、价值观；帮助学生自觉抵制不劳而获、歧视劳动者等错误劳动观念，树立正确的劳动价值观；能够引导学生进一步强化理想信念，自觉传承弘扬中华优秀传统文化，成为担当民族复兴大任的时代新人。

（二）新时代高职院校人才培养的内在要求

"双高"建设对高职人才培养提出了新的要求，要求高职院校强化劳动教育，培育和传承工匠精神。随着人工智能、大数据等新技术的发展，劳动信息化、智能化趋势日渐凸显，对高职院校人才培养提出了新要求。高职院校要对标"双高"建设人才培养新要求，以高水平专业建设，健全人才培养体系，改革人才培养方式方法，推进学生个人综合素质全面提升。通过开展系统的劳动教育，以丰富多样的劳动实践，培养学生良好的团队合作意识、专业素养，引导学生掌握必备劳动技能，形成正确的劳动价值观和良好的劳动习惯，成长为适应时代发展的高素质技术技能人才。

（三）新时代高职学生全面发展的客观需要

德智体美劳全面发展是对时代新人的素质要求，也是"双高"建设对高职院校人才培养的新要求。高职劳动教育要按照"五育并举"要求，着眼高职学生全面发展，强化劳动教育，注重以劳动实践，提升学生劳动能力，培养学生创新意识；劳动实践活动，能够使学生通过亲身劳动体验，强化自立自强、艰苦奋斗的劳动精神，为走向社会奠定良好的发展基础；能够引导学生树立"幸福是奋斗出来的"新时代劳动幸福观，弘扬改革创新的时代精神，实现个人综合素质全面提升和发展。

二、新时代高职院校劳动教育现状

为了解新时代高职院校劳动教育实施现状，课题组对河南工业职业技术学院在校学生进行了问卷调查，对学生处、宣传部、团委等相关部门领导、专业教师、辅导员、学生等群体进行了深入访谈。通过对调查数据和访谈结果的分析，我们对新时代高职院校劳动教育现状分析有了更加全面的认识和理解。根据调查情况，结合相关文献资料，当前高职院校劳动教育现状具体如下。

（一）大多数学生整体具有正确劳动观念，但部分学生劳动目的和价值认识存在功利性倾向，对劳动教育内容了解不够

调查显示，总体上，高职学生具有正确的劳动观念，大多数同学认为"劳动最光荣"，对大学生群体整体劳动观念持肯定态度，能够把劳动作为获取财富和幸福的主要途径，对劳动内涵的理解相对丰富，对劳动的目的和价值认识比较全面，既看到了劳动对于个人生存发展、获取名誉地位、金钱财富的认识，也把劳动作为奉献社会的重要途径。对劳动教育内容有了初步了解，能够全面理解劳动教育的作用。对劳动的目的和价值的认识上，大多数受访者选择了"生存和发展的需要"和"尽可能为社会贡献力量"，但也有27.6%的受访者选择了"金钱与财富"，21.5%的受访者选择"获取名誉和地位"，可见部分学生对劳动目的和价值存在功利性倾向。

（二）大多数高职学生能够积极参与多种形式的劳动教育活动，但是部分学生需要进一步强化劳动观念和意识

调查显示，我校高职学生能够积极参与家务劳动，59.9%的受访者表示"经常参加"，26.4%的受访者表示"偶尔参加"，13.7%的受访者表示"从没干过"。在参加劳动教育的形式上，受访者表示主要有实习实训、户外实践、课堂教育、社区实践、创新创业、技能竞赛等。可见，大多数学生能够主动参加家务劳动和学校进行的劳动教育活动，形式比较丰富，但是也有部分同学很少从事家务劳动。在访谈中了解到，尤其是部分独生子女，家人基本不让他们干家务，独立生活能力相对较差。还有部分学生在参加学校进行的劳动教育时，态度不够积极，认为影响了自身学习。这反映出部分学生需要进一步强化劳动观念和意识。

（三）高职院校在劳动教育上取得了一定成绩，但是在课程体系、师资建设、考核机制等方面需要进一步完善

高职院校普遍高度重视劳动教育，能够将劳动教育列入教育教学工作重点，进行具体安排部署，部分学校将劳动教育列入了"双高"建设相关任务。如我

校学生处等相关部门将劳动教育纳入学生测评指标体系，各院系成立以劳动为主题的科技兴趣小组、社团20多个。在课程建设方面，开设了劳动与安全教育、职业生涯规划、创新创业技能、劳动法规、实训技能等劳动教育相关课程。在课程思政建设中，注重利用专业课程进行工匠精神、劳模精神等方面的教育；在思想政治理论课教学中，注重加强马克思主义劳动观教育。通过开展"大国工匠进校园"、举办劳模报告会、抗击疫情英模报告会、优秀校友事迹展览等活动，对学生进行劳动教育；在校园文化建设中，注重以军工精神加强对学生劳动观念、劳动规范教育，注重通过文明校园创建、三下乡社会实践、脱贫攻坚、乡村振兴等志愿服务活动，培育学生公共服务意识。但是，还存在一定的不足：一是劳动教育的课程不够系统、全面，劳动教育课程数量相对较少，课程资源类型单一，以教案、课件为主，没有形成适合学生需求的立体化教学资源，不能满足教育教学需要；二是劳动教育的专门师资力量还比较欠缺，以兼职教师为主，没有专业的师资队伍，师资队伍的数量、专业化程度需要进一步提升；三是缺乏劳动教育的考核机制，对教师、学生和相关部门的全面有效的考核机制没有建立起来，影响了劳动教育的深入推进。

三、"双高"背景下新时代高职院校劳动教育实施路径

高职院校要站在推进"双高"计划、构建"五育并举"全面培养教育体系、推进高职教育高质量发展的高度，坚持以"双高"建设为引领，不断健全劳动教育体制机制，创新劳动教育实施路径，扎实推进劳动教育深入实施。

（一）加强顶层设计，建立完善管理体系

高职院校要坚持以"双高"建设为引领，提高标准，进一步完善工作体制机制，高质量推进劳动教育的实施。建立学校统一领导的工作领导小组，构建学校统一领导、相关部门和二级院系协同配合、全校师生共同参与的工作格局，将劳动教育各项任务落到实处。要树立"三全"育人理念，强化党团组织引领作用，为劳动教育把方向、树榜样、打基础、强保障。强化师资力量，以专兼结合的优良师资，打造劳动教育强大师资队伍。完善劳动教育评价机制，科学制定评价标准，重视评价结果，逐步形成完善可行的评价体系。

（二）发挥特色优势，增强学生劳动技能

高职院校要按照"双高"建设要求，坚持类型教育定位，利用自身特色和优势，创新劳动教育方式方法。一是注重产教融合、校企协同。以学校对接企业，以专业对接产业，以专业实践对接企业岗位，实现专业、产业协同，引导学生在生产劳动实践中提升劳动能力。二是优化教学实践，锻炼学生劳动能力。

坚持理论与实践相结合，进一步细化实验实训、顶岗实习等教学环节具体要求，提升学生知识、技能，强化学生劳动价值观和劳动技能。三是丰富专业实践形式，提升教育实效。大胆开展形式多样的专业实践活动，将专业优势与劳动教育深度融合，以专业劳动实践育人。坚持以技能竞赛为引领，组织学生参加学校、省和国家、行业协会等组织的各类技能竞赛，以赛提技、以赛促育，培养学生劳动技能和团队合作意识。

（三）坚持多措并举，构建科学完备的课程体系

高职院校应全面贯彻"双高"建设关于劳动教育相关要求，以高水平专业群建设为引领，优化人才培养方案，将劳动教育纳入专业人才培养全过程，构建科学完备的劳动教育课程体系。按照教育部《指导纲要》要求，设置劳动教育必修课程，并配套相应的课程实践。积极开发劳动教育校本教材，重视整合和建设多元化教育教学资源。促进专业课教学与劳动教育深度融合，增加劳动安全和劳动法规等方面内容。制定劳动教育课程评价标准，采用信息化手段进行全过程评价，坚持正向激励原则，提升劳动育人实效。

以实践育人为载体，拓展育人新途径。深化社会实践教育改革。坚持以项目化方式，提高学生实践能力。进一步加强劳动类学生社团建设，依托院系和学校各级科研创新平台，组建专业兴趣小组、劳动类社团，开展以劳动教育为主题的课外活动。开展常态化校园卫生保洁、校园美化等校内劳动实践，组织学生参加志愿服务、校外劳动实践和社会公益劳动。

结合当前大数据时代人工智能技术，充分利用云平台、大数据等信息化手段，开展劳动教育过程监测。将劳动教育纳入学生综合素质测评体系，设立相应指标和分值，将劳动教育内容进行科学体现。合理使用劳动素养评价结果，可将劳动时长、劳动成果、劳动课成绩作为评奖评优甚至毕业、升学的重要依据。

（四）推进多元融合，形成健康向上的劳动文化

按照"双高"建设要求，注重以文化人。将劳动教育与校园文化建设深度融合，以丰富多彩的校园文化活动，涵养学生劳模精神、工匠精神，强化特色品牌建设，打造特色校园文化精品项目，涵育富有特色的校园劳动文化。

通过"大国工匠进校园"、举办劳模报告会、抗击疫情英模报告会、优秀校友事迹展览等方式，开展"我身边的先进典型"评选活动，强化先进典型对学生的示范引领作用。注重结合本校特色校园文化，挖掘校园文化中劳动教育因素，打造特色品牌校园文化活动，以积极向上的校园文化育人。

强化创新创业教育实践推动劳动教育。加强创新创业培训，扩大培训覆盖

面，培育学生创新精神。全方位动员学生参加创新创业大赛，组建专兼结合、专业过硬的高水平指导团队，对学生创新创业进行指导，不断提升学生创业能力。

坚持以劳育人、以劳育美、以文化人。围绕传承中华优秀传统文化，尤其是地方优秀历史文化，依托传统节日，比如端午节、中秋节等节日，开展传统文化体验，涵育学生正确劳动价值观、劳动情感和劳动习惯。发挥革命文化优势资源，通过讲座、参观、实践体验等方式，开展红色实践教育，以艰苦奋斗精神教育学生。发挥博物馆、科技馆和校史馆教育功能，开展各种体验活动，促进学生全面发展。注重挖掘学校办学历程中所蕴含的劳动教育资源，挖掘学校发展进程中的典型人物、典型事件，开展丰富多彩的教育活动，实现以史育人。

（五）注重多维协同，建立个人学校家庭社会合力育人机制

实现学生全面发展是新时代高职教育的重要目标和要求，是落实"五育并举"教育体系的重要措施。劳动教育要坚持以学生为本，进一步加强平台建设，丰富劳动教育实践，引导学生在劳动实践中锤炼技能、强化认识，不断提升自身的综合素质。

学校作为劳动教育的主要阵地，要进一步完善教育机制，整合资源，开展丰富的教育实践活动，确保上级劳动教育政策落到实处。主动对接家庭和社会，凝聚育人合力。家长要加强与学校联系沟通，利用家庭条件，给大学生提供必要的劳动实践机会，培养其正确劳动观念和良好劳动习惯。同时，社会要发挥协同作用，从设备、场地到氛围营造，对高职院校开展劳动教育进行全面支持。总之，通过个人、学校、家庭和社会的合力，让高职劳动教育真正落地。

总之，在高职教育改革发展的新时代，高职院校要坚持以"双高"建设为引领，围绕立德树人根本任务，发挥劳动教育在立德树人和促进大学生成长成才中的重要作用，把劳动教育贯穿于教育教学全过程，构建完备的劳动教育体系，为培养新时代高素质技术技能人才贡献力量。

劳动教育实践融入职业教育的路径与思考

天津机电职业技术学院　孟琪

摘　要：劳动文化、实践育人作为教育体系中必不可少的组成部分，其蕴含的内在特质以及外化的行动价值已成为新时代职业教育技能人才培养的重要课题。探索劳动教育新路径及与职业院校课程体系融合模式，对增强学生的劳动意识、领会艰苦奋斗精神、营造崇尚劳动实践的校园文化氛围、助力学生全面发展有着深远的意义。笔者将从劳动教育实践对思政教育的重要性入手，分析当前职业院校劳动教育现状及存在的问题，提出可行性的方案对策，以求为劳动教育高质量发展的进一步研究提供可行性的借鉴参考。

关键词：劳动教育；实践育人；高职院校；对策与思考

2021年4月，习近平总书记在对职业教育工作作出的指示中明确提出要培养更多新时代大学生成为高素质技术技能人才、能工巧匠、大国工匠，各级党委和政府要加大制度创新、政策供给、投入力度，弘扬工匠精神，提高技术技能人才社会地位，这是总书记继2014年首次对职业教育工作作出指示后又一重要论述。它不仅充分体现了党中央对技术能手地位的认同、高职业素养人员的培育的空前重视和关怀，还为现代职业教育改革发展指明了前进方向。职业教育是综合型育人体系的重要组成部分，肩负着多技能人才培养、传承技能技艺、促进脱贫就业等重要职责，其深化改革关乎着经济社会的发展，关系着中国产品价值的自信，是需要与国家产业升级同频共振的。职业院校作为创新型、实用型人才培育孵化基地，应当充分发挥特色优势、挖掘劳动实践资源，更大程度地调动学生劳动积极性，让他们在做中学、学中悟，牢固树立起正确的动手思维，提升甘于奉献的实践能力、磨砺吃苦耐劳的意志品质，让劳动实践精神变成鼓舞大学生力争潮头、敢于拼搏的强大精神动力。

一、劳动实践内涵及价值

劳动创造了历史，也创造了人本身，人们通过劳动改造自然、改变世界，创造着美好生活。著名教育家陶行知曾说："人生两件宝，双手和大脑，一切靠劳动，生活才美好。"就是告诉我们，劳动是人类赖以生存的手段，是社会进步的前提，人要用智慧，更要靠双手去创造未来。人类在不断探索世界奥秘和改进社会关系中了解、服务社会，积累了实践经验、提升了劳动本领，潜移默化地促成了劳动价值观。作为培育劳动匠人主要场所的高职院校有责任将长期劳动实践的精神成果融入日常教育教学活动里，以丰富多样的实践形式帮助大学生增长见识，拓宽眼界和就业渠道，引导他们深刻领悟劳动含义，形成坚定的理想信念，更好地成为德智体美劳全面发展的社会主义建设者和接班人。

高校广泛开展劳动实践教育是贯彻落实党的教育部署的客观选择，是实施"育人为本"思想和职业技能培养的必要要求，也是我国产业转型升级和人才需要的有效途径。将劳动实践课程纳入人才培养方案，贯穿学校思政教育全过程，能够增强学生劳动观念、培养热爱工作的激情和专注执着的殉道精神，还可以让他们以更加积极饱满的精神状态和砥砺前行的进取态度投身到工作中，这样不仅提高企业的认可度，学生成为优先考虑升职加薪、骨干选拔的对象，而且对缓解就业压力、提升学校毕业生输送率有着非同一般的意义。随着当今生活水平的逐步提高，劳动时间、劳动方式等都发生了很大变化，徒手劳动的减少阻碍了学生对劳动的认知，从而出现身体素质变弱、创新驱动不足、社会适应力降低等问题，劳动教育的学习探索有效弥补了这一短板，让学生养成了爱岗敬业、埋头苦干的优秀品格；提高了个人劳动自豪感、职业认同感、行业归属感；增强了健康体魄及动手能力、实现了人生价值转化，推动着大学生全面发展。

二、劳动教育实践特征与现状分析

近年来，各高校为响应党和国家关于加强劳动教育的实践号召，坚持实践育人理念，突出实践价值引领，积极寻求并改善劳动教育新模式，主动参与推进劳教结合、建立了劳动理论与实践教育课程体系，深入剖析了劳动教育的特点对大学生职能素养形成的影响，通过劳育这个重要突破口，采用一些行之有效的办法，形成劳动教育特征，有效促进学生知行合一的教育效果，凸显职业教育德才兼修的精神内核。第一，搭建技能实操平台，强化教育实习。多维度、广覆盖地利用技能大赛、双创比赛、志愿服务、三下乡实践行等专业实践，引导学生自觉参与部件制作，养成课后清扫金属垃圾的劳动习惯，活动锻炼带来的实践快乐和成就体验把长期汇聚的劳动情怀投入实际行动。第二，依托日常生活技巧，全面提升劳动素养。东汉少年陈蕃"一屋不扫，何以扫天下"的典故，很好地说明了做好小事才能成就大事业，劳动也如此，从衣物整理到乔迁新居，从收割粮食到企业就职生活常识中孕育的劳动教育元素往往有助于学生健康成长。第三，注重社会实践，宣传弘扬劳模事迹。充分借助先进的育人阵地和浓厚的劳动文化氛围，深入解读专家媒体的报道材料，发掘宣传"匠心人才"的典型案例，如"金手天焊勇装火箭心脏"的高凤林、"江苏最美大工匠"宋彪，教导学生向劳模学习，大力弘扬勇于创新、甘于付出的劳动实践精神，倡导辛勤劳动、诚实劳动的优良作风，让劳动最光荣、劳动最伟大的时代强音响彻寰宇。

在劳动育人的规划统筹及实践基地建设背景下，劳动实践教育具备了自身独有的基本特征。一是时代发展性。随着历史变迁发展，劳动实践的样态不断变化，概念不断精进，方法不断多样，回顾人类历史长河，劳动的进步顺应了时代要求，与社会生产生活同向同行。具体来讲，从"日出而作，日落而息"的农耕时代到工业技术革命产生，劳动样态发生着从体力劳动向机械劳动、智能劳动的转变，蕴含的包括劳动能力、劳动精神、劳动情感等劳动素养的阐述在不同社会阶段也存在着差异。但总体来看，劳动实践总是反映着时代的变革。二是综合性。劳动教育是提高学生综合素质的重要途径，也是促进"五育"并举、人才塑造的重要抓手。它是五育中独立的一部分，与其他四育具有同等地位，但因劳动教育大都通过德智体美的日常教育管理去实现，较易被误认为是四育任务的"介质"，结果导致其难以被社会"重用"。但从另一角度分析，劳动教育实际正是在价值、能力、情感态度的相互交织中具备了独立于四育之外又高于四育部分功能的综合育人性，帮助学生们建构劳动知识体系，认同马克思主义劳动观，形成艰苦卓绝的实践精神。所以，在五育融合的政策扶持下，我们必须意识到劳动教育的独立地位，即如果没有运用劳动知识独立开展实践活动，是不可能有人的全方面发展的。

三、劳动教育实践存在的问题

新时代背景下，结合学生个人职业规划、专业特点的劳动教育正日益彰显着功能优势，其教育内涵和价值越来越得到家庭、学校、社会各方的重视。然而职业院校在开展劳动教育课堂知识与生产实践时，仍出现了被忽视、流于形式、吸引力不足的现象，主要表现在：

（一）对劳动教育认识不到位

劳动教育是贯彻五育并举、落实"三全育人"的必要载体，有着不同于德育、智育、体育、美育的教育特色，教育教学中应当紧密围绕国家重大区域发展战略、产业振兴及民生改善的现实需求，做好科学的课程设计和具体的目标方案。但实际过程中，很多职业院校由于受到技能专业的思维定式影响，习惯把更多的精力放在理论教学、实训教学，忽视劳动实践育人对学生成长成才的作用。学生出校进入工厂，就会出现因劳动意识弱、动手能力差，难以适应高强度高体能作业，频繁更换实习单位甚至有些再也不愿踏进车间的情形。还有的高校虽然把劳动教育纳入必修课程范畴，却没有真正将劳动教育落到实处，任课教师占用劳动教育课进行教学、专题讲座等情况屡见不鲜，其行为也从侧面表达出对学生的政治素质和道德品格重视不够，不仅影响了劳动教育课正常运行，还削弱了教师授课积极性。

（二）劳动教育课程设计不完善

课堂是学生劳动理论落地生根、开花结果的主战场，要将劳动教育课打造为教师爱讲、学生爱听的一门有灵魂的思政课，单单只靠课堂本身是无法满足的，需要借助有机渗透于思政课和专业课的力量。此外，还需有衡量教育设计方案完整度的重要标尺——适用且针对性强的操作细则和评价考核才能既强化落实劳动实践目标，又培养学生在专业课程学习中领悟课程思政的真谛，明确自我方向，促成"劳动光荣、技能可贵"的时代新风。然而从多所职业院校的调研中可以看到劳动教育课程体系存有很多不合理不完善的地方，对比高校人才培养计划，不少院校未开设或开设劳动教育课课时不足；课程流于形式或被边缘化；无专门教师团队研制教材大纲；没有专项资金、劳动安全的保障，致使教学质量水平难以达到预期的教育目标。

（三）缺乏协同育人和教育评估机制

劳动教育是以树立学生劳动观念、提升学生劳动技能、弘扬中华民族劳动精神为旨归，在学校、家庭和社会三方共同参与下推动发展。但现实情况却是当前劳动教育正面临协同缺位、教育评估不健全的困境。包括①学校未切实担起规划劳动教育的责任，使得大学生不想劳动、不愿劳动、不珍惜劳动成果，久而久之产生将劳动视为粗鄙、轻贱的观念性认识。②家庭未在劳动教育中发挥基础功效。一些家长认为孩子的天职是读书学习，劳动会占用学习时间没有必要参与，能自己包办的绝不让孩子插手，所以高智低能学生越来越多。③社会在劳动教育中未全面给予支持。"宁坐宝马哭不骑单车笑""宁送外卖不进工厂""宁做网红不打工"如今这样的不良思潮无处不在，深度影响了学生的价值取向。④完备的教育评估机制是判断教学成效的制度保证。而高职劳动课程常常因缺少科学、系统的评判标准，期末则难以摆脱沦为考查考核的命运，掺杂了教师主观意见的成绩自然就增加了学生心存疑虑的可能。

四、劳动教育实践的现实路径

（一）营造校园劳动实践文化氛围

厚植劳动实践精神要以丰富多彩的实践活动为切入点，选取贴近大学生个性发展实际的多元教育方式，将潜在的劳动情怀外化于行。具体实施为：首先，加强与企业合作，引入优质资源开展竞赛周、劳动月、系列讲座，邀请劳动道德模范、工匠大师、技术能匠分享个人先进事迹，发挥榜样正面感召力，唤醒学生热情服务的意念；其次，搭建校内外公益服务平台，举办深入贫困山区、孤儿院、乡村学校等志愿服务，引导学生守住扎根基层的初心，担当发扬朴实勤劳的使命，做到实践中受教育、长见识、作贡献；再次，运用新媒体和传统媒介推广宣传学生主动服务于防汛抗洪、地震救援等自然灾害的经历，鼓励其他学生积极投身到大力弘扬青春有为、奋斗无悔的实践中去；最后，重视与社团的紧密衔接，让蕴含劳动元素的社团活动成为扩充劳动教育内涵及外延的有效手段。社团作为第一课堂的重要补充部分，有着开发学生兴趣及创造力的优点，学校党委及有关部门在指导社团活动时，要注重将劳动教育纳入活动环节里，发挥学生主观能动性，培养动手能力。

（二）融合创新创业教育，提高双创能力

劳动的过程就是创造性的实践过程，世间万物的创造离不开劳动。现代科技引领下的创新创业已成为时代显著标志。谈起双创教育，它既来源于劳动教育，又高于劳动教育。缺乏基本的动手技能、不懂得工艺流程的改善是无法深化劳动教育内涵，也无法成就梦想和未来的。高校应结合劳育与双创教育，发扬和传播创新创业大赛、友谊赛中经过精心筹划、奋力搏击后荣获佳绩的同学身上高尚的劳动品质，用特色内容和情感温度的教育新模式，促使接受劳动教育的学生在实践中进行创造性地探索、积累创造力，为激发双创领域干事创业的热情做好铺垫。

（三）优化课程设计，融入专业课教学

职业劳动教育的发展单纯靠有限课程改变不了现实弊病，在专业课教学内容中增添部分劳动教育理论，聚焦专业特点、设计符合学生实际发展需求、遵循认知规律的培养方案是劳动教育综合性、时代性、实践性的集中体现。建立实习实训基地，指导教师鼓励学生在实际岗位的锻炼中找寻自身实践不足及解决问题的思路；加深校企合作，有计划、有目的地实施跟岗实习、顶岗实习，分类指导大学生体悟劳动乐趣。以某高校焊接专业的课程为例，焊接操作技能、焊接电源运行与维护、金属熔焊原理等课程蕴含较强的劳动因子，课程讲解的重点之一就是熟悉焊接条件、焊接操作手顺、设备维护原理，掌握其方法和技巧。脱离专业知识学习的劳动教育是很难教导学生认识劳动，理解劳动价值与意义的。因此，匹配精细课程、深入课程思政才能助推劳动育人出成效。

（四）构建优秀师资团队，突出榜样引领

多渠道多举措地打造一支心中有爱、眼里有光，素质高、能力强的劳动教育师资队伍，加强线上线下专业培训及企业参观交流，总结案例课堂分享；设立技能工匠办公室、劳模创新工作室，引进具有较大影响力的年度劳模人物进校园担任劳育实践教师，定期举行专题会讨论和调整教学方法，创建高效率高水平劳育课堂；经常组织教研活动，多角度提炼改进教育内容、升华劳动教育专任教师思想，为教师团队迈向专业化、规范化提供保证。除此之外，配备完善的劳育教师奖励评价机制，量化劳动教育实践精神考核指标，时常更新吸纳可行性意见建议，树立一批率先垂范、以身作则的榜样教师，积极推进大学生劳动精神培育工作。

五、结语

时代造就了一批批最美姿态的劳动伟人，谱写了一曲曲讴歌劳动精神的史诗。回望中国共产党百年历史，今天我们依靠劳动创造走过艰难险阻迎来辉煌成就，未来我们也依旧依靠劳动迎接机遇挑战实现奋斗目标。习近平总书记在同全国劳动模范代表座谈时曾激励广大青年："人世间的美好梦想，只有通过诚实劳动才能实现；发展中的各种难题，只有通过诚实劳动才能破解；生命里的一切辉煌，只有通过诚实劳动才能铸就。"中华民族伟大复兴是需要每个人辛勤付出的，从社会对技能人才提出的新要求来说，给了职业教育压力的同时，也为其发展提供了更广的空间。劳动教育实践精神宣扬的重担已落在了担负劳育课程的教师手上，加速转变劳育理念、革新课程体系，彻底解决现存劳育的痛点难点，是有效提升劳动地位、培养热爱劳动具备创造活力的高素质劳动者的根本对策，也是我国走向制造大国、制造强国的直接动力。

高职院校学生劳模和工匠精神培养及实践研究
——以渤海船舶职业学院为例

官桂香

渤海船舶职业学院

摘 要：高职院校对学生进行劳模和工匠精神培养具有重要理论意义和实际意义。为深入贯彻落实习近平新时代中国特色社会主义思想，聚焦立德树人这一根本任务，高职院校应立足实际，着眼学生职业发展，搭建思政育人载体，不断提升高职院校思想政治工作成效。在阐明劳模和工匠精神的新时代内涵的基础上，分析高职院对学生进行劳模和工匠精神培养的重要意义，并结合渤海船舶职业学院船舶工程系工作实践，探究高职院校学生劳模和工匠精神培养路径，以期为高职院校思想政治工作提供借鉴。

关键词：高职院校；劳模和工匠精神；培养；实践研究

2021年4月13日，习近平对职业教育工作作出重要指示，他强调：在全面建设社会主义现代化国家新征程中，职业教育前途广阔、大有可为。要坚持党的领导，坚持立德树人，深入推进育人方式，加快构建现代职业教育体系，培养更多高素质技术技能人才、能工巧匠、大国工匠。从相关统计数据可知，我国约有职业院校1.13万所、在校生3088万人，目前已建成世界最大规模的职业教育体系。从行业分布上看，在现代制造业、战略性新兴产业和现代服务业等领域，一线新增从业人员70%以上来自职业院校。随着我国进入新发展阶段，产业升级和经济结构调整不断加快，各行各业对技术技能人才的需求越来越紧迫，对劳动者的素质也提出了更高的要求。为了适应我国迈向高质量发展阶段，迫切需要拥有高素质的劳动大军、建设一支宏大的产业工人队伍。有公开数据显示，2020年，我国重点领域的技能型人才缺口超过1900万，且该数据仍在不断扩大中，预计在2025年将接近3000万。如何让职业教育更好点亮劳动者的人生、服务国家发展需要成为摆在全体职教人面前的一项重要课题。为了适应国家和社会发展的需要，为全面建设社会主义现代化国家、实现中华民族伟大复兴的中国梦提供有力人才和技能支撑，高职院校应对学生加强劳模和工匠精神的培养，进一步提高高职院校人才培养质量。文章结合渤海船舶职业学院船舶工程系工作实践，积极探究高职院校学生劳模和工匠精神培养路径，以期为高职院校思想政治工作提供借鉴。

一、劳模和工匠精神的新时代内涵

习近平总书记在党的十九大报告中宣布我国进入建设社会主义现代化强国的新时代，同时提出建设知识型、技能型、创新型劳动者大军，弘扬劳模精神和工匠精神的战略要求。这一要求给高职院学生思想政治教育指明了方向。

（一）新时代劳模精神

2016年4月，习近平总书记在知识分子、劳动模范、青年代表座谈会上发表重要讲话。他指出，劳动模范身上体现的"爱岗敬业、争创一流、艰苦奋斗、勇于创新、淡泊名利、甘于奉献"的劳模精神，是伟大时代精神的生动体现。其中，无私的奉献精神是劳模精神的核心。"劳模精神"不仅是劳动者个人素质和精神的反映，更是中华民族精神和时代精神的重要体现。是党中央对我国广大劳动者的伟大劳动实践的高度评价和充分肯定，是对马克思主义劳动观的丰富和发展，有着鲜明的时代特色和中国特色，是助力实现伟大中国梦的宝贵精神财富。

（二）新时代工匠精神

新时代工匠精神可概括为：爱岗敬业的职业精神，精益求精的品质精神，协同合作的团队精神，追求卓越的创新精神。其中，精益求精是工匠精神的核心，弘扬新时代工匠精神也是对马克思主义劳动观的继承与发展。工匠品质实现的前提是劳动者要具备自由自觉的劳动，这样才能在劳动过程中全身心投入，将敬业、专注与创新融入自己的劳动全过程，在完成好工作的同时不断实现自我的人生价值。这其实就是马克思主义关于劳动解放理论和人的自由全面发展学说的时代诠释。

劳模和工匠精神都是社会主义核心价值观的重要体现，二者均是实现中华民族伟大复兴的重要支撑力量。实现中华民族伟大复兴，必须"坚持中国道路、弘扬中国精神、凝聚中国力量"，劳模发挥榜样引领作用。要实现中华民族伟大复兴，我国还要实现从制造大国向制造强国的转变，需要大批能工巧匠、大国工匠。2020年我国进入世界500强企业首次超过美国，但与发达国家相比，我国企业在一些核心技术和产品上仍存在一定差距。劳模精神、工匠精神是铸就强大产业工人队伍、造就强大企业和伟大强国的重要抓手。

二、高职院校对学生进行劳模和工匠精神培养的重要意义

（一）理论意义

1. 贯彻落实立德树人根本任务

2019年《国务院关于印发国家职业教育改革实施方案的通知》明确，把发展高等职业教育作为优化高等教育结构和培养大国工匠、能工巧匠的重要方式，促进高职学生职业技能与职业精神养成的融合是立德树人根本任务的重要组成部分。劳模和工匠精神的内涵与职业精神高度一致，在高职教育教学中，除了要给学生传授职业技能外，更要注重提高学生的职业素养，建立职业精神培养机制。通过大力弘扬劳模和工匠精神，引导学生树立正确的世界观、人生观和价值观。增进对职业责任和职业使命的认识与理解，增强职业荣誉感，培养良好的职业态度和职业操守，将立德树人的根本任务落到实处。

2. 符合企业人才需求

目前，经济全球化日益严重，各国经济发展不断分化，我国经济发展面临形势严峻，为推动"一带一路"建设，必须使产品与服务质量过硬才能成为新时期各国竞争的核心，而工匠精神是确保高质量产品的灵魂。所以，要让中国制造可以继续在全球化竞争中占有一席之地，不单企业要继承和发扬劳模和工匠精神，作为人才培养前沿阵地的高职院校，更应该将劳模和工匠精神的培养贯穿于学生教育教学全过程。

（二）实际意义

1. 培养高职学生的劳模和工匠精神，是国家产业转型的需要

党的十八大明确提出"两个一百年"的奋斗目标，当代大学生作为全程参与者和见证者，更应该以主人翁精神承担起这个时代赋予青年的责任和使命。尤其是高职院校学生，更要清楚地看到，目前，我国正处于经济社会改革日益深化的极其重要的阶段，这就对从业人员提出了更高要求，被劳模和工匠精神涵养的新时代高职人才是推动我国高质量发展的重要力量。因此，高职院校培养高职学生的劳模和工匠精神，是国家产业转型的需要。

2. 培养高职院校学生的劳模和工匠精神，可以提升人才培养质量

高职教育的主要任务是培养面向生产、建设、服务和管理一线的高素质技能型人才。在人才培养考核中，知识和技能是两项重要的指标。不过，近几年通过高职院校对企业开展的毕业生满意度调查发现，现如今的企业更看中学生的人文品质和职业素养，德才兼备，以德为先。在校期间高职院校加强对学生劳模和工匠精神的培养，加强对他们的思想引领，可以提升人才培养质量。

三、高职院校学生工匠和劳模精神培养实践

为深入贯彻落实习近平新时代中国特色社会主义思想，聚焦立德树人这一根本任务，不断提升高职院校思想政治工作成效，渤海船舶职业学院船舶工程系立足学院人才培养方案，着眼学生未来职业发展，构建了以"船成工作室"为载体的思政育人模式。

（一）"船成工作室"成立背景

渤海船舶职业学院创建于1959年，是我国北方唯一一所培养船舶工业高素质技能型专门人才的高等职业院校。多年来学院为全国各级各类修造船企业和军工企业培养、输送了大批技能型人才，为我国造船行业作出了突出贡献。我们以2016年政府工作报告提出的"工匠精神"为契机，将学生日常管理与专业教学深度融合，形成了"依匠心筑梦育大国工匠"的优良学风和系风。2020年成立"船成工作室"，将研究方向确定为：思想理论教育和价值引领，旨在传承渤海船舶职业学院优秀的人文精神，传承劳模和工匠精神，成就人生理想，共圆中国梦。

（二）"船成工作室"重点项目及举措

1. 组建了一支思政育人团队

依托学院优秀历史文化和区域内的校企合作优势，组建了一支以思政课教师、专业课教师、辅导员、劳模和大工匠为主体的校内外合作育人团队。目前，船舶工程系还建成了陈庆城（全国劳动模范，获全国技术能手称号、全国五一劳动奖章、中国青年五四奖章）技能大师工作站，闫峰（全国技术能手）技能大师工作站。2019年学院成功举办了全国职业院校船舶与海洋工程装配技能大赛。技能大师将企业先进技术、先进工艺、先进理念带到教学中，言传身教极大激发了学生的参赛热情，渤海船舶职业学院参赛选手在全国16个代表队中获得大赛一等奖。

2. 搭建了两个思政育人平台

充分利用互联网等现代化技术优势，搭建网络思政教育平台，增强师生互动，激发学习兴趣，充分调动学生的积极性和主动性。2017年船舶工程系网站增设"匠心筑梦"栏目，搭建网络思想政治教育平台，上传了李克强总理在政府工作报告中提及的大国工匠部分内容；上传了中央电视台制作的大型纪录片《大国工匠》；上传了辽宁工匠评选文件；并发布了第一批辽宁工匠的评选结果。同时，此栏目也作为优秀学生的成长展示平台和素质能力培养网上宣传阵地。教育引导学生正确认识时代责任和历史使命，用中国梦激扬青春梦，为学生点

亮理想的灯、照亮前行的路，激励学生自觉把个人的理想追求融入国家和民族的事业中，勇做走在时代前列的奋进者、开拓者；正确认识远大理想抱负必须落实到实际行动中，让勤奋学习成为青春飞扬的动力，让增长本领成为青春搏击的能量。激励更多的学生努力学习专业技能，为中国海洋事业贡献青春力量。

2018年10月14日搭建"大学生素质拓展训练营"，通过"素质拓展训练"和"理论讲堂"，定期组织学生参加相关素质提升活动。理论讲堂围绕"毕业季"和"职业精神"培养主题定期安排校内外专家讲座。船舶工程系现有国家中级素质拓展培训师2人。为培养学生的团队协作精神，增强集体凝聚力、战斗力，配备了专业素质拓展器材，定期组织开展"巨人脚步""急速反应""能量传输"等项目的素质拓展活动，引导学生全身心投入，总结分析环节力求深刻，使学生真正体验到"团队协作，高效率完成工作"的重要性，为学生未来职业发展奠定良好基础。

3. 签订了一个校企合作项目

为深化建筑室内设计专业教学改革，提升学生艺术鉴赏力和专业技能水平，更好地传承和发扬非物质文化，2018年12月聘请辽宁省工艺美术大师、葫芦岛大工匠、满族刺绣传承人董宁进校，举办"董宁满绣作品展暨校企合作签约仪式"，挂牌成立"董宁大师满族刺绣传承工作室"。结合人才培养方案，精心安排实训项目，体现"1+X"证书制度的新要求，大师工作室积极探索满绣与技能鉴定融合。董宁满族刺绣传承工作室的成立，体现出人才培养中全员参与、全过程、全方位育人的理念。形成了以指导学生校内实训为载体、开展满绣作品展为途径、传承满绣中华优秀传统文化为目标的育人机制，努力打造葫芦岛市示范性的技术培训与技术攻关团队。2020年4月，圆满完成了辽宁省技能大师工作站的申报工作。

4. 打造"弘扬劳模精神、争当时代先锋、心怀工匠之心、追求完美卓越"的思政精品活动

第一，结合时事开展宣传教育。

首先，深入学习贯彻习近平全国劳动模范和先进工作者表彰大会讲话精神。2020年11月24日，全国劳动模范和先进工作者表彰大会在北京人民大会堂隆重举行。会上习近平总书记强调，要大力弘扬劳模精神、劳动精神、工匠精神。要开展以劳动创造幸福为主题的宣传教育，把劳动教育纳入人才培养全过程，培养一代又一代热爱劳动、勤于劳动、善于劳动的高素质劳动者。

其次，深入学习贯彻习近平致首届全国职业技能大赛的贺信精神。2020年12月10日，习近平总书记在贺信中指出，技术工人队伍是支撑中国制造、中国

113

创造的重要力量。各级党委和政府要高度重视技能人才工作,大力弘扬劳模精神、劳动精神、工匠精神,激励更多劳动者特别是青年一代走技能成才、技能报国之路,培养更多高技能人才和大国工匠,为全面建设社会主义现代化国家提供有力人才保障。

通过学习,学生理解提倡工匠精神是促进我国制造业转型升级的需要;提倡工匠精神,是共建"一带一路",推动中国制造走出去的需要;提倡工匠精神,是满足个性化定制、柔性化生产的需要;提倡工匠精神是实现职业技术人才自身发展的需要。

第二,开展大国工匠、省市劳模进校园活动。

2017年辽宁工匠人选中,有三人是渤海造船厂集团有限公司员工,该公司是学院多年校企合作单位。董宁是满绣传人,葫芦岛大工匠。将工匠和劳动模范纳入职业院校德育和思想政治教育工作团队,对拓展校外实训基地、促进校企深度融合将会起到一定的促进作用,学生通过近距离接触大国工匠和劳动模范,能切身感受他们的精神和品质,对提升职业院校学生的职业素养将起到积极作用。

2021年4月14日,由葫芦岛市总工会主办、船成工作室承办的"劳模精神进校园"报告会在学院召开,劳模报告团王尚典、陈凯同志为学院师生作专题报告。王尚典,中国石油锦西石化公司车工技能专家,全国车工冠军。曾获得过全国五一劳动奖章,全国技术能手、中央企业青年先锋、中国能源化学地质系统"大国工匠"等荣誉称号,享受国务院政府特殊津贴待遇,第十三届全国人大代表。会上,王尚典作题为《不忘初心,砥砺前行》的报告,以亲身经历勉励同学们勤学苦练、砥砺前行,立足平凡岗位造就不凡人生。陈凯,渤海造船厂集团有限公司首席技师,船舶管路焊接工作的领军人物,曾获得全国"青年岗位能手""全国技术能手"和"中国船舶重工集团有限公司技术能手"称号,获得过"中华技能大奖",被授予"中央企业优秀共产党员"和"中国船舶集团优秀共产党员标兵"称号,享受"政府特殊津贴"。会上,陈凯作题为《同学们,你们准备好了吗?》的报告,这也是继2019年6月工作室组织"辽宁工匠陈凯个人事迹报告会"后大工匠第二次走进校园。

第三,通过系列活动继续掀起榜样学习热潮。

组织学生参与"大工匠带你体验劳动美"的实践活动。通过主题征文、书法绘画、交流研讨等方式,掀起学劳模、学工匠的热潮,加强青年学生社会主义核心价值观教育,开展"劳动标兵评比表彰"活动。对专业理论学习、实践技能操作、学习和生活场所6S管理落实情况等日常教育教学内容进行考核评选。

综上所述，高职院校应立足人才培养目标，认真贯彻落实总书记讲话精神。将劳模和工匠精神融入人才培养体系，精心设计育人载体，营造浓厚氛围，积极创新思政育人模式，加强学生德育工作和职业素养教育，不断促进学生自身发展，保证学生专业能力、职业能力、职业素养符合个人和社会发展需要，进而提高学生就业核心竞争力。

高职院校工匠精神的培养路径探索

渤海船舶职业学院　船舶工程系　姜巍

摘　要：高职院校作为培养未来大国工匠的主阵地，将"工匠精神"作为人才培养核心的观念逐渐深入人心，本文结合当前高职院校对学生工匠精神培养的实际情况，提出未来在教育教学实践中，高职院校需克服观念与实践困境，从产业文化教育、发挥专业社团作用、产教融合、校企合作、开展职业技能大赛等方面不断探索培育学生工匠精神的新路径。

关键词：高职院校；工匠精神；培育

高职院校作为培养全社会需要的技能型人才的主阵地，在如何培育学生工匠精神上已进行了诸多的探索，但结合高职院校实际效果来看，工匠精神的培育存在许多缺陷，剖析高职院校在学生工匠精神的培养过程中面临的实际问题，寻找对应的解决策略，是强化专业技术人才培养的关键课题。

一、高职院校培养工匠精神的背景

工匠精神的本质是一种在工作中追求精益求精、尽善尽美的精神理念。近五年来，"工匠精神"在政府工作报告中被反复提出，党的十九大报告也提出要弘扬劳模精神和工匠精神。高职院校作为普通高等教育的重要补充，是培养有技术、有本领的应届生，促进产业转型升级以及推动人才创业创新的基础，是培养企业急需的实用和应用型人才的重要方式。2021年4月，习近平总书记在职业教育工作大会上强调：要增强职业教育适应性，加快构建现代职业教育体系，培养更多高素质技术技能人才、能工巧匠、大国工匠。此前，在给首届职业技能大赛的致信和批示中也强调，工匠精神是培养高技能人才和提高中国制造品质的核心基础。高职院校始终按照习近平总书记的重要指示精神，明确高职院校是培育工匠精神的主要阵地，在教授学生普通文化知识、基本技术操作的同时，积极探索培养学生的工匠精神，培养学生精益求精、勇于创新、持之以恒、一丝不苟的精神。

二、高职院校培育工匠精神面临的困境

（一）社会上对于职业教育的"低层次"认知

职业教育作为高等教育的重要补充，近几年来，职业教育行业利好政策频频出台，高等职业教育迎来了发展的春天，但是社会上对"职业教育等于'低层次'教育"的认知，一方面导致学生仅仅是因为高考分数不理想才被迫选择职业院校，缺少相应的专长或者对某专业的由衷热爱，进而导致学生学习动力不足；另一方面导致学生入校后，普遍认为高职院校仅仅是取得一纸毕业文凭而非增长其一技之长的地方，在主观上限制了其学习能动性和创造性，也就在根本上制约了学生工匠精神的养成。

（二）高职院校工匠精神培育存在"形式化"

工匠精神的培养除了让学生在思想意识上认同"工匠精神"，更需要依托多种实践活动强化思想观念，但是当前部分高职院校在工匠精神的宣传上过于形式化，盲目地喊口号、定目标，与实际的教学活动缺乏联系；校企合作培育工匠精神时，面向市场的开放性不足，产业文化相关要素融入不够，社会力量参与联合办学不深入，无法陶冶学生的职业情操，使得学生缺少对专业的学习兴趣。部分高职院校甚至为了跟风，盲目开展院校工匠精神建设，过于注重学校的任务需要、名誉需要，忽视了学生主体性，使得工匠精神的培育浮于表面，形式化问题严重。

（三）高职院校工匠精神培养途径"多样化"不足

当前，高职院校对学生职业道德理念、工匠精神的培养形式多样化不足，甚至会存在单一化现象，无法引起学习兴趣，也会压制其参与专业实践、创新型活动的积极性。例如，高职院校侧重于课堂教学，但专业课程设置却欠合理，教材内容、教学设备更新不及时，教学方案传统刻板，不够灵活，对专业知识的教授也多以教材为主，辅以传统的案例或者从互联网上查找到的案例，教学内容和资料较为单一；校内实践以专业实训、社团活动形式开展，但大部分高职院校因基础设施不完善，缺少符合行业、企业最新发展趋势的"基地化、项目化、多样化、新型化"的实训场地、设备条件；校外实践以学生自己寻找的顶岗实习、社会服务为主，无法为学生统一寻找专业更对口、更能提升学生专业技能的平台。以上工匠精神的培育途径，既无法很好地提升学生的理论素质，容易与实际工作脱轨，使学生无法体验技能操作过程中所应具有的职业素养，更是忽视了实践过程中对学生工匠精神的培育。

（四）高职院校对学生工匠精神的培育"不可持续"

工匠精神的培育并不是一蹴而就的，而是一个需要持续教育、引导、跟进的过程，才能真正地将工匠精神内化于学生思想，外化于学生的实际工作。但目前，大部分高职院校的工匠精神培育仅仅通过两到三年传统的"课堂教学+实训操作"，以解决学生就业率及首选岗位的适应性问题，无法适应学生工作生涯中的职业变动及社会发展的需要，还容易使学生对专业深造和工匠精神的追求丧失殆尽。当然，有部分高职院校紧跟国家"产教融合、校企合作"的步伐，运用了"工匠进校园""校企合作工作室""企业订单班"等模式，但工匠精神培育效果不太理想。一方面因为聘请的"大国工匠"仅以短暂的演讲为主，学生听演讲时满腹热情，但后续缺少交流、请教机会，学生的学习激情很快消退。另一方面，企业订单班片面追求项目完成率，忽视了订单班学生专业技能训练过程及职业素养的培养过程，且学校对"订单班"学生就业入职后工作能力、技能水平等表现缺后续跟踪，导致"订单式"人才培养效果大打折扣，无法实现最初的目标。

（五）高职院校师资力量"同质化"

随着国内经济快速发展和产业结构的不断升级，人才市场上"工匠型"人才的需求远大于供给，衍生出了对高等职业教育的需求，教师作为培育技能型人才的主力军，受到当前社会多方领域的关注，但受人才竞争的影响，教师的学历越来越高，部分高职院校的师资团队以新入职的硕士、博士应届毕业生为主，他们虽然有着较高的专业技能，但因为没有参加企业工作的经验，导致专业技能操作及职业素质培养经验不足，对于工匠精神的理解不够透彻，对于学生的实际情况了解也不充分，无法达到提高学生综合素养的目标。同时，现有的职称评定标准使得教师热衷于科研和学术，缺少企业挂职、锻炼的意愿，"双师型"要求难以落实。最后，《国家职业教育改革实施方案》虽然校企人才双向流动有明确规定，但在实践过程中，因教师聘任体制不灵活、聘任机制过于单一，薪资与学历问题，传、帮、带、看的教学实践受限，经验丰富且技术水平高超的企业人员到学校任职的较少，导致高职院校缺少专业实践环节教学人员，阻碍了学生工匠精神的锻造。

三、培育工匠精神的路径探索

职业教育各个环节的累积和配合才能培养出学生的工匠精神，换言之，职业院校无论是在学生思想上的引导，还是实际的专业技能教授，都要注重工匠精神的培育和养成。

（1）持续的就业理论教育

就业理论教育的首要目的就是端正学生的职业价值观，特别是对于高职院校的学生，因为其知识基础薄弱，对未来又没有清晰的定位，在校学习阶段比较盲目，对所学专业就业前景知之甚少，更因为对低层次人才的偏见，不想成为"工匠"。2021年人社部做过相应的调查，结果显示：在我国的就业市场，技能人才仅占比26%，人才市场中需求技术人员倍率已经超过了2，对于技术人才的需求远远大于供给。为了国家经济的发展，达到技术人才的供给平衡，必须转变职业偏见，让学生们认同"工匠价值"。因此，高职院校更应该通过持续的职业理论教育，引导学生在思想上走向匠人，学生就会不惧怕外界对"蓝领"的偏见，进而爱上自己即将要从事的职业，树立远大的职业目标，拥有大国工匠的情怀。

高职院校在大学几个学期内均应开设专门的就业指导理论教育课，并借助"校企合作"的东风，定期定课时地聘请企业的"实战型人才"走进学校、走上讲台、走进同学，将行业的最新发展大势、企业的先进技术成果展示给同学，让同学们了解和掌握行业新动态，从而对未来的工作有向往、有目标，让对未来工作的憧憬成为学生们养成工匠精神的内生动力。让学生们通过就业理论教育的引导，树立正确的人生目标，在开学之始就能明白职业教育的定位及其存在的意义，让他们了解应该通过怎样的学习才能成为一个工匠型人才，更让他们在学习过程中明白，拥有工匠精神将会让他们受益终身。

（2）开展产业文化教育

高等职业院校应赋能有形或无形的"校企融合"文化共同体，营造文化氛围，开展文化育人，以企业的标准培养人才，用文化符号浸润学生，潜移默化引导学生认同职业规范。

高职院校可根据自身的办学历史、专业特色，对专业的历史文化和龙头企业的文化进行普及，让学生对所学专业有更加深刻的认识和了解，明白自己所学专业历史渊源是什么，学此专业的意义是什么，能为社会做什么贡献，等等。只有对专业价值认同，才能更加勤奋，更加乐于研究探索。同时，在平时考核中，除了考核学生专业技能和理论知识水平，还要将学生的职业素养、服务理念、团队合作等纳入考试指标体系，从而培养出能适应企业发展需求的全方位人才。

高职院校应该积极提取优秀的产业企业文化元素，特别是地方知名企业或行业内龙头企业的经营理念。例如：渤海船舶职业学院位于辽宁省葫芦岛市，

119

当地渤海船舶重工有限责任公司正是造船行业的老大哥，是国家级重大技术装备国产化研制基地，始终坚持"兴船报国、创新超越"，那么，渤海船舶职业学院就可将创新超越这种文化理念融入学校的教育教学理念当中，让学生更深刻地理解船舶制造业中体现的"工匠精神"，提前体会到自己即将从事岗位的职业价值。

（3）发挥专业社团的作用

高职院校内的专业社团是繁荣校园文化和培育工匠精神的有力助推器。专业社团作为第二个课堂，是第一课堂的有效扩展，可以很大程度上弥补第一课堂教育的不足；社团文化应以学生的需要和成长为基础，将专业知识和趣味性相统一，更容易吸引学生的兴趣，有利于通过组织丰富的社团活动激发学生的主观能动性，促进学生形成工匠精神。

专业社团的成立要以吸引学生的专业兴趣、完善学生的专业知识、提高学生的专业技能及自主创新能力为根本目标，每个专业均应该依托自身的专业特点创办不同的专业社团，或者深度挖掘每个教师的专业并开设相应的社团，委派专业骨干教师或者有专业特长的老师进行社团活动指导，选拔出优秀学生参加技能大赛备赛和为企业定向培养人员。

专业社团活动及社团内各项比赛的形式可借鉴职业技能大赛的形式，选出优秀的社员为社团负责人，辅助社团负责老师及院系组织、开展社团活动，按照实际的社团活动情况及社员表现，在社团中推行"强带弱"及"老带新"形式，一方面有利于社团的管理，形成健康良好、积极向上的社团学习风气，加强学生之间在理论知识、专业技能等方面的交流；另一方面可以培养学生的团体意识，大家互相帮助，共同进步。

社团活动可以为工匠精神的培养提供广阔的舞台，专业社团举办活动的形式应该丰富多样，比如通过社团组织专业知识讲座、优秀校友经验分享会、企业优秀工程师技能培训指导等活动，让学生及时了解行业发展的新变化和新需求；通过组织专业技能竞赛、优秀专业作品展等多竞技类活动，提升学生专业学科素养和创新实践能力，以奖促学、以赛促学。此外，加大社团活动的宣传力度，在专业实训场地内悬挂技能大赛奖状、奖杯及获奖学生宣传册，激励学生向标杆看齐，潜移默化地培养学生的工匠精神。

（4）职业技能大赛

职业技能大赛作为高职院校教育教学活动的有效延伸，是学生展示精湛技能、相互切磋技艺的平台，对提升学生技能水平、培育学生工匠精神具有积极的作用。通过职业技能大赛，可疏通校企隔阂，推进产教融合；促进专业建设和教学改革，提高教育教学质量；还可以使职业教育更加贴近企业需求、岗位需求，为高职学生工匠精神的培养助力。

高职院校应积极主动联合行业协会、企业共同举办职业技能大赛，高职院校可提供场地、设备、人员的支持，组织形式尽量企业化，也可邀请企业骨干员工共同参与比赛。一方面，通过职业技能大赛的举办，与行业协会和企业的配合，更能发现学校教学与实际市场需求脱节的地方，赛后进行有的放矢的职业课程改革，明确现阶段课程设置的短板，增设行业、专业前沿领域的课程。另一方面，参办技能大赛时应模拟企业的工作模式，鼓励学生实际参与比赛项目信息搜集、项目可行性分析、项目实施等组织比赛流程，让学生在参与组织大赛的过程中学会查阅项目资料、学会沟通协调、学会重视每一个小的细节，从多个方面锤炼学生的工匠精神。

加大职业技能大赛的宣传，通过学校校园网站、公众号、宣传展板等形式，国家级、省级技能大赛的相关信息进行广泛的宣传，既能使学生进一步了解专业现状，感受专业知识的新旧交替，也可让学生了解参赛的途径以及作为参赛选手应该具备的基本条件。对于技能大赛中脱颖而出的本校同学，应该在院系显著位置设置技能人才光荣榜，鼓励其他未参与或者未取得名次的同学积极向他们学习，激发学生的创新斗志，形成一个良好的学习氛围。还可以借助辅导员、专业教师及学校社团的力量，引导和鼓励学生积极参与技能大赛，立足专业，钻研技能，提高创新能力。

职业技能大赛的比赛项目都是以专业基础知识为基础的，结合一定改革及创新，为了能在职业大赛中取得好的成绩，给学生提供一个快速成长的平台，每所高职院校都应该紧跟行业趋势，完善创新专业设备、专业体系建设及人才培养模式，在制订教学计划、设定教学思路、使用教学方法时也与时俱进，适时创新。同时，以职业技能大赛为契机，不断健全教师培训机制及与企业人才交流学习的机制，在学校营造"尊知识、学技术、长本领、做工匠"的良好氛围。

（5）推进产教融合，校企合作

因为职业院校自身的特殊性，其教育教学主要是为了培养学生的基础技能操作能力，对学生的培养侧重点在于技能、技术操作，以就业为导向。但行业企业更需要有工匠精神的人，推行产教融合、校企合作模式，符合教育目标的需求，也符合新时代各行各业务发展对人才的需要。校企合作一直是高职人才培养的法宝，特别是《国家职业教育改革实施方案》等政策的出台，更加有助于推进校企合作进程。

一方面，高职院校积极引导学生和对口就业的龙头企业参与高职教育办学和人才培养，搭建产教融合对话平台。高职院校根据企业用人需求及用工标准，增设满足企业专业技能需要的课程，并注重培养企业所要求掌握的专业技能，在课程结束时，以企业用工的标准对学生的学习效果进行考核。还可以参照制造企业的订单式生产方式，与意向企业合作设立学生订单班，部分课程由企业的专职人员定期教授，并在大学期间为学生提供企业生产一线的实践机会。以学校为主阵地，将各专业的教学内容与对应合作企业的文化精髓进行有机融合，消除人才供需之间的信息及技能的壁垒，"产"与"教"之间真正实现需求衔接。

另一方面，通过高职院校教师与企业技术人才的双向流动，提高专业教师的实践能力。鉴于当前高校教师多为应届毕业生，缺少企业工作经验，所以高职院校教师可通过国家级、省级企业—学校实践研修基地，参加理论技术培训，和其他高校、企业的优秀人才进行交流，掌握行业、企业发展形势；定期到企业、行业机构相应技术岗位进行挂职学习，熟悉企业的生产工艺流程，并学习企业新理念、新技术，为教授学生们更实用、更全面的专业知识做好准备。还可以整合校内外的优质人才资源，选聘企业内具有实践经验、行业威望的能工巧匠担任实践导师，将他们纳入兼职的教师队伍，指导学生实训，强化学生的实践能力。

四、结语

综上所述，高职院校对于学生工匠精神的培养，应立足于学校的实际情况，剖析工匠精神培育过程中存在的问题，从学校、学生可持续发展的角度进行改革完善。通过引导学生在观念上认同匠人价值，将企业文化要点融入校园文化建设，从思想上培育工匠精神；借助专业社团、职业技能大赛平台，推进产教融合、校企合作，为学生工匠精神的提升提供实际的平台和空间。总之，融入工匠精神的高职教育才能更加符合社会职业发展的要求，才能打造一支高素质、高水平的专业人才队伍。

培育和弘扬"工匠精神"
——论习近平总书记职业教育重要指示精神
刘淑林　山西机电职业技术学院

摘　要：习近平总书记强调职业教育前途广阔、大有可为，凸显了职业教育在国家人才培养体系中的基础性作用。大力倡导和弘扬工匠精神契合新时代职业教育发展的要求。高职院校担负着培养"大国工匠"的责任，也是培育和弘扬"工匠精神"的主阵地。要做好顶层设计，培育新时代工匠文化；发挥思政课程和课程思政协同育人作用，培养新时代技能型人才；加强社会实践和技能大赛实践，弘扬和践行工匠精神，为实现中国梦提供有力人才和技能支撑。

关键词：职业教育；　工匠精神

习近平总书记强调职业教育前途广阔、大有可为，凸显了职业教育在国家人才培养体系中的基础性作用。大力倡导和弘扬工匠精神契合新时代职业教育发展的要求。高职院校是"大国工匠"孕育和培养的重要基地，时代和社会的发展召唤着工匠精神的传承和创新。

一、新时代职业教育摆在更加突出位置，为实现中国梦提供有力人才和技能支撑

回顾党发展职业教育的百年历程，对职业教育的高质量发展具有十分重要的意义。中国特色社会主义进入新时代，职业教育摆在更加突出位置，为实现中国梦提供有力人才和技能支撑。

2012年，党的十八大站在历史和全局的战略高度，从经济、政治、文化、社会、生态文明五个方面，制定了新时代统筹推进"五位一体"总体布局的战略目标。2017年，党的十九大召开，明确我国经济社会发展所面临的主要矛盾转化为人民日益增长的美好生活需要和不平衡不充分的发展之间的矛盾。社会主要矛盾变化是我国发展新的历史方位的基本依据，中国特色社会主义进入新时代。以习近平同志为核心的党中央对百年未有之大变局给中国带来的挑战与机遇进行深刻分析，将教育定位为"国之大计、党之大计"，进一步发挥教育的基础性、先导性、全局性作用，并把职业教育摆在前所未有的突出位置。2014年，习近平总书记专门对职业教育工作做出重要指示，指出职业教育是国民教育体系和人力资源开发的重要组成部分，是广大青年打开通往成功成才大门的重要途径，肩负着培养多样化人才、传承技术技能、促进就业创业的重要职责，必须高度重视、加快发展。强调各级党委和政府要把加快发展现代职业教育摆在更加突出的位置，更好支持和帮助职业教育发展。2018年，党中央召开新时代首次全国教育大会，习近平总书记在会上指出，"要高度重视职业教育，大力推进产教融合，健全德技并修、工学结合的育人机制，源源不断为各行各业培养亿万高素质的产业生力军，让职业院校毕业生在职业发展上也有广阔空间。要出台灵活有效的优惠政策，厚植企业承担职业教育责任的文化环境，推动职业院校和行业企业形成命运共同体"。2019年，习近平总书记在甘肃省张掖市山丹县考察山丹培黎学校时指出，"实体经济是我国经济的重要支撑，做强实体经济需要大量技能型人才，需要大力弘扬工匠精神，发展职业教育前景广阔、大有可为""区域之间发展条件有差异，但在机会公平上不能有差别。要解决这个问题，关键是要发展教育，特别是职业教育"。

  2021年4月12日至13日，全国职业教育大会在北京胜利召开。习近平总书记作出重要指示强调职业教育前途广阔、大有可为，要坚持党的领导，坚持正确办学方向，坚持立德树人，优化职业教育类型定位，深化产教融合、校企合作，深入推进育人方式、办学模式、管理体制、保障机制改革，稳步发展职业本科教育，建设一批高水平职业院校和专业，推动职普融通，增强职业教育适应性，加快构建现代职业教育体系，培养更多高素质技术技能人才、能工巧匠、大国工匠，并对各级党委和政府提出明确要求。习近平总书记关于职业教育的重要指示为新时代职业教育改革发展指明了前进方向、提供了根本遵循。李克强总理作出批示，强调了职业教育的重要作用，明确要求建设高水平、高层次的技术技能人才培养体系，注重学生工匠精神和精益求精习惯的养成，努力培养数以亿计的高素质技术技能人才，为全面建设社会主义现代化国家提供坚实的支撑。孙春兰副总理发表讲话，深入分析了职业教育面临的新形势新要求，全面部署了加快建设高质量职业教育体系的新任务新举措。大会的召开，充分体现了以习近平同志为核心的党中央对职业教育工作的高度重视，凸显了职业教育在国家人才培养体系中的基础性作用，对于立足新发展阶段、贯彻新发展理念、构建新发展格局、推动高质量发展，具有重大而深远的意义，是我国职业教育发展史上的重要里程碑。

二、大力倡导和弘扬工匠精神契合新时代职业教育发展的要求

习近平总书记曾对我国技能选手在第45届世界技能大赛上取得佳绩作出重要指示，要在全社会弘扬精益求精的工匠精神，激励广大青年走技能成才、技能报国之路。在看望参与北京大兴国际机场建设和运营的工作人员代表时，他强调，大兴国际机场体现了中国人民的雄心壮志和世界眼光、战略眼光，体现了民族精神和现代水平的大国工匠风范。习近平总书记在全国劳动模范和先进工作者表彰大会上的讲话指出了工匠精神在新时代的内涵，即执着专注、精益求精、一丝不苟、追求卓越。

习近平总书记在同各界优秀青年代表座谈时指出："青年是引风气之先的社会力量。一个民族的文明素养很大程度上体现在青年一代的道德水准和精神风貌上。"

江山就是人民，人民就是江山。人民创造历史，劳动开创未来。正是因为劳动创造，我们才拥有了今天的成就，使我们向着全面建成社会主义现代化强国的第二个百年奋斗目标迈进！习近平总书记在全国劳动模范和先进工作者表彰大会上指出："劳动者素质对一个国家、一个民族发展至关重要。"人才是第一资源。

工匠精神是民族精神、时代精神、创新精神，包括创新的工作思维，精益求精的工作态度，追求卓越的工作品格，坚持不懈、执着追求、不言放弃的创业精神。当前大力倡导和弘扬工匠精神的提出契合了我国高质量发展的时代需求，体现了国家对高素质高技能人才的重视，适应职业教育发展的需求。进入新时代，工匠精神因被赋予具有时代特色的价值内涵而受到广泛重视。中国特色社会主义建设的进程不断加快，在我国面对经济高速发展到高质量发展的转型，产业结构不断优化升级，从制造大国向制造强国跨越的大背景下，急需知识型、技能型、创新型的高素质人才，急需新时代工匠精神的引导和推进。高素质技术技能型人才是高职院校的培养目标，应发挥其育人的功能和价值，为国家和社会发展提供有力的人才和技术支撑。

新时代大学生是中国未来的建设者，通过工匠精神的倡导、培育、激励、弘扬，能够给当代大学生来一场"品质革命"，培养他们精益求精、一丝不苟、专注学业的精神风貌和脚踏实地、追求卓越的行为品质以及善于思考、敢于探索的创新能力，能够引导大学生树立正确的人生观、价值观，为实现中华民族伟大复兴贡献青春力量。

工匠精神培育是当前高校人才培养中的重要一环。把大学生培养成为具有

工匠精神之"德"和工匠精神之"才"的人，对国家、对学生个体成长都具有非常重要的意义。大学生虽然还没有走上工作岗位，还不是劳动者，但他们必定是未来劳动者大军的重要力量，因此，要将劳模精神、劳动精神、工匠精神潜移默化地融入他们的日常学习生活中，引导他们树立坚定的理想信念，提升尊师重道的道德品质，成为专业知识扎实、诚信为本、信誉至上、精益求精、与时俱进、开拓创新的新时代优秀大学生。

工匠精神培养是职业教育的关键任务，要培养德智体美劳全面发展的社会主义建设者和接班人，培养社会主义建设者和接班人与工匠人才培养密不可分。

高职院校是"大国工匠"孕育和培养的重要基地，时代和社会的发展召唤着工匠精神的传承和创新。在高职院校的人才培养体系中，育人功能和培养工匠精神之间存在着契合点。高校是人才培养的专门机构，高职院校是培养技能型人才的摇篮，是培养德智体美劳全面发展的技能型人才的沃土，而青年时期是世界观人生观价值观形成的重要时期，也是弘扬和践行工匠精神的黄金时期。高职院校实施工学结合的人才培养模式，其内在的逻辑体系和运作流程中就蕴含着丰富的工匠精神思想，具有深刻的德育价值。因此，高职院校把工匠精神融入人才培养体系的全过程中，是高职教育改革的一大创新思路。从某种程度上，能够增强职业院校综合竞争实力，有利于高职院校的创新与发展，提升高职院校的内涵建设工作。

三、"工匠精神"是职业教育的灵魂，高职院校工匠精神培育路径

"工匠精神"是职业教育的灵魂，职业院校尤其是高职院校应该如何培育工匠精神？

（1）做好顶层设计，培育新时代工匠文化

工匠精神作为一种职业精神，是大学生应当养成的职业道德，职业院校要建立常态化的工匠精神培育体系，广泛运用校园文化、课程体系、校园制度等载体培育新时代工匠文化，使之成为广大青年学生的职业追求和行动自觉。首先，要完善教学课程体系建设，开设培育和践行工匠精神选修课，通过学分制督促学生了解和学习工匠精神与工匠文化，树立正确的就业导向，自觉践行工匠精神。其次，要完善工匠精神人才培养制度。将工匠精神融入高职院校办学理念、办学目标、人才培养体系，将弘扬、贯彻和践行工匠精神贯穿于管理、教学和实习等各个环节。最后，要积极构建榜样示范，培养工匠精神和劳模精神典型案例。邀请优秀工匠和劳动楷模进入校园分享，使学生近距离接触工匠，实现工匠文化的熏陶与再造，进一步坚定职业理想。

(2) 思政课程和课程思政协同育人，培养新时代技能型人才

积极探索思政课程和课程思政协同育人体系。第一，创新思想政治理论课教学方法。要把学校思想政治教育作为培养学生工匠精神的主阵地，结合高职院校专业特色，融入专业相关的职业道德和职业素养教育，不断指导学生将个人职业理想与国家、民族和社会的发展及需要紧密结合，实现思政课潜移默化立德树人的教育目的。第二，建设一支素质过硬的教师队伍，加深教师对工匠精神的挖掘和阐述，教师精心处理教材，认真组织教学内容，更深层次地去挖掘和融入"工匠精神"教育，结合劳模精神和大国工匠的典型案例进行授课，激发大学生的民族自信心和自豪感。第三，完善协同育人机制。要将工匠精神融入课程思政创新体系中，把技能传授和以工匠精神为内涵的职业能力培养相结合。充分发挥专业课堂育人优势，将工匠精神融入专业课程，以工匠精神为引领，把工匠精神的培养和传承作为高职课程思政建设的核心目标和核心内容。提高大学生的职业道德，加深从业的信心和决心，塑造德技双馨的工匠人才。

(3) 加强社会实践和技能大赛实践，弘扬和践行工匠精神

大力弘扬和践行工匠精神，还应注重培养大学生的实践动手能力。"大众创业、万众创新"的号召需要创新理念和创新精神的引领，更需要教师要善于调动学生的各项积极性，培养学生不断总结、注重学习、追求突破、勇于创新的能力。要紧跟时代发展的脚步，加强各领域特别是科学技术领域的创新性实践。第一，加强专业实训。高职院校实训室是学生提高专业技能、涵养工匠精神的重要场所，通过专业实训互相交流学习经验，进一步提升学生动手能力和自主学习能力，深化对专业理论知识的理解，树立正确的职业观念。第二，参加技能大赛。大学生积极参加创新创业比赛、职业技能大赛，实现以赛促练、以练促用。通过竞赛增强团体意识及科研探索能力，培养顽强拼搏、永不服输的精神，激发创新创造思维，释放创新创造的活力和激情。第三，参与社会实践。深入企业和工厂的一线中，让学生能够在企业中去检验自身所学，发现不足，进一步强化专业知识，弘扬理论联系实际的作风，传承技艺，弘扬工匠精神。

"十四五"时期是开启全面建设社会主义现代化国家新征程、向第二个百年奋斗目标进军的第一个五年。展望新征程，我国职业教育发展处于重要战略机遇期，锚定"建设高质量教育体系"总目标，加快完善和发展中国特色现代职业教育体系，要进一步解放思想、更新理念，优化职业教育类型定位，把职业教育摆在普通教育同等重要的位置，为促进经济社会发展和提高国家竞争力提供有力人才和技能支撑。大力弘扬培育"工匠精神"，不忘初心，在全面建设社会主义现代化国家的广阔舞台上，更好服务高质量发展，大展作为。

新时代高职院校劳动教育改革发展研究

重庆工业职业技术学院　叶　琪

摘　要：党的十八大以来，习近平总书记多次礼赞劳动创造，讴歌劳模精神、劳动精神、工匠精神。在当前职业教育改革不断深化的时代背景下，高职院校得到更好的发展机遇，但同时，也给新时代院校劳动教育实施体系提出更高要求。基于此，本文尝试分析构建高职院校劳动教育实施体系的政策指导及意义和内涵，重点解析新时代背景下高职院校劳动教育实施体系构建思路，以期促进高职院校长远发展。

关键词：高职院校；劳动教育；构建思路

2020年11月24日，在全国劳动模范和先进工作者表彰大会上的重要讲话中，总书记精辟阐释了劳模精神、劳动精神、工匠精神的科学内涵分别是"爱岗敬业、争创一流、艰苦奋斗、勇于创新、淡泊名利、甘于奉献的劳模精神""崇尚劳动、热爱劳动、辛勤劳动、诚实劳动的劳动精神""执着专注、精益求精、一丝不苟、追求卓越的工匠精神"，强调它们"是以爱国主义为核心的民族精神和以改革创新为核心的时代精神的生动体现，是鼓舞全党全国各族人民风雨无阻、勇敢前进的强大精神动力"。高职教育与劳动教育紧密相连，开展高质量的劳动教育既是培养高素质技术技能型人才的重要途径，也是响应职业教育改革的重要举措。因此，应对当前时代背景下高职院校劳动教育实施体系构建思路进行深入剖析，从而为劳动教育的实施提供切实保障。

一、构建高职院校劳动教育实施体系的政策指导及意义分析

（一）有关政策指导

近年来，随着国家对素质教育和职业院校重视程度的不断提升，国家相关部门接连下发了有关劳动教育的系列政策，切实推进劳动教育在职业院校落地落实。具体有：国务院于2019年年初印发了《关于印发国家职业教育改革实施

方案的通知》，要求职业院校大力培养高素质劳动者和技术技能人才，以大国工匠、同辈榜样等经验和事迹为基础，向学生传递工匠精神。次年，中共中央、国务院印发了《关于全面加强新时代大中小学劳动教育的意见》，其中明确指出在当前时代背景下，应构建具有新时代特征的劳动教育体系，正确认识到新时代劳动教育新要求，并依托于劳动教育实践为劳动教育支撑保障能力的提高提供保证。2020年，教育部接连印发了《职业院校在实习实训教学中强化劳动教育的实施办法》和《职业教育提质培优行动计划（2020—2023年）》，对职业教育要求提出明确要求，即结合职业教育自身特质落实国家劳动教育精神，开展基于职业技能训练和职业精神培育的劳动教育，对职业教育人才培养方案的完善进行进一步强调，要求职业院校积极探索拉动教育开展途径，并鼓励邀请劳动模范前往职业院校进行劳动教育。由此可见国家对高职院校劳动教育的重视程度大幅提升，因此，院校也应积极响应国家号召，严格落实政策指导，对劳动教育实施体系进行重构。

（二）劳动教育对于高职院校整体及学生个体发展的意义

对于高职院校整体而言，劳动教育实施体系的重构有益于促进院校人才培养任务的实现。将"立德树人"和"高素质技术技能人才培养"落到实处，帮助学生形成正确的劳动价值观念和劳动行为，并掌握新时代下的现代化劳动技能，实现高职院校人才培养任务。不同于其他教育，高职教育强调的是工学结合的育人机制和理实一体化的人才培养模式，这意味着劳动教育能够为育人机制和人才培养模式的推进和发展提供保障。

对于学生个体发展而言，重构具有新时代特征的劳动教育体系能够进一步增强学生的体质，以健康第一的教育理念对学生进行劳动教育，通过适当的体力劳动促进学生体质的增强。除此之外，在素质教育不断深化的背景下，劳动教育体系的构建能够有效促进高职学生综合素质的形成与发展，劳动教育作为德智体美劳的重要组成部分，开展高质量的劳动教育，能够让学生珍惜劳动成果，进而让学生实现全面发展。

二、新时代高职院校劳动教育实施体系构建的内涵分析

（一）促进高职教育育人机制和人才培养模式的良性发展

对于高职院校而言，其人才培养定位是高素质技术技能人才，通过对劳动教育体系进行重构和实施，能够从精神层面帮助学生树立正确的劳动价值观念，并在实践过程中形成良好的劳动习惯和品德。而职业教育作为我国教育体系的重要组成部分，劳动教育体系的完善还能够促进高职院校人才培养模式和育人

机制的良性发展。在当前时代背景下，职业教育改革不断深化的同时，现代化技术也在不断发展，促进劳动技术技能的现代化水平也持续提高，通过重构该教育体系并实施，能够帮助学生掌握先进的劳动技术和劳动技能，进而促进高职教育育人机制和人才培养模式更好发展的同时，实现高职人才培养的根本任务。

（二）贯彻落实国家职业教育改革实施方案的重点任务

我国相关部门印发的《国家职业教育改革实施方案》中明确提出了"着力培养高素质劳动者和技术技能人才"的要求，并根据该要求部署了一系列任务，主要包括推进"三教"改革、落实"1+X"证书制度试点以及完善学历教育与培训并重的现代职业教育体系等。而这些任务落实在高职院校的教学环节，并需要学生积极参与到教学活动中，进而逐渐形成实践、操作等能力，但这些能力与劳动教育之间具有十分密切的联系，健全的劳动教育能够有效培养学生各方面能力，因此，劳动教育体系的重构有助于该实施方案重点任务的贯彻与落实。

（三）在高职院校内形成"野蛮其体魄，文明其精神"的教育氛围

在新时代背景下，高职院校劳动教育体系上升到新劳动品德的培养、态度的形成以及劳动技能的学习等方面，打破了以往传统的简单体力劳动的教育模式，让师生能够在该系统中得以系统地认识到劳动价值和内涵，在劳动技术的使用等方面积极适应新时代要求。除此之外，通过对高职院校劳动教育实施体系进行构建，能够帮助学生形成良好的劳动态度，而该态度是对待劳动的心理倾向，与劳动情感之间具有十分密切的联系，可以说，通过落实具有新时代特征的劳动教育实施体系，能够帮助学生形成一种劳动自觉情感，使其善于劳动、勤于劳动，进而在职业院校中营造良好的劳动教育氛围，实现对学生的全面培养。

三、新时代高职院校劳动教育实施体系构建思路分析

（一）结合高职教育特点，遵循劳动教育各项原则

在对高职院校劳动教育实施体系进行构建时，无论是劳动教育理论还是劳动教育实践，都应该建立在高职院校的教育特点上，从而把握住劳动教育实施体系构建原则，使其能够在职业院校充分发挥人才培养和教育作用。具体而言，高职院校主要以培养高素质、高技术水平的应用型人才为目标，为此，这决定了新时代下的高职院校劳动教育应区别于中小学劳动教育和普通高校的劳动教育。国家相关部门于2020年下发了《关于全面加强新时代大中小学劳动教育的

意见》，其中明确要求了劳动教育的开展应针对不同类型的学生和不同学段的学生，即基于学生实际情况进行劳动教育。除此之外，还应打破以往传统的、单一的劳动教育形势，不可局限于劳动素养培养等基础性工作，进行现代化劳动技术、劳动技能的教育，进而帮助学生积极适应新时代的要求以及职场环境。总而言之，在职业教育不断改革、社会经济和技术不断发展的新时代背景下，高职院校在对劳动教育实施体系进行构建时，应以自身的育人导向、时代特征、教育规律作为基础，并遵循以下原则。

第一，创新性原则。在当前时代背景下，我国经济实力的提高以及现代化技术的发展都在不断提升劳动技术和劳动技能的现代化水平。因而，为使高职院校劳动教育实施体系能够充分发挥作用，在对其进行构建时应遵循创新性原则，主动适应当前时代下科学和技术的发展，对教育方法进行创新，让学生在劳动教育理论和技能学习中掌握新劳动技术和新技能。第二，协同性原则。劳动教育作为德智体美劳教育体系的一部分，不应该独立存在，应遵循高职院校的产教融合、工学结合等育人要求，与其他教育体系协同发展，推动劳动教育全面渗透、全面实施。第三，差异性原则。不同于中小学和普通高校，高职院校及其学生具有突出特点，为此，在构建高职院校劳动教育实施体系时，应有别于中小学和普通高校的劳动教育。第四，全覆盖原则。该原则主要指的是全领域覆盖，将劳动教育渗透到学生日常学习生活、各学科的教育教学中。值得注意的是，该教育不仅要面向全体学生，还应覆盖教职工，进而营造良好的劳动教育氛围。第五，职业性原则。与普通高校教育不同，高职教育更注重职业人才培养，即提供社会所需人才，为此，在对高职院校劳动教育实施体系进行构建时，应充分考虑高职教育特点，保证体系适应职业教育属性，进而让高职院校劳动教育实施体系能够同样发挥职业培养、促进学生职业发展的作用。

（二）建立健全高职院校劳动教育教学标准和课程培育体系

1. 打造文化、劳动教育双肩挑的师资力量体系

对于高职院校劳动教育而言，教师是开展该教学活动的主要引导者和组织者。为此，在对高职院校劳动教育实施体系进行构建时，院校应着力打造劳动教育师资队伍，营造良好的劳动文化氛围，以此促进学生劳动知识的学习。具体而言，高职院校应在自身原有的师资力量基础上，按照新时代劳动教育形势进行劳动教育师资队伍的建设。在配备专门的劳动教育理论课教师的同时，还应落实双师型教师体系，并加大对教师的鼓励，引导其开展"课程劳动教育"。最后，充分发挥名师工作室的作用，依托于名师对学生的工匠精神进行培养，逐步打造成一支高素质、高专业水平以及专兼结合的劳动教育师资队伍。

2. 积极探索高职院校教育变革的可行性方式

在高职院校劳动育人工作中，劳动教育更注重对学生劳动能力的培养，进而更加强调体力劳动，在该情况下，学生得到的脑力劳动明显不足，无法帮助学生形成健全的劳动知识体系，导致劳动教育教法改革失去根基，无法为高职院校劳动教育实施体系的构建提供先决条件。因此，在对劳动教育体系进行构建以及开展劳动教育时，高职院校以及相关教育人员应认识到劳动理论教育的重要性，做到理论教育和实践教育平衡、协同开展。除此之外，还应对高职院校劳动教育实施体系中的教育教学方法进行创新，教学方法应具有渗透性、实践性、学理性和趣味性，激发学生参与劳动教育教学活动和实践活动的积极性，进而提高劳动教育实效性。例如，在开展劳动教育理论教育时，教师可以充分发挥现代化教育手段的作用，比如微课、慕课或是翻转课堂等，加强碎片化时间的利用，实现劳动教育在空间维度的全覆盖。

3. 制定完善的高职院校劳动教育评价体系

对于一项教育工作而言，教育反馈是工作优化、教育质量提升的重要基础。为此，在对高职院校劳动教育实施体系进行构建时，还应根据更新后的内容制定完善的高职院校劳动教育评价体系，从而更好地实现培养高素质劳动人才的目标。具体而言，在对高职院校劳动教育评价体系进行构建时，一方面应涵盖相关理论知识的考核，另一方面还应具有学生参加劳动实践教学的评价和社会实践活动的评价。针对劳动教育理论课，应由专任教师对学生进行考核，而实践考核则由实习实训指导老师、专业课老师以及校企合作的企业进行一同考核，最后，学工、团委等组织对学生的社会实践活动进行评价，注重学生学习和活动过程的考评，并将劳动素质纳入学生综合素质评价体系中，实现对学生的多方面、多元评价，以健全的反馈信息促进学生劳动素养的形成与发展。值得注意的是，在高职院校劳动教育评价体系中还应涉及劳动态度、劳动时长、劳动成果、劳动技能水平以及劳动荣誉等内容，让学生逐步爱上劳动、勤于劳动，使其在劳动过程中获得成就感和自豪感，进而以完善的高职院校劳动教育实施体系推动学生全面发展。

4. 引导学生理解并接受新的教学方式

由于当前时代下的学生缺乏对劳动的重视，在劳动教育实施体系改革的背景下，应引导学生积极适应新时代的人才要求和新的劳动教育体系，让学生能够树立正确劳动心理和态度的同时，接受院校劳动教育的开展方式。具体而言，高职院校应立足于自身发展需求和学生实际需要，对劳动教育规划和目标进行明确，结合人才培养方案对劳动教育方案进行设计，以潜移默化的方式将劳动教育融入各专业、各学科的教学活动中，减少学生对劳动的抵触心理，为正确劳动态度和心理的培养奠定基础。除此之外，加强院校内的宣传教育，通过院校内的电子屏幕以及实践活动向学生传达热爱劳动、尊重劳动成果的重要性，并结合重要节日开展文化活动，从而提高学生对劳动教育的理解与支持，使其能够主动参与到活动中来。

综上所述，高职院校劳动教育实施体系的构建对引导学生树立正确劳动心理和态度、推动高职教育更好发展具有极强现实意义。因此，应立足于高职教育特点引导学生理解劳动教育，并结合现代化方法不断优化教学方法和实践方式等，从而实现对高职院校劳动教育实施体系的优化与重构。

"工匠精神"融入职业院校思想政治教育的价值与实践探索

湖南工业职业技术学院　王宇

摘　要：新时代弘扬"工匠精神",是推动我国经济社会高质量转型发展的必然要求,也是建设中国特色现代职业思想政治教育体系的重要组成部分。将"工匠精神"培育融入职业院校思想政治教育,顺应了时代发展对专业技能的要求,为党育人、为国育才,符合我国新时代人才知识与技能培育目标。

关键词：工匠精神；思想政治教育；价值与实践

2020年11月24日,习近平总书记在全国劳动模范和先进工作者表彰大会强调,要"大力弘扬劳模精神、劳动精神、工匠精神""培养更多高技能人才和大国工匠"。新时代工匠精神,既是我国现代化强国建设的需要,也是劳动精神在新时代的一种新的实现形式,它与劳模精神、劳动精神构成一个完整的体系,成为激励全体大学生实现中华民族伟大复兴中国梦的强大精神力量。如何弘扬"工匠精神",将"工匠精神"与我国经济社会发展对接,提升"工匠精神"对经济社会发展的引领和推动作用,成为当前思想政治教育与职业教育研究关注的焦点。

一、"工匠精神"与大学生思想政治教育

"工匠精神"兴起于我国传统手工业,以我国传统手工业或职业技能竞技行业为基础,在各行各业逐渐发展形成一种默认的"执行的职业准则",即行业或职业追求精湛工艺的职业精神；本质上,是从业者对于所从事行业的职业道德精神追求和文化遵循,与职业工作技能精益求精的职业标准的继承、发扬和创新。"工匠精神"历久弥新,主要表现为"德艺双修、心传身授、体知躬行、精益求精、强力而行,即'向善'的价值追求、'尚巧'的创新精神、'求精'的工作态度及'道技合一'的人生理想"。

新时代"工匠精神"在继承和发扬传统职业文化内涵的基础上，赋予了职业发展的新要求，主要包含了两个层面的内容，即爱国、敬业、奉献职业道德精神和不断创新、发展、精益的职业技能追求理念。

新时代"工匠精神"第一层内涵：爱国、敬业、奉献的职业道德文化精神。习近平总书记在与北京大学师生座谈时指出："爱国，是人世间最深层、最持久的情感，是一个人立德之源、立功之本"。爱国是每一个中华儿女能扎根在祖国大地上生存生活的基础，这是作为中国公民最鲜明的标志，也是"工匠精神"最基础的情感依托。厚植爱国主义精神，才能以宏大的胸怀，正视职业的发展，面对职业的挑战，克服职业发展中遇到的"困难"或"瓶颈"；培育爱国主义精神，将职业道德深深扎根在爱国主义的土壤上，才能激化"无我"境界的职业奉献精神；夯实爱国精神与职业精神的渗透，内化于心、外化于行，表现为职业的敬业奉献精神。爱国主义与职业精神的交融，演化和衍生为"工匠精神"。"工匠精神"是一种职业的情感道德需求，是基于对祖国发展、个人职业的敬畏和热爱而产生的一种全身心投入、尽职尽责、"无我"奉献的职业道德精神。它与思想政治教育一脉相承。这种职业道德精神的不断传承和发展，形成了我国职业技术技能行业的道德文化，契合了新时代大学生思想政治教育"立德树人"的发展需要。

新时代"工匠精神"第二层内涵：不断创新、发展、精益的职业技术技能追求理念。创新就是以现有的知识和物质，在特定条件下，为满足社会的理想化需求，而改进或创造出新的事物、方法、现象。习近平总书记在山东考察时指出："创新驱动、新旧动能转换，是我们是否能过坎的关键。"创新是人类特有的认识能力和实践能力，不断创新是对新时代职业专业与行业变化发展的回应。进入中国特色社会主义新时代，坚持把创新作为经济发展的第一动力，作为职业培育与行业发展的第一竞争力，深入实施创新驱动发展战略和人才培养计划，是实现我国经济高质量跨越式发展和新旧动能转化的必由之路。创新是民族进步之魂，只有在职业技术技能创新中把核心技术与关键技能掌握在自己手中，才能从根本上保障我国国家安全，才能实现稳定发展。发展与创新相伴而生，发展是伴随着旧事物淘汰、新事物产生的变化过程，只有不断创新发展，才能使经济社会发展拥有不竭动力。精益就是精益求精，是从业者对每件产品、每道工序都凝神聚力、精益求精、追求极致的职业理念。"天下大事，必作于细"，工匠精神为技术、技能、产品的精益求精提供精神动力，引领我国从技术、产品到产业的高质量发展。没有"工匠精神"的追求、传承与发扬，就没有产业与行业发展在技术技能上的"高精尖"突破，就没有"产品"品牌传承。

习近平总书记在十九大报告中提道："建设知识型、技能型、创新型劳动者大军，弘扬劳模精神和工匠精神，营造劳动光荣的社会风尚和精益求精的敬业风气。"2019 年，习近平总书记对我国选手在第 45 届世界技能大赛取得的佳绩做出重要指示："弘扬精益求精的工匠精神，激励广大青年走技能成才、技能报国之路。"

习近平总书记在全国高校思想政治工作会议上指出："思想政治教育理论课要坚持在改进中加强，提升思想政治教育的亲和力和针对性。"教育部《关于加快建设高水平本科教育全面提高人才培养能力的意见》明确提出"要根据不同专业人才培养的特点和专业能力素质要求，科学合理设计课程思政教育"。这就要求思想政治教育课程必须与思想政治课程之外的综合素质及专业技术技能培育课程融会贯通。"工匠精神"培育融入职业院校思想政治教育，在高等教育学生专业素质与技术技能课程中发挥思想政治教育的功能和作用。

二、"工匠精神"培育融入职业院校思想政治教育的价值意蕴

"工匠精神"培育融入职业院校思想政治教育顺应了新时代发展的要求，符合我国职业教育现代化发展的导向。不仅可以提高思想政治教学实效性和针对性，更有利于引导学生正确的社会价值观的回归。

（一）"工匠精神"融入大学生思想政治教育内容，有利于推动我国技术技能型高端产业体系的构建

当今世界正处于大发展大变革大调整时期。高新技术与技能发展前景将远超现实的认知，对未来的经济增长模式与速度将产生深远的影响，重塑世界的经济格局。传统的经济增长模式将逐渐被弱化和取代，技术技能产业体系将迎来蓬勃发展。而我国目前人力资源市场呈现知识型饱和、技能型缺乏，低技术技能人才饱和、高技术技能人才匮乏的局面。技术技能型产业体系呈现"用工荒"，以"工匠精神"推动我国技术技能型人才的培养，是新时期我国经济社会发展的内在要求。"工匠精神"写入政府工作报告，反映出中国经济发展方式、结构、动力对技术技能行业的强烈需求。"社会主义是干出来的"，中国经济高质量高品质的发展呼唤工匠精神，中国技术技能型高端产业体系的构建呼唤工匠精神。"技术工人队伍是支撑中国制造、中国创造的重要基础。""工匠精神"融入思想政治教育内容，从思想上夯实"劳动为本"的理念，有助于推动劳动者对技术技能的精益求精的主动追求，在个人技术技能的提升中实现自我的人生价值。在新时代的发展际遇中，结合国家政策，投身于新时代技术技能高端

产业的发展建设，有助于培育职业经济发展新动能，为我国技术技能型高端产业培育大批人才，推动经济转型升级，推动我国技术技能型高端产业的体系的构建和发展。

（二）"工匠精神"融入大学生思想政治教育符合新时代我国职业教育发展的转型要求

社会的发展需求决定了教育发展方向。习近平总书记指出，"劳动者素质对一个国家、一个民族发展至关重要"。新时代中国制造业、技术技能行业要从"大"转向"强"、要从"量"转向"质"，就必然需要大批高素质的技术技能型劳动者。青年学生是我国制造业、技术技能行业的主力军，是未来国家建设的主体力量。"少年强则国强"，培育符合新时代发展的需求人才，要把教育教学的重点从"知识传授"转到"知识在技术技能中运用的能力"培养，把教育改革与发展的中心调整到人力资本与知识技术技能创新上来。"工匠精神"融入思想政治教育，强调技术技能的应用、知识的实践价值和"德""技"双馨的培养标准，这就要求师生首先要从思想上充分认识到"知识—技术—技能"实践在经济发展中的重要推动作用，从而搭建知识、技术、技能在社会经济中的桥梁作用，打通知识学习到技术技能应用，技术技能在产业中应用价值认识上的"最后一公里"。适变、求变、应变，以"工匠精神"融入思想政治教育，推动教育发展改革与转型。

（三）"工匠精神"丰富了大学生思想政治教育内容，使思想政治教育课程更加鲜活生动

马克思和恩格斯的《哥达纲领批判》《共产主义原理》等著作逐步形成了较早的思想政治教育理论。实际上，马克思主义思想政治教育理论也是一种实践的理论。思想政治教育就是将马克思主义的基本原理、立场、方法传授给学生，使其深入理解具有中国特色社会主义的基本理论、政策、路线、方针，成为社会主义的"践行者"。"工匠精神"正是我国思想政治宏观教育体系下对专业技术技能培育具体"践行"的一种体现。"工匠精神"中的爱国、敬业、奉献让思想政治教育中社会主义核心价值观的内容更具体形象，更鲜活接地气，容易被学生接受和理解；"工匠精神"中的创新、发展、精益让思想政治教育中的国家政策、路线、方针更加生动明确，更具有感染力，让学生洞察职业技术技能产业发展变化和国家经济结构调整，对政策原理都能听得懂、记得住；"工匠精神"融入思想政治教育，让思想政治教育具有强烈的感染力和吸引力，教师与学生能产生认知上的共通与情感上的共鸣，从而取得明显的教育效果。青年学生能更清楚地感知时代的脉搏，在知识技术技能的发展中紧跟时代步伐，

实现自己的人生价值、寻求职业理想的实现，同时传承我国优秀"职业文化道德精神"。

（四）"工匠精神"与大学生思想政治教育内容融合，契合我国思想政治教育理念，弘扬社会主义劳动精神

在庆祝"五一"国际劳动节暨表彰全国劳动模范和先进工作者大会上，习近平总书记指出："劳动是人类的本质活动，劳动光荣、创造伟大是对人类文明进步规律的重要诠释。'民生在勤，勤则不匮。'中华民族是勤于劳动、善于创造的民族。正是因为劳动创造，我们拥有了历史的辉煌；也正是因为劳动创造，我们拥有了今天的成就。"党的十八大以来，习近平总书记多次发表重要讲话，阐释劳动的意义，强调劳动的作用。我国正处于加速发展转型期，各种思潮不断涌现，四大考验、四大危险、国外敌对势力也从未放弃"颠覆"；愈加丰富的物质生活，让一些人迷失了方向，忘记了党、祖国到个人所取得的一切成就，都是"干"出来的事实。人从劳动中来，在劳动中实现"个人的价值追求"，劳动是思想的实践，是认识论的基础。"劳动"是"工匠精神"最基本的内涵，是一切价值的基础和根本。将"工匠精神"融入思想政治教育，就是将"劳动的实践价值"融入知识的学习中，就是坚持马克思主义的唯物主义实践观，用马克思主义的立场、观点、方法去认识人类社会发展的基本规律。通过"工匠精神"与职业技术技能教育中思想政治教育内容融合，帮助学生形成正确的劳动价值观念，体会"劳动创造美好生活"的实践含义，突出思想政治教育的现实意义。培育劳动光荣的道德认知，坚持实干出真知，坚持劳动增长才干，坚持发扬劳动精神。面对社会生活，自觉抵制各种不良思想的侵蚀，弘扬社会主义劳动价值观，发扬"工匠精神"，做好、做细、做精工作，走技能成才、技能报国之路。

三、"工匠精神"培育融入职业院校思想政治教育的实践路径

（一）将"工匠精神"贯穿到职业院校的思想政治教育顶层设计

制度是规范人的行为准则。职业教育制度是培养和锻造我国技术技能人才规范准则。将"工匠精神"贯穿到职业院校思想政治教育的顶层制度设计，牢牢把握"培养什么人，怎样培养人，为谁培养人"的问题，明确职业院校人才培养定位和培养方向。一是通过"工匠精神"思政课与技术技能课程教学结合的改革实践，构建工匠协同育人的制度格局；推动"工匠精神"在职业院校育人制度方向定位的成熟转型。通过制度改革与制度创新，加快与现代全球产业技术链发展相适应的产教结合同"工匠精神"深度融合的职业教育体系，以培

养数以千万计的"具有匠人精神"的技术技能人才参与我国的经济转型和制造业的改革创新。搭建"工匠精神"育人平台，继承和发扬我国"师徒制""学徒制""一对一"传统教育制度优势，加大双师型人才的"以技待人、以技服人、以技感人、以技导人"引导作用；在技术技能学习中传承和不断丰富完善"工匠精神"的精神文化内涵。在实践中锻造职业院校技术技能人才"技艺"的造诣，通过企业实习、基地实训不断精湛"技艺"，塑造"爱国、敬业、奉献；创新、发展、精益"技术技能基础上的精神追求。二是"工匠精神"思政教育目标制度细化。把握职业院校技能型人才培养规律，对"工匠精神"教育过程进行科学合理的划分与结合，针对不同阶段学生实施"工匠精神"技术技能造诣精神追求，提升人才培养的"德技"综合竞争力。

（二）推进职教系统"工匠精神"特色类型思政教育集成

教育部《职业教育提质培优行动计划（2020—2023年）》指出要建设类型特色突出的职业教育，将思政教育全面融入职业院校人才培养方案和专业课程；加强对学校思想政治工作的全面领导，引导青年学生在提升技术技能知识的同时增强爱党爱国意识，这就需要探索职业教育系统"工匠精神"特色类型思政教育开发与集成。因此，需要坚持技术技能性培养和"工匠精神"职业性培养相统一、德育思政培养和"工匠精神"情感性培养相统一、职业专业性培养和"工匠精神"创新性培养相统一。一是在职业院校人才培育的实践中探索"工匠精神"具体实践与德育思政课程构成一体，使其相辅相成、相得益彰，发挥整体系统效应，彰显职教系统优势。坚持德育思想政治学习教育和技术技能培训相结合；坚持工匠精神贯穿技术技能培育全过程；通过学生主体的思考，技术技能的实训实践磨炼，工匠精神内化成职业院校学生人文素养的精神追求。二是思政教育资源较为丰富，但与技术技能相关的思政教育资源却不多。要充分认识职业院校办学中"工匠精神"教育的重要性，深入研究职业教育系统"工匠精神"特色类型思政教育内容。挖掘为中华民族复兴和国家发展作出贡献的匠人事迹，在中国不同时期涌现出的"大国工匠"人物和模范典型，展现他们通过技术技能将个人成长融入国家改革发展的浪潮中，通过技术技能改变生活传递美好的匠人教育内容，以榜样的力量、真实的案例使学生形成正确的价值观。三是对工匠精神特色类型思想教育进行整体性全盘布局、统筹规划；加强职业院校之间"工匠精神"优质教育资源的聚合，创新管理体制，盘活现有资源；进行跨地区、跨院校、跨部门、跨行业的"工匠精神"教育资源"一体式综合平台"的系统研究、开发、建设；加大与技术技能相关的思政人文素养课程方面的资源开发，激活"大国工匠"对职业院校发展的引领作用。系统梳理工匠精神文化资源，推动职业院校工匠精神内涵式发展，实现职业院校"工匠精神"思政教育系统历史性变革、系统性重塑、整体性重构，凸显职业院校技术技能教育功能，形成共创共建共享"工匠精神"大思政课新格局。

（三）创新改革职业院校传统"工匠精神"思政教育教学模式

旗帜就是方向，"工匠精神"就是职业院校人才培养的旗帜。以技术技能解决实际问题为标准，追求技术技能教育改革与我国经济改革发展方向无缝对接；以实践能力为基础，以"技术技能职业人"为培养目标；革新目前职业院校教育中普遍存在的偏离职业教育轨道的"普适文化"教育体系，直面传统教育模式中技术技能专业培育与思想政治教育"两张皮"的问题。职业教育现代化发展是新时代我国经济发展特征的必然要求，也是近代全球经济产业技术技能发展的必然趋势。职业院校是技术技能人才培养的重要基地，"工匠精神"是职业院校人才培养的重要目标和保障。"工匠精神"建设的一个重要特点是做人的思想工作，需要与课程思政相结合，从学生思想深处、灵魂深处入手，让"工匠精神"在职业院校学生心中生根发芽，做到"日用而不自知""吾生有涯，而技无涯"，追求技能与技术臻于至美至善的境地。一是把工匠精神的基本内容渗透到职业院校教育教学的课程开发、学生生活和学校日常管理中，加强显性教育与隐性教育相统一。做到"工匠精神"培育进校本课程、进技术技能课堂，触发学生的内省功能，提高学生对我国目前产业技术市场对技术技能人才需求的宏观认识，增加学生的学、思、悟、践的觉悟性，培养学生对高端技术技能的崇尚与追求，加强"工匠精神"的思想引领，增强学生技术技能学习与运用的自觉性。通过学生主观认识的觉悟，转化为自身的自觉行动实现技术技能的增长。二是依托重大项目或技术工程开展"工匠精神"的思政教育。寓"工匠精神"教育于实践实训技术技能训练之中。在先进制造业、现代服务业、人工智能、新能源等领域，探索企业与学校双向合作模式，搭建产教融合的实训基地，通过实训、宣传展示、体验感受等多种方式，领悟投身祖国伟大建设的使命感和自豪感，引导学生领略技术技能增长及投身中国工匠建设的人生意义。三是广泛开展向"匠人"学习技术技能的活动，通过手把手的传帮带，引导学生把"工匠精神"转化为干事创业、敬业创新、奉献报国的实际行动。利用好融媒体矩阵等平台聚焦具有民族精神和新时代爱国主义精神的"工匠精神"作品，创新表现形式，发挥匠人匠心典型的引领作用，满足学生差异化需求，使"工匠精神"教育落到实处。

（四）构建职业院校教师"工匠精神"思政德育培训体系

三尺讲台系国运。教师是"工匠精神"思政教育中最重要的关键因素，创新"工匠精神思政德育培训体系"载体,探索建立教师培训学习的长效机制势在必行。一是提高职业院校教师队伍"工匠精神"思想认识。指导教师正确认识"工匠精神"对于我国制造业发展的意义。不论是什么业态的行业或产业发展,中国实体经济的高精尖端发展始终离不开"工匠"的重要支撑,其中"工匠精神"始终是教育培养新一代职业技术技能人才"双创"发展的重要精神源泉。二是对教师进行"思想淬炼、技能历练、实践锻炼、专业训练"贯通教育。联合企业、实训基地,制定实施相关"工匠精神"思政教育培训学习的指导意见,开发线上、线下工匠精神培训体系;按照"工匠精神理论+技能技术创新+特色专业课程"模式设置教学专题,以混合式教学、结构式研讨、体验式感受,探索推进职业院校教师"工匠精神"教学教研全覆盖,用中国"匠人"的故事做好精彩的中国职业院校思想政治教育工作。

第四编 04
教师建设研究

新时代高职院校教师队伍建设路径浅析

陕西铁路工程职业技术学院　孙斐　罗云萌

摘　要：本文以新时代习近平总书记关于职业教育的主要论述和教育部关于职业教育的方针政策为切入点，探讨在新形势要求下，高职院校教师队伍建设路径提出应以师德建设为先导、补足师资队伍数量短板、多措并举提高教师队伍质量、改革评价方式、发挥激励制度实效等方面推进教师队伍建设。

关键词：师德师风；制度体系；"双师型"教师队伍；培养培训

党的十八大以来，以习近平同志为核心的党中央将教师队伍建设摆在突出位置，作出一系列重大决策部署，先后出台《关于全面深化新时代教师队伍建设改革的意见》（中发〔2018〕4号）、《深化新时代教育评价改革总体方案》《关于加强新时代高校教师队伍建设改革的指导意见》（教师〔2020〕10号）、《关于印发深化新时代职业教育"双师型"教师队伍建设改革实施方案的通知》（教师〔2019〕6号）等，加强教师队伍建设、推动教育改革发展的行动指南，指出造就一支党和人民满意的教师队伍是教育事业持续发展的重要保障。2019年教育部启动"双高计划"旨在打造技术技能人才培养高地和技术技能创新服务平台，引领职业教育服务国家战略、融入区域发展、促进产业升级。在"双高"建设背景下，如何"依靠教师、发动教师、培养教师、成就教师"成为教师队伍建设的难点，亟待"双高校"率先破局。

一、新时代教师队伍建设的重要意义和总体要求

（一）战略意义

百年大计，教育为本；教育大计，教师为本。当今世界处于百年未有之大变局，科技革命、工业革命、产业革命不断推进，新的增长动能不断积累。我国开启社会主义现代化建设新征程，党的十八大以来，国家先后出台多项指导性文件，作出一系列重大决策部署，将教师队伍建设摆在突出位置，推动教师

队伍建设发展。各地区各部门和各级各类学校也制定出台关于教师队伍建设的一系列举措文件，将教师发展落到基层、落到实处。

在这种世界格局变化、国家高速发展过程中，教师队伍建设还不能完全适应，新的人才培养目标与教师队伍固有的发展模式之间的矛盾，制约着教育发展，而教育的发展进一步制约了经济和社会的不断革新。时代向前，知识和人才的重要性愈发凸显，教育和教师的地位和作用愈发重要。

（二）指导思想

以习近平新时代中国特色社会主义思想为指导，围绕统筹推进"五位一体"总体布局和协调推进"四个全面"战略布局，坚持和加强党的全面领导，坚持以人民为中心的发展思想，全面深化改革，牢固树立新发展理念。"要坚持党的领导，坚持正确办学方向，坚持立德树人，优化职业教育类型定位，深化产教融合、校企合作，深入推进育人方式、办学模式、管理体制、保障机制改革，稳步发展职业本科教育，建设一批高水平职业院校和专业，推动职普融通，增强职业教育适应性，加快构建现代职业教育体系，培养更多高素质技术技能人才、能工巧匠、大国工匠，落实立德树人根本任务，遵循教育发展规律和教师成长规律、特点，加强师德师风建设，培养教师队伍专业化发展，不断完善教师评价体制机制，倡导尊师重教的社会氛围，形成热心从教，教师尽展其才、好老师不断涌现的良好局面。

（三）基本原则

1. 坚持党管人才

党组织要增强"四个意识"、坚定"四个自信"，坚定不移维护党中央权威和集中统一领导，自觉在政治立场、政治方向、政治原则、政治道路上同党中央保持高度一致，坚持依法治教、依法执教。突出学校党委在选人、用人中的领导作用，将党管人才放在教师队伍建设的首位，发挥基层党组织作用，确保党牢牢掌握教师队伍建设的领导权，保证教师队伍建设的正确方向。

2. 构建制度体系，优化顶层设计

构建符合教师成长发展规律的制度体系，合理处理高校行政权力与学术权力的关系，注重培养培训，突破教师职业发展瓶颈，切实提高教师待遇，增进教师职业的获得感和满足感，增强高校教师职业的吸引力。

3. 将师德建设放在首位

注重全员全过程全方位的教师师德师风教育养成，把提高教师思政政治素质和职业素养放在教师队伍建设首位，把社会主义核心价值观贯穿师德建设全过程。

二、高职院校教师队伍建设问题

（一）师资队伍数量不足

1. 思政课教师数量不足

2020年《求是》杂志第17期发表了习近平总书记的重要文章《思政课是落实立德树人根本任务的关键课程》。文章指出"思政课是落实立德树人根本任务的关键课程，思政课作用不可替代，思政课教师队伍责任重大"，并着重强调"办好思想政治理论课关键在教师，关键在发挥教师的积极性、主动性、创造性"。2020年教育部印发《新时代高等学校思想政治理论课教师队伍建设规定》，强调高等学校应当根据全日制在校生总数，严格按照师生比不低于1∶350的比例核定专职思政课教师岗位，并要求优先解决思政课教师编制。目前，思想政治教育专业毕业生数量不多，在工作志愿选择上呈现多样化，导致各高职院校在招聘时，思政课教师应聘数量不足、质量不高，只凭招聘很难解决思政课教师数量不足问题。

2. 辅导员数量不足

2017年教育部印发《普通高等学校辅导员队伍建设规定》，文件指出"高等学校应当按总体上师生比不低于1∶200的比例设置专职辅导员岗位，按照专兼结合、以专为主的原则，足额配备到位"。目前，各高职院校辅导员招聘条件与思政教师基本一致，且要求专业也需与思想政治教育挂钩，因此在招聘上同样存在难点和痛点，特别是对于地处非中心城市的高职院校更加不利。另外，近两年高职"百万扩招"，学生数持续增加，辅导员数量不足更为明显。

3. 紧缺领域教师数量不足

2019年习近平总书记考察张掖市山丹培黎学校时说："我国经济要靠实体经济支撑，这就需要大量专业技术人才，需要大批大国工匠。"因此职业教育大有可为。目前，职业教育以培养一批技术能手为目标与本科生、研究生教育相区别，但招聘的教师大多为应届毕业生，而从专业上，高职专业与研究生专业的适配性不足，无法做到大量专业匹配，导致招聘时紧缺领域教师难找难招现象，制约了高职院校教师队伍发展。

（二）师资队伍质量不高

1. 教师实践技能不足

2016年为进一步加强职业学校"双师型"教师队伍建设，促进职业学校教师专业发展，提升教师实践教学水平，教育部等七部门印发《职业学校教师企业实践规定》，文件指出"职业学校专业课教师（含实习指导教师）要根据专业特点每5年必须累计不少于6个月到企业或生产服务一线实践"。但是目前高职院校的企业实践办法、措施不到位，管理、考核机制不健全，企业实践效果大打折扣。

2. 教师开展技术服务能力不够

教育部《关于深化职业教育教学改革全面提高人才培养质量的若干意见》中指出"完善职业教育教学成果奖推广应用机制"与产业链的上游企业共建公共技术服务平台，为产业链的中下游企业服务，是产教融合、校企合作的有效形式。但实际上，高职院校教师开展校企合作技术服务上遇到两难，一是高职院校技术研究与高等院校存在差距、与企业实际需要难匹配，联合技术研究开展困难；二是实践操作工作落后于企业技术发展，技术服务的难度相对较大，专长不够。

（三）师德建设体系不完善

1. 组织领导不到位

高职院校师德师风建设需要有强有力的组织领导和多方参与。目前，高职院校普遍无独立的师德师风建设委员会，多以临时小组的形式，由人事处联合相关部门组建，缺乏师德师风建设的统一领导和整体谋划。无专职工作力量负责推进工作，仅有简单工作方案，建设目标、路径、方法、措施不明晰。

2. 制度体系不健全

《关于加强和改进新时代师德师风建设的意见》中强调要建立师德师风建设长效机制，将师德师风建设纳入目标责任考核内容。但目前高职院校师德制度体系建设上还不健全，部分文件内容较为滞后，实质操作内容较少，规划、考核测评内容较多，内容形式较为单一。

（四）培养培训不到位

1. 缺乏有效的长效机制

培训应是一个连续的过程。以目前高职院校普遍开展的新进教师入职培训为例，一般只有前期的岗前培训，而在一年的试用期当中，只有一次集中培训，远不能达到预期的效果。岗前培训只作为入职培训的一部分，是新进教师快速融入学校环境的基础，在中期融入教学之后，还会遇到各类教学难题。因此，培训应注重连贯性和整体性，培训计划应该具有适应性、适当性、适时性。

2. 培训的形式、内容单一

高职院校的培训形式多以集中培训为主、派出培训为辅，内容上以教学能力为主、其他能力为辅。在内容上，高职院校教师更应以教学能力培训+技术能力为主，但目前企业实践的组织形式、合作单位等培训的具体问题，难以落实解决。企业嫌麻烦、不接收等问题普遍存在，导致企业实践政策难以落实。

3. 效果评价导向不明显

培训效果的好坏难以量化和界定是高职院校普遍存在的问题，需要设计一套可量化的办法去解决。培训效果的评价指标没有跟考核、评优评先、职称晋升挂钩。从教师培训的积极性上看，参培教师大多是强制要求参加培训，自身培训动力不足也影响了培训效果。

（五）考核、激励、评价机制不完善

1. 考核缺约束

师德考核结果、年度考核结果涉及教师职称评审、各类荣誉评选，同时也是对教师一年工作的肯定，在教师职业生涯和个人发展上具有重要作用。近几年，高级职称评审与考核优秀挂钩，导致考核结果的导向作用缺乏。目前的考核更多拘泥于形式，体现出"谁需要谁优秀"现象，无法正面激励教师在工作上投入更多热情和精力。在管理上，无法发挥考核的真正作用，从而制约了教师队伍的发展建设。

2. 激励缺方法

目前高职院校岗位数制约了教师队伍发展的内在动力。以陕西省为例，岗位数在2015年进行过一次核准，6年过去，各高校教师人数持续增加，教授岗位需求增加，致使每年教授晋升人数低于30%。职称评审作为教师发展、薪酬提高的主要通道，是教师发展最重要的激励机制，如无晋升空间，对教师队伍发展建设极为不利。个别省份目前已试行评聘分离改革，后续的作用效果和实施问题还需进一步研究解决。

3. 评价缺指标

2020年人社部、教育部印发《关于深化高等学校教师职称制度改革的指导意见》，提出要"克服唯论文、唯'帽子'、唯学历、唯奖项、唯项目等倾向"，即破"五唯"问题。而怎么破、怎么立，一直都是争论的焦点，在这种条件下，用什么评价老师的能力水平成为衡量老师业绩的重点。各省各高校在具体落实上标准不统一，政策不完善，缺乏系统性、合理性的评价体系，制约了教师队伍发展。

三、教师队伍建设的路径

（一）师德建设为先导

1. 健全师德师风建设组织体系

一是明确指导思想。高职院校应以习近平新时代中国特色社会主义思想为指导，全面贯彻党的教育方针，落实立德树人根本任务，把师德师风作为评价教师的第一标准，把提高教师思想政治素质和职业道德水平放在教师队伍建设首位。深入贯彻教育部等七部门《关于加强和改进新时代师德师风建设的意见》和各省教育厅等《关于加强和改进新时代师德师风建设的实施意见》精神，将师德师风建设纳入目标责任考核内容，实行"一票否决"。二是完善工作机制。高职院校应成立师德师风建设领导小组、教师发展指导委员会、学术委员会和教学工作委员会，由学校主要领导担任负责人；成立有正处级建制的党委教师工作部、教师发展中心，配足配齐工作人员。定期召开会议沟通安排学校师德师风建设工作，让师德师风建设常态化、制度化。三是统筹发展规划。学校应将师德师风建设、教师团队建设等教师成长发展内容纳入教育事业"十四五"发展规划，配套人才队伍建设与发展规划等子规划。在规划基础上，分解年度工作目标、任务、标准，逐项实施、考核激励。

2. 深化师德师风宣传教育

一是深入推进"四史"教育。加强教师思想政治建设，在教师中广泛开展党史、新中国史、改革开放史、社会主义发展史学习教育，坚定广大教师对中国特色社会主义的道路自信、理论自信、制度自信、文化自信，增强对新时代党的教育方针和社会主义办学方向的理解认同。全体教师做到学史明理、学史增信、学史崇德、学史力行，把报国志化为育才情，与党同心同德、同向同行。二是加强典型宣传。通过学校官网、官微等多渠道网络平台，宣传师德标兵、师德建设示范团队的优秀事宜。鼓励广大教师向先进、典型学习，牢记教师师德标准。三是抓好师德培训。扎实开展"师德第一课"活动，做到凡培训必讲师德。学习习近平总书记在庆祝中国共产党成立100周年大会上的重要讲话精神，增强广大教师依法执教、依规治学和以德立身、以德施教、以德育德观念，自觉加强思想政治素质和职业道德修养。

3. 聚焦师德师风问题治理

一是严格落实师德师风先行。对在政治表现、社会公德、思想品德、学术道德等方面存在严重问题的教师坚决实施"一票否决"。二是畅通举报渠道。畅通纪委办公室、监督监察室和党委教师工作部举报渠道，对群众反映的问题做到发现一起、核查一起、查实一起、处理一起，对教师师德违纪行为坚持"零容忍"。三是抓好警示教育。建立教师师德违纪查处情况台账，建立个人诚信档案，对各类查实的典型案例，定期进行通报。

（二）配足配齐教师队伍

1. 利用招聘吸引人才

一是扩宽招聘渠道。习近平总书记强调，我国经济要靠实体经济支撑，这就需要大量专业技术人才，需要大批大国工匠。职业教育前景广阔、大有可为，招聘重在宣传，高职院校可利用国家大力发展职业教育这一信号，积极"走出去"吸引人才，宣传高职院校的发展前景、学校的主要优势等，利用校园宣讲、导师推荐等形式，拓宽招聘渠道。二是制定人才引进政策，吸引人才。对于高职院校来说，更欢迎具有实践能力的教师来校任教，但拥有高级工程师、高级技师职称的高技术技能人才通常学历不符合高职院校招聘要求，因此可制定相关人才引进政策，畅通人才引进渠道。对于高层次人才引进，还需制定相关奖励激励政策，增加人才吸引力。

2. 盘活现有资源吸纳人才

针对思政课教师和辅导员招聘难问题，可以通过灵活的校内政策予以改善。一是推行校内思政课教师选拔制度。对校内符合思政课教师标准的思政课兼课教师进行选拔，通过资格审查、部门推荐、试讲等环节考察兼课教师能力，充实思政课教师队伍。二是针对辅导员数量不足问题。可实行新进教师辅导员岗位实践锻炼制度，新进教师来校工作后需先到辅导员岗位从事学生管理工作一年，一年之后可采取自由选择的机制，即实践教师可在教师岗位和辅导员岗位进行选择，并通过入编制度等配套激励机制，增加辅导员岗位的吸引力和获得感，从而充实辅导员队伍。

（三）重培养培训，多措并举提高教师队伍质量

1. 健全教师培训工作机制

高职院校应将教师培训纳入教育事业发展规划，分解年度工作目标、任务、标准，划拨年度培训专项经费，与"双高"院校建设同组织、同实施、同考核。需出台《教师培训工作实施办法》《教职工进修培训管理办法》等制度文件，建立培训制度体系。成立教师发展指导委员会、党委教师工作部、教师发展中心等组织机构，配足配齐工作人员。形成了党委、行政抓总，各部门分工负责，各二级院部具体实施的教师培训工作运行机制。

2. 建立"常规培训+全员培训+专题培训"培训体制

一是以常规培训为抓手，注重提升教师适应性和服务能力。开展新进教师、行管干部、辅导员、班主任、新闻宣传骨干等常规业务培训。严格落实"教师每五年到企业生产服务一线实践不少于6个月"制度，坚持向企业学技术、向一线学经验。二是在全员培训中提升基本理论和整体素养。学校可利用学期结

课后时间开展全员培训，因全员培训涉及不同专业、不同类型、不同特点的教师，因此在全员培训中应注重教师基本综合能力提升，以普遍适用的培训内容为主。三是专题培训注重提升特定技能和应对能力。针对不同专业、类型教师开展针对性的培训活动。通过线上线下，引进来、走出去，企业实践，跟岗锻炼，教师素质提高计划等多种方式，鼓励老师融入培训、愿培训、想培训。

（四）改革评价方式，发挥激励制度实效

1. 完善师德师风考核评价

一是改进考评方式。结合育人实践，出台《教师师德考核办法》，完善考核评价方法，落细落实评价要素，做好师德先进、师德标兵等师德荣誉的评选表彰工作。采取日常考察与年度考核相结合的方式，将师德师风建设融入日常、抓在经常。二是完善考核评价体系。高职院校应出台《教职工年度考核实施办法》《职称评审管理办法》《绩效工资分配办法》等文件，建立多维评价体系指标。三是注重考评结果运用。把师德师风考核结果作为评价教师教书育人工作的基础，将考核结果与教师绩效、奖励挂钩，对触犯底线要求的坚决调离教学岗位。

2. 建立多维考核评价体系

一是将教师培训融入日常考核，将培训与继续教育学时认证挂钩，与职称评审挂钩，与评优评先挂钩。并组织开展培训成果分享活动，在年度考核中融入培训时长、培训效果、成果评价机制。二是注重教学效果评价，将教学情况作为主要指标考察教师能力，关注教师信息化教学能力、技术服务能力和双师素质能力，将督导评价引入日常教学评价体系，关注教学质量、教学效果和教学方法的归纳总结，突出育人实效。三是将班主任工作和学生教育指导工作融入评价体系，增加班主任工作经历和工作表现在评价中的比例，体现教师育人功能。

贯彻习近平关于职业教育工作的重要指示精神，探究对高职"三教改革"教师建设的重要影响

长春汽车工业高等专科学校 刘香清 张洋

摘　要：新时代的不断发展，国家和社会对于职业教育的要求和重视程度也在不断地提升，传统的教育理念已经不能够满足职业教育的实际需求，必须通过教师、教材、教法的"三教改革"实现高职院校的优化与改进，不断提升高职院校教育办学的社会效果。本文在研究的过程中认真学习习近平总书记对职业教育工作做出的重要指示，深挖"三教改革"的精髓，并结合公差配合与检测技术课程分析这一重要指示对教师建设的影响。

关键词：职业教育；高职院校；三教改革；教师建设

中国特色社会主义现代化建设需要数以亿计高素质的技术技能型人才，社会对职业人才的需求不断提升，但是整体来看，我国职业教育在实际发展的过程中仍存在较多不足，需要通过教师、教材、教法的"三教改革"，精准定位职业教育的方式、方法、目标，改善职业教育的基本现状，打造一个良性的职业教育发展的平台，实现教育、培养高质量职业人才的目标。"三教改革"就是贯彻执行习近平总书记职教工作重要指示精神的切实可行的做法。

一、基于习近平关于总书记职业教育工作重要指示精神的"三教改革"

新时代的社会背景，我国越来越重视职业教育。2021年4月13日新华社报道指出，习近平总书记强调，在全面建设社会主义现代化国家新征程中，职业教育前途广阔、大有作为。要坚持党的领导，坚持正确办学方向，坚持立德树人，优化职业教育类型定位，深化产教融合、校企合作，深入推进育人方式、办学模式、管理体制、保障机制改革，稳步发展职业本科教育，建设一批高水平职业院校和专业，推动职普融通，增强职业教育的适应性，加快构建现代职业教育体系，培养更多高素质技术技能人才、能工巧匠、大国工匠。可见，习

近平总书记的重要指示就是中国职业教育的美好画卷,具体、清晰、有章可循。产教融合、校企合作就是职教的灵魂。作为职业教育工作者必须改变思想付诸行动、快速适应时代发展的需求,真正从我做起重视职教教学体系的完善与发展,切实提高受教育者的职业能力。大力提倡并推广高素质技术技能型的大国工匠的匠人教育,是职业教育的终极目标。当然职业教育的腾飞离不开各地政府的保驾护航,多年来地方政府助力职业教育效果显著,主要是制定相应的政策及制度,提升职业人才的社会地位,鼓励匠人直接参与职业教育,通过匠人传经送道为中国职业教育现代化建设奠定更加坚实的基础。当然,实现"三教改革"就是职业教育现代化进程中的重中之重。"三教改革"源自《国家职业教育改革实施方案》,简称"职教二十条"。教师是教学之根本,教材就是教学之基础,教法则是教学的基本途径。三者高效有机地融合,才能更好地实现职业教育改革的目标。下文阐述并分析如何实现"三教改革"的目标。

(一) 教师队伍建设

教师队伍建设是"三教改革"的核心内容,教师是改革的主体,也是传道解惑的源泉,只有建设高质量的教师队伍,才能在教学中发挥高效的引领作用,提升教育的有效性,确保学生的学习质量和学习效果。教师建设是一个教师团队的建设,主要包括以下内容:第一,重视教师的思想建设。教师应时时思考教学的真正目的是什么,仅仅是为了教授更多的知识吗?职业教育的目标就是德能并进,知行合一、学以致用、学会用好、创造性地运用和延伸,这才是教学的目的。公差配合与测量技术课程是实践性极强的学科,检测就是对所学理论知识运用能力的检验,也是相关的工作必不可少的技术支撑。传统教学侧重理论知识的传授,改革方向一定是重视学生的实践能力。教师思想转变,学生的工作能力必然提升,教中学、学中干、干中教环环紧扣就是职业人才的必经之路。通过检测实践深刻理解误差、公差、精度等概念,并不断学会检测技术,实现认知到掌握的过渡。第二,重视教师团队的优化与改进。利用产教融合、校企合作,引进更多的教师资源,如大国工匠、高级技术工人走进课堂,担任专职或兼职教师,共同组建优势互补的教师团队。这样既能解决现阶段教学工作与实际生产现状脱节的问题,也能解决校内老师实践经验欠缺的短板。第三,重视教师知识结构的推陈出新。知识不是一成不变的,技术创新更是日新月异的,顺应时代需求的新技术培训,多学科知识的融合,尤其是信息技术对于提升教师的整体素养是非常必要的。

（二）教材建设

符合职业教育特色的教材是职业教育的基础，教材建设就显得尤为重要。因材施教、量体裁衣应该是职业教材的特点，学生需要一本适合的教材学习一些相关技能，教师也是通过教材对学生进行相关技能相关技术的教育。教材应该是学生学习的指引者，教材的引领作用体现在学生在充分掌握教材内容的基础上，自觉地拓展学习的深度、广度和维度；教材是引导学生学习的利器，教材中体现真知，教材指导下学会真知，这就是适合的教材，同时要让学生树立终身学习终身教育的观念。目前，普通高校职业院校共用教材显然不符合教育对象差异性的要求。教材建设的发展趋势主要包含以下三个方面。

第一，灵活性发展趋势，传统的教材形式单一，几年十几年都不换教材，社会飞速发展的今天，这种教材落后于社会发展的需求，必须改进。传统的教材不符合职业教育的要求，需要进行相应改进，力争百花齐放百家争鸣。把实际工作场景引入教材，在实际场景中找到知识的影子，实现知识灵活运用掌握自如的效果。如开发与课程配套的与企业接轨的增强现实（AR）、虚拟现实（VR）、微课视频，扫一扫看一看就能秒懂课堂，灵活呈现教学内容，助力教学质量的提高。

第二，多样化发展趋势，教材的多样性体现在不仅给学生提供恰当的知识教育，还要提供相应的实践教育，确保学生学习的方向性、目标性非常清晰。职业教育的目的就是解决实际问题，教材的理论内容一定简明扼要，可以选择工厂实例、真实的工作任务为依托，将教学内容程序化、可操作化，突出教材的实用性和综合性，注重学生基本技能的训练和综合能力的培养，春雨润物细无声，把能力教育融进知识教育的过程中。为此，教材的编排必须打破传统的框架，合理的取舍很关键，采用与实践和企业配合的项目式教学，例如公差配合与检测技术课程中每个项目都包括机械零件的识读、选用、标注和检测。具体有常见的尺寸公差的识读、选用、标注和检测，形位公差的识读、选用、标注和检测，表面粗糙度的识读、选用、标注和检测，将企业不可或缺的公差课程的三大技能完全融入项目的每个知识环节。同时又把公差配合与检测技术和机械制图两门课程的能力要求融为一体，通过教师教学、学生学与做一体化，符合职业教育的规律，是高端技能型匠人教育的成才之路。

第三，教材与时俱进的先进性趋势。为中国现代化建设培养高素质高技能的建设者是职业教育的初心，社会快速发展，教材一定要紧跟技术发展，不断地更新、换代、调整，为学生提供优质的教材。例如，检测复杂零件的三坐标测量仪，就融合了电子技术、计算机技术、光栅与激光干涉技术等先进技术。

通过3D技术建设虚拟实验室，接近企业需要符合市场需求，"真实+虚拟"搭建产教融合的新平台，培养企业可用的技能人才。

(3) 教法改革

教法改革就是教学方法的改革，包括教学方式、教学内容等的改革。新时期的教学对象发生很大变化，企业现状也发生很大变化，社会对职业教育的看法也发生很大变化，教师教学方法就必须要发生变化。这些变化体现在以下三个方面：第一，教学主体的变迁，新时期的课堂教学中教师的主导作用、学生的主体作用，越来越影响学习的效果。大家普遍认为在教学中学生参与度越高，学习质量越高。在教学中充分调动学生的参与积极性，提高学生在课堂中的地位，加大学生自主学习的比重尤为重要。第二，把单纯的传授知识教育转化成知识与实践并重的教育，传统的教育重知识轻技能，不符合职业教育发展的特色要求，知识和实践脱节，实践能力较低，严重制约职业人才的培养。基于现状，在"三教改革"中必须把知识和实践统一起来，实现知识教育和实践能力教育的无缝对接。第三，充分运用信息化教学也是教法改革的大势所趋。教学信息化的比重不断提升，要求教师灵活运用信息化所带来的优势，丰富课堂教学，让课堂呈现多样性，最终高质量完成教学工作，培养社会急需的各类职业人才是职业教育改革的终极目标。

二、"三教改革"背景下高职教师的角色定位及发展动力

上文对"三教改革"中教师、教材、教法三个方面的内容进行了简单的阐述与分析，实际上，"三教改革"中的教师改革、教材改革、教法改革是你中有我、我中有你，浑然一体不能彼此割裂。下文将侧重于教师在教改中的角色定位，详细分析加强教师发展动力的问题。

（一）教师角色定位

以公差配合与检测技术课程教学作为案例，在新时期的社会背景下，高职教师在教学过程中基本定位以下三个角色。

第一，教学工作的监督者。教师针对学生在公差配合与检测技术课程中的学习，需要制定科学的检验学习效果的方案，如实践检测、考试策略，对学生的理论认知、检测技术的应用情况进行监督及检查，同时学生的考试成绩，实践测试成绩也能为教师提供一定的参考，引导教师发现教学中存在的问题，制定更加合理的教学策略，提升教学的质量和社会影响力。

第二，教学工作的引导者。总体来说学生对于公差配合与检测技术的理论部分认知较好，更多还是表象的认知，缺少深层次的探究，表现就是检测技术

方面掌握的程度不是很高，呈现出高认知低技能的状态，教师在教学中需要及时了解学生的现状，恰当引导学生了解公差配合与检测技术的相关技术以及技术应用领域，从提高学生对于课程的兴趣入手，引领学生走进妙趣横生的公差世界，为学生实践技能的养成提供参考与借鉴。

第三，教学之中的合作者。在传统的教学中，教师和学生处于老师主动教学、学生被动学习的消极状态。教师一言堂洋洋洒洒，学生雾里看花不知所云，教学效果可想而知。新时期教学目的不仅仅是老师教而是实现学生主动学习，要学会、要会用，学以致用、用到极致是职业教育的最高境界。所有的技术技能一定是干出来的，不是纸上谈兵学出来的，因此教师与学生之间应该倾向于实现合作共赢的伙伴关系，而不是教师单方向的知识传导。教师的教学就是和学生进行更加广泛的合作，教师就是为学生提供一定的知识和技术上的支持，解决学生在学习中存在的问题，解决学生将来在企业中一定会遇到的问题。

（二）教师发展动力

教师整体素质亟待提高，现阶段教学中教师知识掌握能力较强，实践能力不足以支撑学生的就业需求，这就是国家职教改革的社会背景，"三教改革"就是职教改革的点睛之笔。产教融合、校企合作是职业教育的灵魂，这些都离不开教师实用技能的提升，否则就会穿新鞋走老路，制约学以致用的办学宗旨，延续教是教、学是学、学校是学校、企业是企业的松散而不是实质的融合与发展。因此，需要为教师团队提供发展动力，逐步提高教师积极参与改革的紧迫感，高效地为学生提供实用的教育储备，才能提高职业教育的整体质量，适应中国特色社会主义现代建设的需要，为实现中华民族伟大复兴的中国梦提供坚实的支撑。

第一，生存行动力。生存需要是人的第一需要。为人师者，教学的技能是看家立命之本。职业教育改革大势所趋，适者上庸者下的教师选拔制度，大力推广的匠人教育就是职业教育工作者的奋斗目标，各行各业的匠才高手不断进入职教队伍，对于身在其中的每一个人都是巨大的冲击。为了自己钟爱的事业，也为了自己的生存需要，积极投身"三教改革"的浪潮，争做教学改革的先锋，无疑是明智之举。

第二，心理驱动力。教师的生存需求只是低层次的自我满足。追求自身的自我价值的实现，建立教师的使命感则是开疆破土大力发展职业教育的根基。各级学校在实际发展的过程中，应该建立各层级的荣誉体系，让教师踮踮脚都能达到，不断提升发展的平台，满足教师的心理需求，实现高效教学服务社会的教学目标。

三、习近平总书记关于职业教育的重要指示对高职"三教改革"中教师建设的重要影响

通过深入学习习近平总书记对职业教育工作的重要指示，我们对职业教育的未来充满希望，在中国共产党领导下的中国职业教育，一定会坚持正确的办学方向，每一个职业教育工作者都应该把立德树人作为首要的工作标准。在"三教改革"的基础上，重视产教融合、校企合作的实施，通过多元办学提升职业教育的质量，通过各项保障制度的建设，提升职业教育的吸引力，实现更为高效、服务社会需要的职业教育活动。在稳步发展职业本科教育、加快高水平职业院校和高水平专业的"双高"建设中，通过育人方式、办学模式等的不断改革，不断增强职业教育的适应性，加快构建现代职业教育体系，是我们义不容辞的责任；培养更多高素质技术技能人才、能工巧匠、大国工匠就是我们每一个职业人的奋斗目标。在新时期的社会背景下，习近平总书记关于职教工作的重要指示对当前"三教改革"教师建设的影响，主要表现在以下三个方面。

（一）提升职业教育的地位以及教师对于职业教育的重视程度

新时代的社会背景下，职业人才在职业教育中的地位不断提升，社会各界也越来越重视职业人才的保障，国家也为职业人才建设提供更多的政策支持，例如大国工匠的职称评聘也是打破壁垒，在这种情况下，职业技术人才的地位必然上升，社会的影响力也越来越大。社会上受重视的同时，教师更应该重视自己所从事的职业教育，不断地进行自我改造，锤炼自己更加符合时代发展的需求，符合高职院校建设的需要。

（二）促进教师体系的改革与优化

新时代的社会背景下，职业教育即将告别一成不变的知识教育，提升职业能力、就业能力的实践教育已是迫在眉睫。校企合作就是将职业教育与实践教育融为一体，搭建学生高效职业教育的桥梁和纽带。因此，高职院校招聘教师，不仅重学历更要重能力，新入职教师的实践能力不容忽视。入职后的实践能力的再培训再提高也是当务之急。学校要充分利用校企合作的平台，快速提高教师的实践能力，同时要不拘一格用人才，将企业中优秀的实践类人才吸引到学校的学生实践中，可以是兼职可以是专职，充分利用高品质的实践人才，实现学生实践教学的脱胎换骨。当然，也离不开学校的政策导向，促使学校教师结构的改变，满足新时代教师团队建设的实际需求。

（三）提升教师综合质量

习近平总书记的重要指示，必将助力我国职业教育的快速发展。大国制造

的发展也离不开职教改革的快速推进。对于职业教育的从教者,如果继续秉承传统教育的思想、教育的策略、教学的做法,不能从根本上认识职业教育的特殊性,终将被社会所淘汰。在这种情况下,职教教师必须不断地充实自己,学习最新的教学思想、教学方法、教学技术,才能适应时代发展的需要,为实现中国式现代化建设做出职业教师的贡献。

四、结束语

总之,现阶段中国职业教育的实际情况、中国制造的实际需要,都是教师建设的刚需,职业地位的提升离不开政策的导向,更离不开高职教师的敬业进取。因此,教学过程中必须贯彻执行习近平总书记的重要指示,具体表现就是不断加大"三教改革"的发展力度,切实体现在教师的改革、教材的改革、教法的改革过程中,而教师队伍建设就是改革的关键,每个教师落实在每一节教学中,就能造就一大批"三教改革"的践行者,通过"三教改革"的具体实施与落实,加快构建中国现代职业教育体系,培养各行各业社会急需的技术技能人才、能工巧匠、大国工匠。

高职院校教师教育教学质量提升策略研究

湖南工业职业技术学院 杨甜

摘　要：伴随着产业升级创新对高素质高技能专业人才的需求，高等职业教育现代化体系建设的核心是全面提升教育教学质量。本文重点从加强高职院校教师素质素养培育和以学生学习为高职教育质量考量核心两方面出发，提出了教学质量提升的策略，为促进高职院校教学质量的提升提供相关参考。

关键词：高职院校；教学质量；提升策略；创新

伴随着产业升级创新对高素质高技能专业人才的需求，当前我国职业教育的重要性被提高到了"没有职业教育现代化就没有教育现代化"的地位。党的十九大报告明确指出"完善职业教育和培训体系，深化产教融合、校企合作"，国务院在《国家职业教育改革实施方案的通知》中明确提出建立健全职业教育质量评价和督导评估制度。坚持把全面提升教育质量作为高等职业教育现代化体系建设的核心，促进高等职业教育可持续发展，为全面建设社会主义现代化国家、实现中华民族伟大复兴的中国梦提供有力人才和技能支撑。

一、加强政府主导功能，确立教育质量保障体系

政府承担着设计顶层质量保障制度体系的职能，建立教育质量保障体系，形成统一的质量基准，全面宏观统筹和指导教育质量保障工作。建立和培养一批专业的有效服务高职教育质量保障的社会团体和组织，提升指导权威性，加强政府公信力和社会认可度。政府应深入推进"简政放权"，推动标准化技术机构、科研单位、行业协会、第三方评估机构等多元社会主体参与高职院校教学质量评价研究，形成"政府部门—第三方机构—学校—社会—受教育者"的多元监督和反馈机制。

二、高职院校加强教育质量体系标准化建设

高职院校是高职教育质量保证的运行主体，应紧密对接职业教育发展趋势和学校自身实际，制订符合本校定位的人才培养方案，健全学校内部教学质量监督与评价机制，确保教师、学校和用人单位多方合作，逐级参与，建立完善促进教学质量不断提高的长效机制。

学校应形成较为完备的教学质量标准体系，包括理论和实践教学能力考核、抽查听课、实习走访、学生定期满意度调查、用人单位反馈、同行评议评价、教学督导制度等。实现学校以标准来加强对人才培养过程的管理，不断改进专业群建设和人才培养方案。同时学校应兼顾质量评估结果优劣评判和目标诊断改进方法，通过开展持续、动态监测性的教学管理监督，建立长效质量监督和保障机制。

三、加强高职院校教师素质素养培育

（一）加强"双师型"教师培养培训

注重高职院校教师知识理论和实践能力的双重提升。"双师型"教师不是简单地等同于拥有教师资格证和职业资格证书的教师，教育部明确规定要持续将专业教师团队中具有企业工作经验的教师比例进行提升，因此专业教师深入企业一线学习已成为必修课。专业教师通过企业实践，不断积累工作技能和经验，提升教学质量，同时可以从企业引进理论知识扎实、实践经验丰富的企业专家来校任职兼职老师，提升全面教育能力。学校可成立与教学质量标准要求相吻合的"双师型"培养项目，激励教师进行职业生涯规划，提升主观学习能动性，避免职业倦怠。学校从应教能力、技能水平、职业道德、心理素质等方面形成考核机制，加强对"双师型"教师的考核。

（二）确立正确的考核评价科研导向

本科院校"重科研、轻教学"的职称评审制度近年来也逐步影响了高职院校的考核机制。一线教师的教学成果很难即时体现，而科研成果能够迅速被量化，容易进行评价和衡量。目前高职院校老师的职称晋升道路和资源配给也依赖于"课题""论文""技能竞赛"等项目，这就导致一部分老师忽视教学研究，投入课堂教学的精力也严重不足，这很大程度上违背了高职教育培养技能型人才的初衷。因此学校应建立多元考核、分类评价机制，对不同特点的教师分别施以不同评价标准，将教学、科研、创新项目、学生成长成才等方面分别

赋予权重，各有侧重。同时，丰富评价标准，将督导巡察、领导评教、同行评议、学生评教等也纳入评价标准，使考核评价日趋多元化。高职院校可设立教学岗、技能岗、人才培养质量岗，对部分教师弱化科研要求，多维度考察教学、学生服务、文化传承与创新等方面的成绩和贡献。

（三）树立符合市场需求的高职教育教学质量观

高职教育是培养面向生产、管理、服务一线的高素质劳动者和技术技能人才。因此高职院校应树立符合市场需求、遵循时代要求的教学教育观。高职教育应根据市场需求，在深入调研目前社会人才资源结构的基础上，开设专业、确定人才培养方案、调整课程。针对高职教育发展相关的产业结构、技术结构、地区经济结构等开展专业设置；根据高职教育的培养目标，依托地区行业经济科技进步和社会发展的需要确定人才培养方案；围绕技术创新和产业链布局对当前的课程设置和授课内容进行升级和优化。坚持以市场为导向，升级校企合作，教学建设立足于企业热点。

（四）创新教学方法和手段，符合学生新时代需求

高职教育既要将理论教学与实践教学相结合，又要坚持将知识和技能相结合。要达到良好的教学效果，教学手段和方法是其中的关键，必须在教学理念和模式上进行创新式的设计和改革。教师单方面讲解，学生被动听讲显然陷入了课堂教学的瓶颈，无法满足新时代高职教育的需求。因此教师要以学生为本，尊重学生个性发展，根据各专业学习特点，打造情景教学、案例教学、翻转课堂、线上线下+学做任务驱动等教学模式，灵活转换各种教学方法，积极引导学生自我分析—自我体验—自我感悟，从而激发学生学习兴趣，促进课堂教学收益最大化。

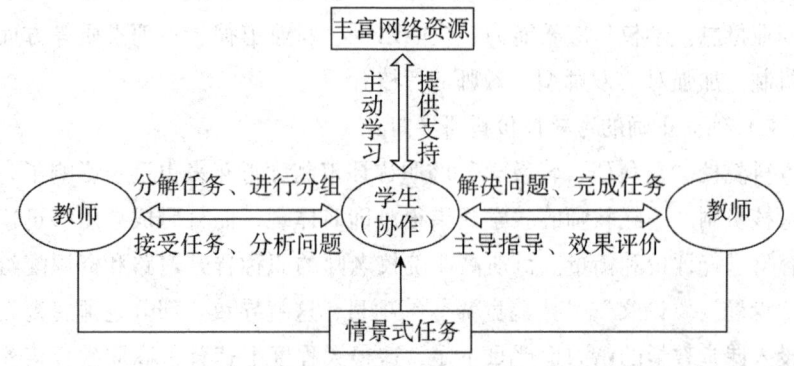

图1 线上线下+学做任务驱动教学模式图

课后教师应实时掌握学生的学习动态，通过线上线下深入沟通交流，及时

解疑释惑，并做重点辅导和个性化指导。精心设计过程考核与期末考核，使学生学习更加自主、便利。对于实践操作性较强的专业，加强教学内容体系的全局设计，通过邀请具备丰富实践经验的一线企业专家授课，或者灵活变更教学场地，从而打造理论和实操教学穿插融合的教学手段，切实提高学生学习成效。

（五）"人类命运共同体"视域下加强职业教育国际影响力

"人类命运共同体"思想包含了文化交流与互鉴、国际理解与沟通、社会责任与义务，这一系列内涵契合了时代热点，彰显了育人价值。高职院校应加强同国际职业教育的交流和合作，鼓励教师和学生"走出去，带进来；共分享，同成长"，吸收借鉴各国职业教育优秀的经验和做法。高职院校要通过教学模式的多样化、教学内容的双向建构、教学理念的"国际化""全球化"等方面来研究课程体系创新。通过联合制定国际化专业建设标准，切实提高师资队伍和教学管理水平，实现其他国家学生学历技能互认、专业管理模式互通、师资课程共享，从而增强高职院校国际竞争力和影响力，展现中国特色高职教育模式。

四、以学生学习为高职教育质量考量核心

（一）增强学生学习主观能动性

教师教学与学生学习是相辅相成的完整认知过程，脱离任何一方教学质量将无从谈起，高职院校负有提升学生学习积极性、培养独立思考能力的责任，学生应是知识的主动追求者，同时对自身的学习成果享有收益。教师要激发学生对学习和探究的积极性，并且引导学生掌握合理、个性化的学习方法。应端正学生的学习态度，开展自主学习能力培训，其内涵包括制定学业生涯规划目标、改进学习方法、调整学习情绪和监督学习过程。

高职院校学生在入学伊始容易受到高考失败、学习目标模糊的不良影响，不知道如何合理安排学习时间，也缺乏有效的学习方法。因此，首先高职院校应该在大一初期即对学生进行学业生涯规划指导，在专业课程授课之前基于课程特点与学生分享各类型学习资源，引导学生掌握正确的学习方法。其次学校应该帮助高职院校学生改变认知思维。高职学生处于自身感性认知比较强烈的阶段，对学习能力有较为固定的思维模式，因此，高职院校应该在厘清学生认知模式和认知思维特性的基础上，以高职学生特点作为教学设计的出发点，重视学生的成长性思维而非学习结果，寻找更多的教学创新途径。最后要引导学生立足当下。高职院校毕业生大部分不会选择学业晋升，个别学生面对就业压力仍然陷入消极学习状态，缺乏学习动力，因此，高职院校要加强启发式教学，将选择就业方向贯穿整个教学过程。

（二）重视实践教学，提升学生职业能力

伴随着高职教育的发展，实践性教学已经不局限于服务性教学手段。高职大学生综合职业能力的培养必须注重学生实践能力的提升。新时代"工匠精神"的基本内涵赋予了高职大学生新的使命，这就要求学校将"工匠精神"的培养贯穿于整个教学体系中，利用实践教学下的实训环境和技能大师追求极致的敬业精神，激发学生的共鸣并促使其养成工匠精神。高职院校的课程设置应充分考虑企业的需要，建立行业职业机构，制定职业标准，邀请一线企业家来校传递企业文化，将先进的培养理念和培养方式渗透到校企合作中，同时企业参与多元化课程开发和高职教材编写。加强实训基地建设，建设技术先进、专业对口、设施完善、管理规范的实践教学基地，适用于教学规模，保障教师和学生充分利用场地实施实践教学，创造产学结合的环境。

（三）重视学生评教工作

"办好让人民满意的教育"，首先是办好让学生满意的教育。学生是高职院校服务的对象，也是教学过程的直接参与者，其对教学质量的满意度直接影响高职院校人才培养质量和高职教育发展。学校应定期开展学生评教活动，可通过问卷调查、信息化平台、社交网络服务（SNS）软件等方式，评教内容包括教学态度、教学内容、实践教学、教学方法、教学资源、学习收获等，老师与学生课堂关系，教师是否尊重学生、维护学生权益、保护学生隐私，课后能否加强学习和实践指导重点纳入评价内容，建立多维度的教学质量考核方式。学校重视学生评教工作，鼓励学生积极参与，真实反映教学情况。同时建立积极反馈机制，教师可以随时登录查看已收到的评价建议，第一时间改进教学方法，学期末应督促教师形成教学质量报告。

（四）建立和运行教学效果动态监测

运用"大数据""云计算"等互联网手段实现教学全过程动态监测，通过教学考核、学生评教结果、阶段学习效果、学业水平诊断等收集和分析师生教学交互活动中产生的有效反馈，建立学情数据分析与预测机制，实时、精准、系统地进行综合性教学评价，为学生制定精准多层次的学习目标，为教师优化教学设计提供依据，为学校教学发展的中长期规划和精细化管理提供数据支持。此外还要加强教学检查工作，在一个学期的不同阶段所检查的重点应存在差异，以便更有效地监督和控制教学效果。例如，在学期初期，教学检查的重点应该放在教学准备情况上，如对课件、教具、教案等内容进行检查；在学期中期，教学检查工作应该重视教学进度、学生出勤及实验实训等课程的开展，全面掌握教学情况；在学期末期，需要对教学任务的完成情况进行检查，保障教学工

作有序开展。

表1 学生评教评价内容及指标体系

评估项目	一级指标	二级指标	单项分值	等级及系数 优 1.0	良 0.8	中 0.6	差 0.4
教学态度（24）	教风教态	关注学生的需求，热心为学生发展提供专业支持。鼓励学生质疑与创新探索。辅导答疑及时、耐心，经常与学生交流	8				
	教学素养	正确认识学生的个体差异，尊重学生隐私，维护学生利益	8				
	教学纪律	自觉遵守教学纪律，认真履行教学规范，保证良好教学秩序。教学语言规范、准确，有逻辑性，思想积极向上。教态自然，举止文明，为人师表	8				
教学内容（24）	信息性	掌握所教学科必需的专业与教学知识，信息量适度，充实更新教学内容。具备所教学科的教学设计、实施、评价、反思和研究能力	12				
	科学性	基本概念准确清晰，逻辑结构合理，阐述科学严谨，观点正确，条理清晰，系统性强	12				
教学方法（18）	教学方法应用	具备职业技能，注重课堂教学与实践教学相结合。善于启发学生思维，学生分析问题解决问题能力、学习能力得到提高	10				
	教学手段使用	合理规划教学环节和时间，开发与利用多种教学资源，恰当选择教学方法、教学媒体和教学形式	8				
教学能力（18）	教学内容处理能力	清晰讲解课程内容，重点突出，难度、深度适宜，适时引导学生关注所学课程领域发展新动态	10				
	教学实施	在教学过程中启发学生思维，鼓励学生发现问题、提出问题，运用多元评价方式，了解学生学习状态，诊断学习问题，及时给予反馈和指导	8				

续表

评估项目	一级指标	二级指标	单项分值	等级及系数			
				优	良	中	差
				1.0	0.8	0.6	0.4
教学效果（18）	内容理解与课堂气氛	学生能较好地理解并掌握主要教学内容，学生上课积极性高，灵活驾驭课堂，教学秩序好，课堂气氛活跃。具有教学魅力，体现教学艺术性	10				
	教学创造性	教学设计和教学实施中展现创新能力，教学理念、教学方法等呈现个性风貌，体现教学创造性和教学独特性	8				

五、结语

习近平总书记对职业教育工作做出重要指示："在全面建设社会主义现代化国家新征程中，职业教育前途广阔、大有可为。"高职教育肩负着全面培养高素质、高技能创新型人才的重任，全面推进中华民族伟大复兴历史进程，实施"中国制造2025""互联网+""一带一路"建设的目标，高职院校要以产业发展需求为导向，加快专业内涵建设，重视教师职业培育，深化教学改革，提高人才培养质量，为职业教育的创新发展贡献积极力量。

第五编 05
文化建设研究

红色文化融入高职院校思想政治理论课路径研究

河南工业职业技术学院　赵岩　杨洋

摘　要：将红色文化资源融入新时代高职院校大学生党史学习教育，是贯彻落实习近平总书记职业教育思想、培育担当民族复兴大任时代新人的客观要求。红色文化资源是优质的党史教育资源，在新的时代境遇下，充分发挥红色文化资源在职业院校大学生党史学习教育中的重要作用，是推动党史学习教育从集中性教育向经常性教育拓展的重要载体。文章就红色文化教育融入高职院校思政课教学的契合度进行分析，利用回归分析法验证"融入"关系内红色文化教育与思想政治理论课之间的关系，旨在为红色文化融入高职院校思想政治理论课提供基本思路和发展指向。

关键词：红色文化；思想政治理论课；逻辑关系

2021年2月20日，习近平总书记在党史学习教育动员大会上指出："要教育引导全党大力发扬红色传统、传承红色基因，赓续共产党人精神血脉。"由此可见，在庆祝中国共产党建党100周年的重要历史节点，在全党集中开展党史学习教育大背景下，充分利用好红色文化资源，传承好红色基因，不仅必要，而且重要。红色文化资源是中国共产党带领全国各族人民在革命、建设以及改革过程中所留下的历史遗产和精神印记，凝结着老一辈无产阶级革命家的坚定信仰和爱国之情。新时代大学生参加党史学习教育，有利于引导大学生树立正确的政治方向、塑造高尚的道德情操、培养深厚的爱国情怀。党的十九届五中全会报告指出，要"推动理想信念教育常态化制度化，加强党史、新中国史、改革开放史、社会发展史教育"，红色文化资源中含有丰富的理论基础、奋进的实践经验，红色文化资源不仅是中华民族不忘初心、继续前进、开创未来的价值写照，更是青少年"最好的教科书"，同时是他们领悟中国精神、激发担当使命的必修课。我们党历来重视以德育人、以德治教，始终把德育摆在突出的位置。作为高职院校，承担着"立德树人"的根本任务，只有德"立"住了，人才能"树"起来，高职院校的人才培养工作才能实现。红色文化教育要帮助大学生树立正确价值观，就要借助一定的载体、平台或渠道，用清风徐来、润物无声的方式，起到以史明智、以史育人的作用，在潜移默化中塑造青年学子坚定的理想信念、正确的政治立场、高尚的思想道德和正确的价值取向。所以说，红色文化资源教育的目的与思想政治理论课的使命和要求存在内在的统一。因此，作为铸魂育人主阵地的思想政治理论课就成了红色文化教育的主战场以及主渠道。

一、红色文化资源对大学生党史学习教育的重要作用

红色文化资源作为中国共产党在革命、建设、改革时期创造的先进文化的总和，其所凝聚的政治理想、爱国精神和道德追求，与新时代大学生党史学习教育的内容高度一致，是新时代大学生党史学习教育的天然教材。

（1）红色文化资源丰富了党史学习教育内容

红色文化资源丰富了理想信念教育内容。红色文化资源是中国共产党诞生、成长和发展历程的真实记载，见证了一代又一代中国共产党人为实现革命理想而不畏艰难、浴血奋战的奋斗历程，而其中的革命遗址遗迹、博物馆、纪念馆、烈士陵园等红色文化资源的直观性、生动性及史事再现特质，是新时代大学生党史学习教育的"活橱窗"。新时期要利用好红色资源，充分挖掘和发挥红色文化资源的德育作用，对新时代大学生坚定初心使命具有很好的引导和督促作用。红色文化资源发轫于进步的中国共产党人为挽救民族危亡、争取民族独立和国家富强的伟大实践，革命先辈强烈的爱国主义精神和英雄气概是开展新时代大学生党史学习教育的"活标本"。传承好红色基因，让大学生感受革命先辈热爱祖国、无私奉献的精神，有利于青年学子增强"四个意识"、坚定"四个自信"、做到"两个维护"，体会中国共产党的领导、新中国的成立和改革开放成就取得的来之不易，有利于新时代大学生形成爱国心、报国情和强国志。

（2）红色文化资源推进了思想政治教育重要内容

党史就是一部鲜活的思政育人教材，同时也是培育高校青年学生世界观、人生观、价值观的重要载体。当今青年学生正处于世界百年未有之大变局和"两个一百年"奋斗目标的历史交汇期，学好党史是每位青年学生义不容辞的责任与义务，大学生在学习党史过程中能够升华思想、汲取力量并持续奋斗，真正将小我融入大我，其对大学生的人生具有重要指引作用不言而喻。作为高职院校大学生思想政治教育的重要内容之一，党史学习教育也成为大学生党员的

"必修课",对塑造青年学生的品格和道德情操有着不可替代的作用。党史学习教育同时具有思想和政治教育属性,二者存在着紧密的联系,党史中蕴含着丰富的思政教育素材和催人奋进的能量,学习党史有利于增强大学生对中国共产党的认同感和归属感。

(3) 红色文化资源筑牢了学生党员的思想根基

学生党员是中国共产党整个党员队伍中最年轻、最具活力的党员群体,且多为 00 后,他们所具备的特点以及所处的时代背景,都易使他们的思想受到不良影响的冲击。从党史育人的视角出发,学习党史是有利于学生党员坚守自身的理想信念、夯实思想防线、筑牢思想根基的最有效途径。在中国共产党百年历史中,中国共产党人带领全国各族人民前赴后继、英勇顽强,不断进行革命、建设、改革,尝尽艰难困苦,却初心不改、一往无前,靠的就是坚定的思想信念。思想就是力量,学生党员可在党史学习教育的过程中,找寻并深刻认识中国共产党为什么"能"、马克思主义为什么"行"、中国特色社会主义为什么"好"三个问题的科学答案,为全面建设社会主义现代化国家凝聚磅礴力量。

二、红色文化教育融入高职院校思想政治理论课教学的契合度探析

红色文化教育是通过历史史料和经验实践,不断地教育、启迪、警示后人,从而实现培育、激励的作用。思想政治理论课是对马克思主义理论进行系统的价值观引导和教育的重要课程,是高职院校资政育人的主渠道。因此,两者在教学目标、教学内容、教学要求上都存在着内在的耦合关系。

(1) 红色文化教育与思想政治理论课教学目标相一致

教育是国之大计、党之大计,必须始终坚持社会主义办学方向。红色文化教育的目标任务是"总结历史经验、把握历史规律,增强开拓前进的勇气和力量"。包含的主题有不同的历史进程:始终坚持革命的自我革新、理论的不断创新和坚持奋斗的党史,深刻体会到中国共产党为何"能";探索和发展坚定走自己的路、在顽强拼搏和斗争中取得伟大的历史性成就和新中国史,深刻领悟中国特色社会主义为何"好";学习不断创新、破除发展中的障碍,不断解放生产力的改革开放史,深度了解改革开放的发展历程;学习从懵懂到成熟、由挫折不断到焕然一新的社会主义发展史,深刻理解马克思主义为何"行"。红色文化教育的每个历史阶段彼此之间都有内在联系,体现着中国共产党和中国人民持续奋斗。高职院校思想政治理论课是落实立德树人根本任务的关键课程,其目的在于用马克思主义理论铸魂育人,教育学生坚定理想信念,"增强使命担当,引导学生矢志不渝听党话跟党走,争做社会主义合格建设者和可靠接班人"。因

此就根本情况来说，红色文化教育跟思想政治理论课这两门课的知识点和教学目标是相同的。这两个都是以一定的知识、理论为基础，在知识教学中引导人们树立正确的价值观，为党培育人才、为国家培养人才，不断为中华民族伟大复兴的人才培养奠定基础。

（2）红色文化教育与思想政治理论课教学内容相贯通

我们党历来重视培养什么样的人的问题，着力解决对担当民族复兴大任的时代新人的培养，对于引领广大人民群众特别是青少年要坚定自己的信心、加强我们的自觉、提升自己的素质，就其投身民族的伟大复兴具有重要而深远的意义。时代新人之"新"，特别体现在有自信、尊道德、讲奉献、重实干、求进取。红色文化的内容非常多且含义深刻，既包括历史的大事件、历史中的重大人物和历史转折点等历史现象，又包含历史现象中的根本原因、主要原因以及发展中的规律。既有广博的知识、丰沛的思想，又有伟大的民族精神，是塑造唯物史观、筑牢信仰之基的主要载体，为我们培养时代新人提供了丰富的养料。高职院校思想政治理论课课本的知识框架以系统阐释马克思主义的世界观和方法论、马克思主义中国化的两次历史转变、近代中国为完成两大历史任务而进行的探索、斗争及经验以及思想道德教育、社会主义核心价值观教育和社会主义法治教育等为纲，这些内容在根本上是理论化、系统化的红色文化。红色文化资源不仅为马克思主义理论和价值观教育提供了材料，还为论证提供了支撑。思想政治理论课的教学内容在整体上为深度了解红色文化资源的根本原因与主要原因提供了世界观、方法论和理论支持。

（3）红色文化教育与思想政治理论课教学要求相契合

红色文化教育是对人们深刻教育和引领的典范。它引领青年学生在当今与之前的对比中感受现在生活的幸福，体会到现今生活得以如此的艰辛，在社会发展中珍惜现在的生活并要以史为鉴激励自己使生活向更好的方向发展。遵循"起始于讲授历史知识、着眼于培育正确历史观、落脚于增强使命担当"的教学方法，在正确的政治导向下，以真实、客观的史实为教学内容，让红色文化资源接近我们并感受它们。高职院校思想政治理论课是以理论知识为根本的价值观教育学习，承载着以马克思主义理论和党的理论创新成果来丰富学生头脑的最基本任务。其意味着，红色文化内涵和思想政治教育的立德树人目标非常契合，都是强调学生能够提升认知能力和考虑事情的全局观，并不断地把握事情发展规律，这些与新时代的职业教育体系和要求是一致的。

三、坚持党建育人，以红色力量涵育时代新人

（1）打造学习型党支部，让理论学习"实"起来

党史学习教育的基础在于学习，学生党支部也是加强学生党员思想政治教育的重要抓手和有效途径，从党支部建设的角度出发，打造氛围浓厚的学习型党支部是开展党史学习教育的必要前提。高职院校将党史作为学习型党支部建设的重要内容，把握住学生党员教育管理这条主线，扎实开展理论学习，将优良学风带入学生党支部，以学习促提升。可以充分利用集中学习、"三会一课"、党日活动等组织生活，根据学习目标划分不同的学习群体，使本科生党员与高职生党员分别开展理论性学习与探究性学习。同时在党支部内结对子，共学党史，以先进带后进、以老党员带新党员，通过党员的传帮带作用实现帮学促学，让党员在提升彼此党性修养与理论水平的同时，传承信仰力量。

（2）守好课堂教育渠道，让学习热情"燃"起来

课堂教学是红色文化的主渠道，对学生党员学习来讲，用好思政课、党校培训与党史讲座以及"三会一课"中的主题党课，这三类课堂能够让学生党员最直接、最深刻地学习党史，能够从内心深处打动学生，激发学生党员对党史的学习热情。思政课教师将党史相关内容或元素有机融入所讲授的思政课中，讲透所授课程中所蕴含的"党史"道理，创新教学方式方法，借助现代化信息技术，以生动活泼的方式把党史课讲得有血有肉；邀请专家讲座，将好的党史教学延伸至全体学生，聚焦"悟思想"，引导学生把"一堂课"的感悟转化为奋进的力量。

（3）实践红色文化载体，让党史教育"动"起来

活用红色文化载体，如革命旧址、历史纪念馆、名人故居、专题展览等使历史情节再现；从党史文学影视作品、革命歌曲、开发文创产品以及绘画舞蹈等方面挖掘红色革命精神的时代价值，重视对红色文化载体的有效运用，使党史学习更"接地气"。丰富红色第二课堂，引导学生在参与过程中热爱党史文化，开展党史情景剧表演、党史知识竞赛、红歌联唱、传播红色故事、讲述党史微党课等活动；组织学生寻找并采访亲历党史的革命人物，与"活着的历史"进行交流，或将他们请进校园、请到身边，拉近党史与学生的距离。

四、红色文化资源融入高职院校思想政治理论课教学路径构建

思想政治理论课是大学生学习的主要渠道和路径。将红色文化资源融入高

校思想政治理论课，关键在于将红色文化资源转化为优质教学资源，打造富有吸引力的课堂，而这需要对教育内容以及教育方法双重创新。

(1) 将红色文化教育贯穿于思想政治教育整个课堂

高职院校思政课教师应该明确新时代大学生党史学习教育的目标，从整体上掌握教材框架并熟悉教材内容。根据学生思想实际、时政热点、社会现实，积极探索和发掘红色文化资源与大学生党史学习教育相契合的内容，做到红色文化资源进教材、进课堂、进头脑。在毛泽东思想和中国特色社会主义理论体系概论课中，可以开展专题教学和活动，使大学生对马克思主义中国化进程中形成的理论成果有更加准确的把握，树立民族自信心，争做民族复兴的中坚力量。在形势与政策课中可以结合重大节假日、纪念日，设计党史学习教育专题，如开设"中国共产党为什么能"专题学习，帮助学生了解党史国情，促使学生在党史学习中立德铸魂。以案例形式将学生的观点呈现在课堂上，展开充分讨论，及时解答学生困惑，达到学有所悟。同时，在党史学习教育中，教育者要尊重学生主体地位，引导学生自主选择红色文化资源教育成果，开展互动点评，形成互相说服的教育模式，促使学生在课程实施过程中理解红色基因。

(2) 将红色文化资源融入党史学习教育整个过程

重视校园基础设施建设，营造浓厚的红色育人氛围。精心策划融思想性、科学性、趣味性为一体的活动，使学生思想情感随着活动开展得到升华，提高党史学习教育的实效性。充分挖掘校史上的英雄人物、英雄事迹，组织新生进校后参观校史馆，加强对学校历史的认知及党和国家建设的责任感。校园中的其他基础设施也是党史学习教育的有效载体，可在校园中树立红色名人雕塑，利用LED显示屏、宣传栏、手抄报、黑板报等载体，将革命时期的名言警句和英雄事迹在校园内宣传开来，时刻警醒大学生不忘初心、牢记使命，做有担当的时代青年。开展红色历史社会调研和红色文化"进社区""进农村"等活动，组织各种大学生志愿服务活动、红色支教活动、重走长征路和探访革命战士等活动，使大学生在实践中获得能力、提升素质，切身感受红色文化的育人功效。

(3) 提升思政课教师的红色文化教育思想和能力

"办好思想政治理论课关键在教师。"教师是思政课育人的主导力量群体，在思想政治理论课和红色文化相融中起着重要的作用，只有教师队伍的素养和思政意识增强，学生才能接受到更多的红色文化内涵教育。目前情况下，很多思政课教师对红色文化教育认识和利用还不足，还不能把内在的价值和精神传递给学生，对教材和教法运用不够熟练，红色文化资源的融入性不够，教学开发和实践不足等。对教师进行红色文化教育和熏陶，进行实践性培训和红色文化访学就显得非常有必要，让红色文化中的精神作为教师进行立德树人的价值体现，同时，建立平台，完善机制，引导教师积极主动地学习和使用红色文化，将教育体现在课堂中的每一个环节，并加强教师的学术研究能力，开展更多红色文化的思考和调研，不断提高思政课教师的素养和教学内功。

(4) 深化教学改革，使教学体系更多地涵盖红色文化实质

将红色文化资源更多地体现在教学体系和内容中，是育人目标的一个重要举措。但目前，红色文化在思政课教材和教学内容上还呈现碎片化和显性不足等客观问题。因此，要以红色文化内蕴的思想成果、智慧结晶和民族精神充实提升思政课教学内容。从整体性视角出发，不断完善和修订教学内容和教材方案，在最初的人才培养方案中将红色文化资源合理深入，并以教学专题和模块化内容编制，促进红色文化精髓的渗透和精神的感悟，使其贯穿于整个人才培养方案中，系统贯穿于教材中，为教学提供科学依据。建立红色文化资源网络平台和VR技术平台，使教材的理论知识和实践内容相结合，并能真正用VR技术让学生切身感受历史带来的真实感和冲击感，不断编写和丰富当地文化资源教材，利用好区域红色资源，开创新的红色文化学习手册和读物，丰富学生的知识面。

(5) 探索启发式教学资源，开创使学生乐于接受的教学方法

红色文化教育融入思政课需要根据现阶段高职院校学生的特点，不断探索让学生喜欢和推崇的教学模式，推动红色文化教育入耳、入脑、入心。深入开展思政课程和课程思政的有机融合，积极探索和丰富课堂教学方法，采取以传递理论知识、澄清思想误区为主的教学方法，让学生能够在历史逻辑和启示思考中不断探索规律，以辩证的思维去看待发生的事情，对历史有客观的认识和理解。以教学内容为依托，把红色文化的故事讲好穿插好，把一些难懂的理论具体化、实践化，把其中的精神实质渗透于学生素养和生活工作中；组织学生研读红色文化经典著作，对红色文化的主要思想和主流观点以及精神主线进行恰当的理解和分析，增强学生的政治觉悟、思想提升以及情感升华。定期开展红色文化研学活动，让学生到当地的革命纪念馆、红色文化基地、英雄故里等实践基地开展访学和探索，进行实践教学，从而增强大学生的使命感和感悟传统文化的可贵与中国脊梁的民族精神。

特色校园文化育人实践思考与探索
——以陕西国防工业职业技术学院吴运铎雕像建设为例

陕西国防工业职业技术学院　陈小刚　冯波

摘　要：吴运铎是新四军兵工事业的创建者和新中国兵器工业的开拓者，发明了枪榴弹等武器，是新中国第一代工人作家，被誉为中国的"保尔·柯察金"，入选"100位为新中国成立作出突出贡献的英雄模范人物"。吴运铎雕像的建造是传播军工文化的一个标志，不仅为陕西国防工业职业技术学院建造了一座英雄模范人物雕像，更重要的是为传播军工文化建造了一个爱国主义教育的重要标志。

关键词：吴运铎；雕塑；校园文化

党的十九大报告指出："文化是一个国家、一个民族的灵魂。文化兴国运兴，文化强民族强。""文化自信是一个国家、一个民族发展中更基本、更深沉、更持久的力量。"军工文化是中国共产党领导人民在革命、建设和改革中形成的宝贵精神财富，是中国特色社会主义文化的重要组成部分，体现了社会主义文化的先进性、革命性，浓缩了国防科技工业文化建设的智慧。

《关于推动现代职业教育高质量发展的意见》要求："坚持立德树人、德技并修，推动思想政治教育与技术技能培养融合统一。"陕西国防工业职业技术学院作为国家"双高计划"建设学校，充分借鉴军工行业文化的深刻内涵，构建匠心文化育人体系，弘扬军工文化，传承军工精神，着力培养军工特质工匠人才。

吴运铎1917年生于江西萍乡，祖籍湖北武汉，抗日战争爆发后加入新四军，在研制武器弹药中，左眼被炸瞎、左手四根指头被炸掉，身体严重残疾。他是新中国成立后第一代工人作家，被誉为中国的"保尔·柯察金"，撰写的著作《把一切献给党》，在20世纪五六十年代脍炙人口，发行达500多万册，成为那个时代鼓舞人们奋发向上的经典教科书。他还是新四军兵工事业的创建者和新中国兵器工业的开拓者，入选"100位为新中国成立作出突出贡献的英雄模范人物"，一生完美诠释了"自力更生、艰苦奋斗、开拓进取、无私奉献"的人民兵工精神。吴运铎把他那颗一切献给党的赤子之心，奉献给人民军工，奉献给了中国共产党，他是战火硝烟的铸魂者。把人民装在心中的人，把一切献给党的人，如滔滔江水，在人民心中奔流千古。

在中国共产党成立100周年之际，2021年6月29日，陕西国防工业职业技术学院举行吴运铎雕像落成仪式。吴运铎雕像主体高3.7米，重800千克，铸铜材质。吴运铎雕像在全国有不少，应该有十几处之多，绝大多数都是半身像。吴运铎全身铜像，这应该是全国第一个，人物造型也具有全国唯一性。笔者作为本次吴运铎雕像的主要原创者之一，抱着传播军工文化的责任感和使命感，就本次雕塑的创作思想，从文化育人的角度谈谈自己的体会。

一、文化定位及建设意义

吴运铎在抗日战争时期，就积极投身于我党的兵工事业建设，在火化工研制当中，他被称为"枪炮之王"，曾多次光荣负伤，左臂、双腿都受过重伤。他继续忘我地劳动，向党和人民奉献出累累硕果。在他的回忆录中写道："我们多流一滴汗，战士少流一滴血。"

出生在江西萍乡安源煤矿山脚下的吴运铎，从小家境贫寒，自幼便懂得分担家庭重担。小时候，吴运铎就加入儿童团，开始参与送信、放哨等活动。在苦难的生活中，他逐渐认识到，要翻身，就只有跟着中国共产党走。1939年5月，吴运铎加入中国共产党。

从抗日战争时期到解放战争时期，再到新中国成立后，吴运铎在不同的岗位上为我国的兵工事业做出了重要贡献。他敢啃最硬的骨头，抢挑最重的担子，遇到紧急危险总是第一个冲在前面。"把一切献给党"就要无怨无悔奉献。在他的回忆录中写道："只要我活着一天，我一定为党为人民工作一天。"

基于上述原因，吴运铎全身雕塑的文化定位，首先是将吴运铎作为新中国兵器工业的开拓者进行艺术定位和创作，同时突出吴运铎是一名军工领域的劳动模范和工匠人物，而不是采用传统的雕像造像手法去塑造，更没有照搬照抄国内其他雕塑造型。在国内所建的吴运铎雕像，大多数是半身像，主要分布在大连、武汉、包头、咸阳等地，据初步统计至少有十余座雕像。位于陕西咸阳的中国兵器工业集团第二〇二研究所吴运铎纪念馆有保存最完整的资料，并建有多个不同历史时期的吴运铎雕像。国内其他单位的吴运铎雕像大多模仿这里的去设计。我们在这次设计雕像的过程中，阅读了《吴运铎画传》《把一切献给党》等资料，研究了《吴运铎》等影视作品，调研了吴运铎纪念馆等多个地方，多次征求相关专家和师生代表的意见建议，先后做了五次雕像模型，反复论证，最终定型，历时整整一年时间，雕像才终于落成。

这次陕西国防工业职业技术学院吴运铎雕像采用铸铜材质，全身造像，主体高3.7米，应该是全国体量最大的吴运铎雕像，可以说是一次突破，在全国其他地方绝无仅有。雕像上半身以写实为主，手持自己发明的枪榴弹，神情专注，淡泊名利，一丝不苟，传递出军工人奉献国防事业的自豪感和荣誉感。雕像下半身以写意为主，山石与人物腿部巧妙融合，凸显出吴运铎的英雄模范地位，瞻仰者站在雕像下面仰视英雄模范人物，更体现出军工行业的严肃性和特殊性。

二、周边环境的文化营造

雕塑不仅是衬托周边环境，更需要周边环境的文化衬托。雕塑不可能孤零零存在于公共空间中，需要必要的文化氛围。吴运铎雕像位于陕西国防工业职业技术学院的学生实训和实践教学区域，屹立在陕西国防科技展览馆前。这所学校也有着悠久的历史，早前隶属于钱学森赞誉过的兵器845厂，与军工系统有着深厚的历史渊源和血脉传承，办学60余年，毕业生遍布全国十大军工集团。

国防展览馆依托陕西省国防科工办和陕西国防职教集团，在相关军工科研院所帮助下建成，建筑面积3000多平方米。展馆系统展示了300多件（台、架）我国国防科技工业发展历史和现代的各种武器装备，内容涵盖了核工业、船舶工业、航空航天、兵器工业、军工电子等方面，在全国也是唯一的，2013年竣工验收，2014年被评为"全国军工文化教育基地"。展示了红色兵工从无到有、从小到大、从弱到强的发展壮大历程，以及新中国国防科技工业的辉煌成就。国防科技展览馆不仅展现了我国国防科技工业发展的光辉历史，更是承载了陕西国防工业职业技术学院几代人顽强拼搏，担负"奉献于国防、服务于国防"的一份坚实责任。

国防展馆是传承人民军工文化、弘扬国防精神的宣传教育基地，也是弘扬学校优良军工传统、彰显办学精神、凸显办学特色的良好载体。吴运铎雕像屹立于国防展馆前，面朝学校东大门，可以说，雕像与展馆融为一体。观众参观展馆的同时，也能瞻仰老一辈英雄模范人物，更深刻地了解我国军工发展的历史，珍惜当下的生活，激励青年大学生积极投身国防科技工业的建设中。

从大的环境来说，具有一定的文化氛围，局部环境仍然比较单调，主要原因是公共空间面积较大。吴运铎雕像采用大理石双底座设计，更能体现人物雕像的厚重。雕像周边采用双色花岗岩铺装，铺装面积共计110平方米，其余空间主要是草坪和两边8棵大树，由于预算和时间，雕像整体空间感觉有些单调。雕像正面刻有"把一切献给党"吴运铎手写体金色大字。雕像背面刻有吴运铎生平金色小字，让瞻仰者简明扼要地了解雕像人物的事迹。

国防展馆周边四栋楼基本都是实训楼，是学生学习技能的主要区域。吴运铎雕塑的落成，对于营造周边文化环境起到了重要的推动作用。同时，吴运铎雕像本身也需要文化环境的衬托，才不会显得单调。因此，学校下一步也会考虑在雕像周边增加一些绿植，设计一些文化灯柱等，让雕像不再显得孤单，更具文化体验感。今后，雕像所在区域将成为校园工匠文化展示区域，吴运铎雕像作为区域的核心，将围绕传承和弘扬"把一切献给党"的人民兵工精神，重点打造成为学校的一个重要文化育人场所。同时，学校也将通过第二课堂、社团活动等形式，把丰富生动的"红色军工"文化资源融入大学生思想政治教育之中。

三、大学校园人物雕像的责任与使命

高校对于校园文化的建设历来非常重视，每一所高校都有自己的精神象征，或者自己崇拜的人物。北京大学有李大钊雕像，因为李大钊领导的五四运动发源于北大。中山大学有孙中山雕像，因为是孙中山创立的中山大学。当然，还有一些伟人是许多大学共同的精神象征。比如，"中国火箭之父"钱学森的雕像分布在中国科学技术大学、北京航空航天大学、西安电子科技大学等知名大学，虽然钱学森并没有来过这些大学，但这也丝毫不影响这些大学对于科学家钱学森的崇拜。还有孔子的雕像，在清华大学、中国人民大学、陕西师范大学等大学也都有设立，因为孔子是儒家文化的创始人，在中国传统文化中拥有较高地位。

在全面建设社会主义现代化国家新征程中，职业教育前途广阔、大有可为。近年来，随着国家对职业教育越来越重视，职业教育发展也取得了长足的进步，校园文化建设也是如此，校园文化的育人功能更加重要和突出。上级部门也下发了相关文件，要求各高校重视校园文化建设，加大人力、物力、财力的投入，充分发挥校园雕像等文化景观作用，提升文化育人效果。

校园人物雕像的选择非常复杂，必须与这所大学的"气质"相符，高职院校也是如此。西安铁路职业技术学院设立詹天佑大型雕像，就是因为詹天佑是中国著名的铁路工程专家，非常符合他们学校的"气质"。陕西国防工业职业技术学院之所以选择设立吴运铎雕像，就是因为这所学校曾经长期隶属国家兵器工业部门，而吴运铎又是新中国兵器工业的开拓者，是军工领域的能工巧匠，这与学校的"气质"相符合。

同时，吴运铎还与学校有着特殊的缘分。1958年12月1日，中国的"保尔·柯察金"——吴运铎同志，来到了兵器845厂（陕西国防工业职业技术学院最早隶属于该厂）文化宫做报告，当时学校还隶属于工厂，为工厂培养技能人才。晚上将近七点半，吴运铎进入会场。他身材高大，饱经风霜而显得清瘦的面庞上春风荡漾，不停地挥动着帽子，向全场欢呼雀跃的群众微笑致意。从抗日战争谈到解放战争，又从解放战争谈到新中国成立，直到年前他刚刚从苏联回国。这位东方传奇式的人物，长河淌水般地滔滔不绝，侃侃而谈。他以自己的切身经历，向人们淋漓尽致地畅叙了一位兵工战士同祖国母亲血肉相连、休戚与共的关系。

2021年是中国共产党建党100周年，中国共产党走过了光荣而艰辛的历程，涌现出了一大批英雄模范人物。吴运铎是新中国兵器工业的开拓者，传承和弘扬吴运铎"把一切献给党"的人民兵工精神具有十分重要的时代意义和价值。大多数人对于吴运铎的了解始于他那本著名的革命回忆录——《把一切献给党》，"把一切献给党"也成为很多共产党人一生不懈奋斗的追求。可以说，在中国共产党成立100周年之际，设立吴运铎雕像具有非常特殊的纪念意义，不仅成为全校党员干部教育学习的场所，而且也能教育引导一代代青年大学生，传承工匠精神，赓续红色血脉。

同时，学校制定印发了《军工文化育人实施方案》，不断创新文化育人载体，组织开展丰富多彩的军工特色活动。邀请"大国工匠""三秦工匠"全国五一劳动奖章获得者、国家级别技能大师工作室领头人等开展"大国工匠进校园"活动100余场次，让师生近距离感受大国工匠风采。以大学生社团活动、优秀校友报告会、国防大讲堂等为载体，建成"人文滋养""典型引路""高端传播"三大军工文化育人品牌，引导大学生将爱国热情转化为具体行动，做到"德技并育、内化外行"。

结语

参与吴运铎雕像建设的过程，也是笔者不断学习和提高的过程。对于吴运铎的认识更加全面深刻，更加立体地了解到中国共产党人的高尚品质和崇高精神，始终抱着敬畏的态度和一丝不苟的精神进行钻研，参与雕像建设的全过程。通过对吴运铎《把一切献给党》的认真研读，在思想上有了更进一步的认识，在艺术追求上也有了更进一步的理解。

　　吴运铎雕像的建造是传播军工文化的一个标志，不仅为陕西国防工业职业技术学院建造了一座英雄模范人物雕像，更重要的是为传播军工文化建造了一个爱国主义教育的重要场所。在这里，莘莘学子将充分感受到《把一切献给党》的崇高精神，使广大学子进一步坚定理想信念、牢记青春使命、练就过硬本领，用青春书写华彩篇章，为国防和军队现代化建设贡献智慧和力量。建设吴运铎铜塑，也体现了学校的历史内涵、文脉延承和文化积淀，有助于发挥军工文化的导向、辐射、渗透作用，激发青年大学生的爱国热情和精益求精的实践品格，将"把一切献给党"的吴运铎精神更好地传递给青年一代。

红色军工文化育人研究
——以陕西国防工业职业技术学院为例

陕西国防工业职业技术学院 陈小刚

摘 要：红色军工文化育人研究以习近平总书记关于弘扬"两弹一星"精神、载人航天精神、劳模精神和工匠精神等重要论述为指引，紧扣时代要求、行业特色和学校实际，借力于学校"双高"建设，致力于研究、实践切实可行的红色军工文化育人模式。研究这一模式的基本目标、培育内容、主要路径等一系列理论和实践问题，提出、实施和检验了"一培育四融入"红色军工文化育人模式。

关键词：军工文化；工匠精神；职业教育

在中国共产党成立100周年和"十四五"开局之年，全国职业教育大会的召开，体现了党和国家对职业教育发展的高度重视，我国职业教育发展迎来了又一个春天。习近平总书记对职业教育工作做出重要指示强调，在全面建设社会主义现代化国家新征程中，职业教育前途广阔、大有可为。习近平总书记对职业教育的重要指示，高屋建瓴、着眼大局，为我国加快构建现代职业教育体系、办好职业教育，培养更多高素质技术技能人才、能工巧匠、大国工匠提供了根本遵循。陕西国防工业职业技术学院立足军工办学特色，持续探索和研究红色军工文化育人模式，培养更多满足社会需求的能工巧匠。

一、基本情况

红色军工文化育人研究以习近平总书记关于弘扬"两弹一星"精神、载人航天精神、劳模精神和工匠精神等重要论述为指引，紧扣时代要求、行业特色和学校实际，借力于学校"双高"建设，致力于研究、实践切实可行的红色军工文化育人模式。研究这一模式的基本目标、培育内容、主要路径等一系列理论和实践问题，提出、实施和检验了"一培育四融入"红色军工文化育人模式。

"一培育"，即培育红色军工传人，表明了红色军工文化育人模式的基本目标。解决的是培养什么样的人、为谁培养人的问题。历时多年，研究军工文化和工匠精神实质，形成军工文化涵育学生工匠精神育人新理念。在研究工匠精神的基础上，创造性阐释了"红色军工传人"的内涵与育人价值，为学校落实立德树人根本任务、培养具有红色基因的社会主义事业建设者和接班人提供了理论支撑。

"四融入"，即军工文化有机融入大学精神、融入课堂教学、融入实践教学、融入校园文化中，讲的是军工特质工匠精神培育的主要路径，解决的是用什么培养人、怎样培养人的问题。为此，研究了"四融入"的基本内容，一是军工文化融入大学精神，明晰军工文化涵育学生工匠精神育人新内涵；二是军工文化融入课堂教学，形成军工文化涵育学生工匠精神课程育人新模式；三是军工文化融入实践教育环节，开辟军工文化涵育学生工匠精神育人新路径；四是军工文化融入校园文化建设，创建军工文化涵育学生工匠精神育人新载体。

"一培育四融入"红色军工文化育人模式得到了广大师生的广泛认可，并取得了较好的应用推广。成果在学校实践，高素质技术技能人才的军工特质更加突出，更多的毕业生就业于国防科技工业企事业单位，学校与军工企业合作联系更加紧密，校园文化的军工氛围更加浓厚，推动形成了"双六一"军工文化育人新内涵。相关成果入选全国职业院校工业文化研究及工匠精神传承经典案例，并在河南工职院、湖南国防职院、贵州电子信息职院等多所高职院校推广应用，受到《中国教育报》《中国青年报》等媒体报道，产生广泛社会影响。

二、背景意义

2016年12月，习近平总书记在全国高校思想政治工作会议上强调："高校思想政治工作关系高校培养什么样的人、如何培养人以及为谁培养人这个根本问题。要坚持把立德树人作为中心环节，把思想政治工作贯穿教育教学全过程，实现全程育人、全方位育人，努力开创我国高等教育事业发展新局面。"

中国制造呼唤"大国工匠"，更离不开"工匠精神"的支撑。高职院校作为培养高级技术技能人才的主体，应该承担起培养"大国工匠"和培育"工匠精神"的责任与使命。在人才培育过程中，高职院校需要借鉴行业文化的深刻内涵，将行业特色文化教育融入人才培养体系之中，着力培养新时代匠心人才。陕西国防工业职业技术学院最早隶属于钱学森赞誉过的中国兵器845厂，是原兵器工业部部署在西北地区的唯一一所职业院校，具有悠久的军工办学历史，积淀了丰富的红色军工文化资源。

军工文化是在中国共产党领导下,在长期的革命斗争、伟大的改革开放实践中广大军工人所创造的宝贵财富,也是开展思想政治理论教育的宝贵资源。继承红色军工文化,挖掘和发挥红色军工文化的育人功能和时代价值对高职院校全面提高大学生思想政治教育质量,培养匠心人才具有十分重要的意义。

三、主要做法

近年来,陕西国防工业职业技术学院将丰富生动的军工文化资源融入育人全过程,构建了层次分明的匠心文化育人体系,形成了"一培育四融入"红色军工文化育人模式,"一培育"是培育红色军工传人,"四融入"是将军工文化融入大学精神、课堂教学、实践教育、校园文化中,实现军工文化育人全覆盖。

(一)"一培育",即培育红色军工传人,解决培养什么人、为谁培养人的问题

军工文化是军工人创造的宝贵财富,以"两弹一星"精神和载人航天精神等内容为主体,形成"把一切献给党"和国家利益高于一切的核心价值观。继承军工文化,挖掘和发挥军工文化的育人功能和时代价值,培养具有红色基因的社会主义建设者和接班人。"工匠精神"在军工行业有特殊的内涵,发掘军工文化蕴含的忠诚报国的爱国情怀(前提)、坚毅执着的顽强韧劲(保障)、精益求精的专注态度(核心)、追求卓越的创新境界(动力),发挥军工文化涵育大学生工匠精神的价值引领、思维启迪、精神激励等独特作用,着力培养红色军工传人,服务国防科技工业。

(二)通过"四融入",即融入大学精神、融入课堂教学、融入实践教学、融入校园文化,解决用什么培养人、怎样培养人的问题

1. 军工文化融入大学精神,明晰军工文化涵育学生工匠精神育人新内涵。将军工文化融入大学精神,使大学精神更具有鲜明的军工特质,树"匠魂",发挥军工文化在匠心人才培养中的作用。经过60余年军工办学实践,学校凝练形成了"忠诚报国、敬业奉献、博学多才、修身求索、热爱军工、能高技强、坚韧弘毅、追求卓越"的国防职教精神。

2. 军工文化融入课堂教学,形成军工文化涵育学生工匠精神课程育人新模式。将军工文化融入课程标准、课程内容、课程设计、教学方法中,育"匠心",实现知识传授与价值引领的有机统一,形成军工特色的"课程+思政+军工文化"育人新模式。一门课程入选教育部首批课程思政示范课程。

3. 军工文化融入实践教育环节,开辟军工文化涵育学生工匠精神育人新路径。通过大国工匠进校园活动、军工工匠上实践教学课、开展具有军工特色的

社团活动、在军工企业开展社会实践活动、选派学生在军工企业实训等,践"匠行",将军工文化贯穿实践教学环节,培养学生工匠技能,培育学生工匠品格。

4. 军工文化融入校园文化建设,创建军工文化涵育学生工匠精神育人新载体。主要通过做好顶层设计、宣传引导、文化活动和景观建设等,怀"匠品",营造培育红色军工传人的人文氛围。将军工文化融入校园基础设施和文化建设,为学生营造浓厚的军工文化学习和生活环境。

四、实际效果

(一)独特构建"一培育四融入"人才培养特色模式

这一模式最突出的创新点,在于能够解决培养什么人、为谁培养人和怎样培养人这一立德树人根本问题。"一培育"中培育"红色军工传人"的新概括,体现了"军工特质"的独特属性。"四融入"中树匠魂、践匠行、育匠心、怀匠品反映了人才培养的内在机理,是人才培养"合目的性"、体验性感性认识、高尚性理性认识和意志性知行合一的有机统一,体现了实践—认识—实践的人才培养辩证发展过程。

(二)实现了军工文化资源向独特的育人资源转化

编写教材《军工文化教育读本》《国防科技工业概论》《科星最亮:"两弹一星"元勋故事》《新时代航天精神与当代大学生》,先后在我校开设国防科技工业概论、兵器概论、军工文化教育等课程教学中使用,在全面推进"课程思政"建设中供师生学习、宣传使用。投资1200万元,建成了国防科技教育基地,成立了学校军工文化教育研究中心,开通了军工文化教育网站,制作了《把一切献给党》等视频。

(三)形成双"六一"军工文化育人新内涵

立足学校发展实际,紧密结合军工行业优势,形成双"六一"军工文化育人新内涵。第一个"六一"是指:一馆(国防展馆)、一场(砺剑广场)、一像(吴运铎雕像)、一廊(红色军工文化长廊)、一墙(军工文化墙)、一站(陕西军工劳模服务团服务指导工作站)。第二个"六一"是指:一机构(军工文化教育研究中心)、一教材(军工文化教育系列读本)、一课程(军工特色系列课程)、一方案(军工文化育人实施方案)、一活动(军工进劳模校园)、一品牌(国防大讲堂)。

(四)毕业生社会认可度不断提高,积极投身国防科技工业建设

毕业生主要就业单位有中国兵器工业集团公司、中国兵器装备集团公司、

中国航天科技集团公司、中国航空工业集团公司和中国船舶重工等大型军工企事业单位。2020届毕业生国防军工企事业单位就业达26.2%。近五年，学校毕业生就业对口率、薪资平均数等均高于全国双高院校平均水平；用人单位对学校毕业生满意度和就业满意度连续多年均保持在较高水平。涌现出了全国五一劳动奖章获得者蒋楠、四川工匠华坤、西安劳模杨宏斌等军工行业领军人才和高素质军工特质技术技能人才。

（五）有机融合军工企业文化，学校与军工企业合作更加紧密

发挥行业优势，融合军工企业文化。积极发挥校企合作文化育人优势，师生通过工学交替、顶岗实习等方式接受军工企业文化的熏陶。在西安北方惠安化学工业有限公司、中国兵器工业集团第二〇二研究所等军工单位建立思政教育实践基地。

（六）促进军工文化融入人才培养方案，人才培养军工特色更加鲜明

发挥红色军工文化在高职院校育人功能，充分借鉴军工文化中忠诚报国的情怀和以国家利益为重的文化底色，出台学校《军工文化育人实施方案》，在全员、全过程、全方位育人过程中融入红色军工基因。

（七）编写出版军工文化教材，开发军工课程，办学特色不断凸显

在长期的军工办学历史中，积淀形成了机械（军工方向）、化工（军工方向）、电子（军工方向）等特色专业，编写出版了《国防科技工业概论》等军工特色教材，开设了火炸药生产技术等军工特色课程。

（八）深入开展"大国工匠进校园"活动，引导学生树立军工报国的理想信念

近年来，邀请军工劳模、全国五一劳动奖章获得者、国家技能大师等开展活动100余场次，让师生近距离感受大国工匠风采，引导大学生将爱国热情转化为具体行动，做到"德技并育、内化外行"。同时，学校获批"陕西军工劳模服务团服务指导工作站"。

（九）校园建设嵌入军工元素，校园文化的军工氛围更加浓厚

建成国防展馆、砺剑广场、军工文化墙等，入选全国军工文化教育基地，将军工文化教育融入校园文化建设。在中国共产党成立100周年之际，学校建成了吴运铎铜像，完成了校园楼宇道路的标识系统，国防路、飞天路、军工大道等使校园军工特色细化于路。

五、社会影响

（一）办学影响力持续提升，成果在国家级刊物发表

《培育行业特质工匠人才》《构建大思政育人格局　培养红色军工传人》

《军工背景高职院校学生"工匠精神"培育实践与探索》等 10 余篇学术论文，在《中国教育报》《陕西教育（高教版）》等报刊发表，在社会上产生了积极的影响。同时，学校报送的《用军工文化涵育工匠精神，助力双高建设》入选全国职业院校工业文化研究及工匠精神传承经典案例。学校承担的 2019 年陕西省高等教育教学改革研究重点攻关项目《"大思政"视阈下军工文化涵育高职学生工匠精神研究与实践》经陕西省教育厅组织的项目结题验收获"优秀项目"称号，研究成果受到评审专家组高度肯定，高质量完成了项目任务。

（二）多家权威媒体广泛报道，社会影响力不断提升

《中国青年报》《陕西日报》《华商报》及陕西电视台、新华网、人民网、搜狐网、西部网等多家媒体广泛报道，产生了良好社会影响。《现代兵器》（2020 年第 02 期）专题报道钱学森赞誉过的中国兵器工业集团 845 厂，挖掘 845 厂军工文化教育资源，公开报道钱学森在兵器 845 厂的工作情况，成为学校开展军工文化教育的重要历史文化资料。2020 年 9 月 21 日，《中国青年报》青鲁班栏目专题报道校友——85 后航天青年曹文的故事，在师生中引起广泛共鸣和影响，进一步激发了青年学子投身国防工业建设的热情。2021 年 8 月 6 日，《中国青年报》刊发《陕西国防工业职业技术学院：产教融合共助军工发展　校企合作共育大国工匠》，在社会上均产生了广泛的影响。

（三）在全国学术会议上交流，多所高职院校来校学习

红色军工文化育人成果在全国高职高专书记论坛、全国机械职业教育思想政治工作研究会工作座谈会、陕西省职业教育学会学术年会等全国和省级学术会议上进行交流，得到专家的广泛认可，受到兄弟院校的肯定。2019 年 11 月 8 日，河南工业职业技术学院党委书记温道军一行 11 人来我校调研工作，并交流军工文化建设经验。2021 年 7 月 9 日，湖南国防工业职业技术学院党委书记肖荣庆、院长杨可以等一行 60 人就办学理念、校园文化建设方案等内容来校进行调研交流。

今后，陕西国防工业职业技术学院将充分挖掘红色军工文化蕴含的思想政治教育资源，不断强化军工办学特色，擦亮红色军工品牌，不断激发新时代青年学生热爱祖国、热爱国防的情感，着力培养红色军工传人，为国防科技工业和区域经济社会发展做出应有贡献。

浅谈中等职业院校校园文化建设对思政育人工作的影响

——以天津市机电工艺技师学院为例

天津市机电工艺技师学院 王芊

摘 要：思想政治工作是中等职业院校育人工作的灵魂，是学校素质教育的重要内容和核心载体，也是一项立德树人工程、长远工程、长效工程，极大影响学校教育功能的发挥与人才的培养，而校园文化建设对思政育人工作成效起着潜移默化的影响作用。本文将从中等职业院校思想政治教育工作的现状及问题、校园文化建设应对举措、校园文化建设工作成效及展望三个部分，结合天津市机电工艺技师学院的成熟经验，对中职院校校园文化建设对思政育人工作成效的影响进行初步探索，以期起到抛砖引玉之作用。

关键词：校园文化建设；中等职业院校；思政育人；立德树人

中国古代先贤讲究"三不朽"，即立德、立功、立言，其中当以"立德"为先。在谈及人才培养这一领域之时，免不了提及"德才兼备"，而其中又恰恰需要突出强调"德"字当先。职业院校是为社会输送技能人才、专业人才的主要阵地，其作用不可小觑。其中，思想政治教育与建设更不容忽视，应当将此作为关键性、常态化的重要任务。时下，思想政治工作越来越受到中等职业院校的重视与关注，且这种态势犹如雨后春笋，有增无减；另外，不可忽视的是，中等职业院校思政工作的探索与发展又不可避免地面临一些挑战与波折。若要思政工作在中等职业院校中发挥更大、更好、更有成效的作用，就必须了解其现状及桎梏，通过校园文化建设发掘解决问题的方法和途径。

一、中等职业院校思想政治教育工作的现状及问题

职业教育作为我国教育体系的重要组成部分，其作用是基础性的，对于社会经济发展及国家民族复兴，具有不可替代的现实意义，发挥着劳动者技术素质赋能、人力资源结构配置调整、社会就业多层多样等突出作用。技能人才缺

口，是我国当前面临的社会现实，职业院校毕业生必将作为未来的一支"主力部队"投入社会现代化建设中去。因此，培养德才兼备的、思想与技能双过硬的人才，即在职业院校加强思想政治及道德文化教育，强化思想政治及道德文化管理，提升思想政治及道德文化水平，是当前职业院校正在面对的一个新的挑战和新的课题。

当前，不容忽视的是，中等职业院校思想政治教育工作存在着一些固有阻碍，其表现主要为以下三种形式。

（一）基础文化水平相对较低

中等职业教育相对普通教育而言侧重不同，因此招生群体上有着天然差别，学生学习基础相对薄弱。进入中等职业院校后，因在教育目标、手段等侧重上存在差别，往往不易形成对文化知识及自身修养的快速提升，这就容易造成"先天不足，后天畸形"的不良后果。基础文化水平可谓底蕴，底蕴的缺失和不足，极大影响着三观的形成和确定，更影响着个人思想建设的发展，更进一步对于个人的外在行为产生一定的反作用，对思想政治教育工作的突破和发展产生制约。

（二）自我控制及调节能力较差

结合上述基础文化水平的问题，中等职业院校学生普遍存在除专业技能外的综合素质相对普通院校学生有较大差距的情况。主要表现为自身控制能力不足，容易受到不良文化、不良习惯、不良风气的影响，久而久之，容易形成学生性格、行为、思想上的各种问题，加之正处于青春期的影响，这些负面情形会随之放大，使得思想政治教育难以实施。

（三）政治观念及价值判断不清晰

伴随着"5G+"、物联网、新媒体各种新鲜事物及信息渠道的日臻完善，互联网信息时代发展到了前所未有的高度，各类信息充斥在学生身边，且这类信息往往参差不齐、优劣参半。这一年龄段的学生，对于政治的热情本就不高，思想上的定力本就不足，在思想上、文化上更加容易受到"侵袭"，这一问题在中等职业院校中尤其严重。

二、校园文化建设应对举措

以天津市机电工艺技师学院为例，其采取的一系列校园文化建设举措，具有一定的普适性，可从中窥见中等职业院校校园文化建设工作对思政育人工作产生影响的普适化模式，探索可复制、可推广、可迁移的思政工作方法，并借鉴其成熟经验。

（一）以"大思政"育人格局为纲，统领校园文化建设

1. 对标要求，提高站位

学院党委坚决贯彻落实习近平新时代中国特色社会主义思想，将其作为检验领导干部政治意识强弱、政治站位高低的试金石。学院与对口高职院校深度合作，在双方党委高度统一的领导下，形成中高职思政联合育人机制，以系统化班级为试点，整合思政教学资源库，组织联合教研，实现专业互建、资源互享、师资互聘。

2. 创新招法，落实任务

学院将"三爱"教育与入学教育、课堂教学、劳动实践紧密结合起来，通过抓紧课堂主渠道、用好宣传主阵地织密教育活动网。2021年，学院重点开展党史学习教育，通过专题党课、红色观影、参观展览、学习竞赛、红歌联唱、入企家访等活动，引导全体师生学史明理、学史增信、学史崇德、学史力行，以史鉴今、资政育人。开展党史学习教育，通过读书学习、基层宣讲、主题征文、集中观影、党员测试、参观教育基地、新闻宣传等重点活动，进一步增强全体师生实现中华民族伟大复兴中国梦的信心决心，增强守初心担使命的思想自觉和行动自觉，将优异的成绩作为中国共产党成立100周年的献礼。

3. 五育测评，打造精品

学院实施德育为首、智育为主、体育加强、美育覆盖、劳育贯穿的五育测评体系，由五育成绩取代单科成绩、由注重能力取代唯分数论。德育测评结合班主任对学生的日常行为考核和学生思政课成绩、测评专家面试成绩，给出德育成绩；智育测评结合学生理论课程、实习课程的学习成绩及测评专家考核成绩，给出智育成绩；体育测评结合学生参加课间操、运动会、体育课等情况，给出体育成绩；美育测评结合学生参加社团、金秋艺术节等情况，给出美育成绩；劳育测评结合学生上劳技课、参加劳动实践等情况，给出劳育成绩。学生毕业时，由过去的单一专业成绩，转变为如今的五育成绩，实现学生全面发展。

（二）学校家庭企业社会携手共育，凝聚校园文化建设合力

学院构建"院领导—中层干部—班主任"三级家访体系和"学院—系部—班级"三级家长委员会，建立向家长汇报制度，并向家长实施"五开放"，即开放教学楼、开放实训场、开放宿舍、开放食堂、开放教学监控室，实现"每天都是家长日"。坚持"1+1+N"家校共育管理体系，即每学期召开一次家长会、每周进行一次家访、每日完成N次电话沟通，纳入制度加以落实，形成课上课下、线上线下、校内校外的共育格局。每学期开展一次家校企"三方共育"研讨会，组织家长进企业、家长企业进学校。健全社区评价制度，要求每名学生

积极参加社区服务，将社区评价纳入学生综合素质档案，成为评价学生五育协同发展的重要指标。

（三）"四史"教育为魂，夯实校园文化建设底蕴

学院党委认真贯彻落实习近平总书记对深入学习"四史"的重要讲话精神，把学习贯彻党的创新理论作为思想武装的重中之重，同学习党史、新中国史、改革开放史、社会主义发展史结合起来，在全院范围内开展学史知史懂史活动，学院领导班子带头讲党史。学院思政工作部以开展学习"四史"活动为契机，着力推动"四史"学习进宿舍，组建"四史"联合宣讲团，利用每晚七点半至八点的三十分钟，为学生进行常态化"四史"宣讲。为保证宣讲质量，宣讲团全体教师积极备课，精心编纂讲稿，围绕丰富深刻的主题，紧扣学思践悟内容，以生动有趣的故事引入，为学生带来了一场场精彩纷呈、激情四射的"四史"讲座，强化了学生思想政治引领，增强了学生听党话、感党恩、跟党走的政治自觉、思想自觉和行动自觉，使全体住宿学生真正做到知史爱党、知史爱国。

（四）五育并举协同发展，推进校园文化建设全向发力

坚持以德为魂。提升德育目标要求，将社会主义核心价值观教育和学院核心价值理念教育融入学生培养全过程。开展"六五大行动"、思政情景剧比赛等活动，让每一名教师的身上都流淌着道德的血液，让每一名教师都是师德师风建设的优秀代表。

坚持以智为源。完善过程性考核与结果性考核有机结合的学业考评制度，完善实习（实训）考核办法，确保学生足额、真实、有效参加实习（实训）。七个技能社团每周开展活动，每年举办技能节，形成学生主动学习技能、人人争当赛手的学习氛围。

坚持以体为本。开好开足各年级体育课，每年开展校园运动会，全校师生每天同做广播体操，全体住宿生每日坚持晨跑。无论是早晨还是晚间，校园里随处可见学生健身、打球、跑步的身影。

坚持以美为引。学院组成72个学生社团，拥有近5000平方米的社团专用场地，覆盖9100余名全体在校生、560余名全体教师，每周三下午固定时间全院开展社团活动，确保人人进社团，充分发挥"第二课堂"功效，促进"第一课堂"质量提升。学院将学生参加社团情况及参与金秋艺术节等美育实践活动情况纳入学业要求和人才培养方案，引导学生崇尚劳动之美、发扬工匠之美。

坚持以劳为基。学院大力弘扬劳模精神、劳动精神、工匠精神，构建起学校、家庭、社会三位一体的劳动教育共同体，依托校内4000平方米劳动教育实践基地，构建"3+1+1"劳动教育体系——"3"即开设校内3门劳动必修课

（劳动素养课、劳动实践课、生产实习课）；前"1"即强化家庭劳动培养；后"1"即开展社会劳动实践（劳动进社区、劳动进养老院、劳动进福利院），建立"技能献社会"劳动服务长效机制，将劳动精神纳入人才培养全过程，呈现出"自己的事情自己做、校内的事情积极做、家里的事情主动做、社会的事情热心做"的良好态势。

大力推进心理健康教育，学院建有心理健康发展中心，开设满足不同功能的心理咨询室，提供专业的心理咨询服务，助力学生形成认知合理、情绪稳定、行为适当、适应变化的完好心理状态。

学院实施"311"五育测评机制，即三天测评， 天总结反思， 天反馈。学院建有学生综合素质测评中心，严把"入口关"，即招生时测评，保障生源质量；严把"过程关"，即过程测评、重要节点测评、在校跟踪测评，掌握学生在校学习生活质量，确保全覆盖；严把"出口关"，即顶岗实习前测评，保障企业用工质量。学生毕业时，带着五育成绩单和毕业作品去面试，以五育成绩取代单一智育成绩，以注重综合能力取代唯分数论。

学院以思想政治教育为中心点，向学院各项工作、各个环节、各个模块发散、辐射、发力，将思想政治教育全方面融入学生培养全过程，以思政促教学、以思政促管理、以思政促实践，探索出一条以思想政治教育为核心，百业全向发力的工作路径。

三、校园文化建设工作成效及展望

通过"大思政"格局为纲、"四史教育"为魂、"以点带面"为径的思想政治教育与校园文化建设全方位布局、广覆盖辐射、强纵深落实，天津市机电工艺技师学院的学生在三观树立、法律意识、职业精神、健全人格、公共参与等各方面都体现出明显的改善与进步。学院党委的高度重视，使得机电工艺技师学院切实掌握了思政育人的主动权。

加强中职学生的思想政治教育工作，提升思想政治工作水平，在中等职业院校中具有十分重要的意义。在学校这个学生学习生活的主阵地，我们有必要、有责任、有义务加强思想政治、道德文化建设，营造良好的校园文化氛围，充分发挥其调适、导向的育人功能。学校要进一步提高教育质量，培养学生健康人格、优良品德，思想政治建设水平提升势在必行。进一步做好中职院校思想政治工作，必将需要更加坚定的决心、更加深入的用心、更加十足的信心，从细处着眼、小处着手、实处着力。

一是从细处着眼，发挥校园文化建设润物无声的优势。整体布局的搭建打下了坚实的基础、构筑了牢固的框架，下一步，应当进一步提升精细化管理水平，着眼于"早""小""少"等环节。例如，充分发挥学生干部的作用，学生干部最贴近学生群体，沟通更为顺畅，可以着重优先加强对学生干部的思想政治教育，提升其政治理论素养和思想认识水平，使学生干部发挥出"一线战斗堡垒"的作用，以点带面、以少带多，让一部分人的精神世界先丰富起来，思想认识水平先提高起来，政治理论素养先培养起来，再带动身边人提升，协同共进。

二是从小处着手，力争校园文化建设工作在校园内人人可为。思政育人是头等大事，但必须从小处着手，寻找推动工作的抓手、着力点，不要让育人工作悬在半空、高高在上，应当使其落地，成为人人皆可参与、人人皆可贡献力量的一份工作。校园文化建设工作也从来不是独立的工作，从生态环境打造到人文环境塑造，从教育教学教研到课余活动、兴趣小组，从学校、课堂内的时间到校园以外、"8小时以外"，从理论文化知识到实训实践，校园文化建设工作应当是融入其内、贯穿其中的，每一堂课、每一次活动、每一场会议、每一轮实训等，都能成为校园文化建设工作的着力点。这些"小"的方方面面，正是"大思政"得以布局的源头、契机和动力。

三是从实处着力，避免形式主义和"假大虚空"。虽然校园文化建设工作的出发点在于思想意识，但落脚点在于引导行为。校园文化建设工作应当与教学、生产、生活等紧密结合，力争意识与物质、认识与实践相统一，将思政育人工作的成效彰显在看得见、摸得着的方面。马克思主义哲学的精妙之处之一，在于其实现了实践基础上的科学性和革命性的统一。校园文化建设工作绝不能脱离实践这一重要基础而凭空想象，更不能脱离实践这一重要基础而成为空中花园。校园文化建设工作做得好不好，绝不仅仅是绿化做得好不好、卫生搞得净不净、口号喊得响不响，思政育人成效才是检验标准。好的校园文化建设工作，应当是以思政育人为基础，经得起实践检验，又反过来可以指导实践，并且能够在实践中进一步提升的。

大学生维护文化安全的五重使命
——基于习近平总书记关于文化安全的重要论述
无锡职业技术学院马克思主义学院　赵癸萍

摘　要：习近平总书记关于文化安全的重要论述，奠定了文化安全在总体国家安全观中的保障地位，也框定了大学生维护文化安全的核心使命。大学生需履行增强文化自信和价值观自信、构筑精神支柱，弘扬中华优秀传统文化、强化民族基因，推进文化大繁荣大发展、夯实产业基础，掌握文化交流交融交锋的主动权、优化国际环境，抵御不良文化侵蚀、铸牢阵地盾牌五重使命，构建多维立体的文化安全观念，接力奋斗社会主义文化强国和中华民族伟大复兴的宏大事业。

关键词：文化安全；总体国家安全观；意识形态；话语权

文化作为民族的血脉和人民的精神家园，维护文化安全与党、国家和民族的生死存亡、繁荣昌盛命运相连，更关乎人民群众美好精神生活需要的满足，是国家安全的灵魂。习近平总书记以高度的系统思维和战略眼光，将文化安全作为总体国家安全观的重要组成部分和重要保障，要求："必须坚持总体国家安全观，以人民安全为宗旨，以政治安全为根本，以经济安全为基础，以军事、文化、社会安全为保障，以促进国际安全为依托，走出一条中国特色国家安全道路。"面临经济社会转型、多元文化良莠激荡、世界文化交流交融交锋、西方价值渗透日盛的复杂局势，大学生们思想观念活跃、文化需求旺盛、价值观念尚未定型、鉴别能力较弱，既是文化安全教育的首要对象，也是保卫文化安全的中坚力量。大学生维护文化安全，具有构筑防范和化解意识形态风险精神堡垒、汇集社会主义文化强国建设精神力量、凝聚中华民族伟大复兴价值支撑的多重时代价值。因此，将习近平总书记关于文化安全的重要论述作为理论依据，层层剖析大学生维护文化安全的使命与担当，以大学生群体为中坚力量筑牢国家安全的精神堡垒和思想基石，既是大学生国家安全教育的基本要求，更是大学生思想政治教育的内在要求。

一、筑精神支柱：增强文化自信和价值观自信

文化自信，是一个国家、民族或政党对自身文化价值的充分肯定，对自身文化生命力的坚定信念，首要特质是在文化认同和情感归属基础上，对自身文化价值观念保持高度肯定和信心，而文化的灵魂和根本就是贯穿于其中的理念、思想、价值和精神，也就是价值观。价值观主导着文化是非、善恶、美丑的评价标准，引导着文化的向心凝聚、高度认同和创新创造，在文化体系中居于统摄支配地位，是文化的本质规定、力量源泉和特色魅力之所在。由此，文化的核心是价值观，文化自信的核心是价值观自信。"核心价值观承载着一个民族、一个国家的精神追求，体现着一个社会评判是非曲直的价值标准。"

文化自信和价值观自信，有着最基本、最深沉、最持久的力量。一位哲学家曾这样比喻：政治是骨骼，经济是血肉，文化是灵魂。文化作为一种精神力量，在社会生活中发挥着精神指引和力量驱动作用。其一，文化自信的力量最基本，以价值观为核心的文化力量总是用"随风潜入夜、润物细无声"的方式，融入经济、政治、社会等各种力量之中，做经济发展的"助力器"、政治文明的"智慧库"、社会和谐的"强力胶"、生态文明的"导航仪"。其二，文化自信的力量最深沉。以价值观自信为核心的文化自信可能看不见摸不着，但无时无刻不体现在人的思维和行动中，为每个人提供精神支柱和价值规范，为整个社会团结一心提供精神纽带。其三，文化自信的力量最持久。全社会共同认可的核心价值观，是一个民族和国家最持久、最强劲的力量。"文化自信是更基础、更广泛、更深厚的自信，是一个国家、一个民族发展中最基本、最深沉、最持久的力量，没有高度文化自信、没有文化繁荣兴盛就没有中华民族伟大复兴。"中华民族历经磨难但文明始终延绵壮大、展现蓬勃生机，其重要原因在于中华优秀传统文化凝练的中华文化价值观的生命力和创造力。

文化自信是文化安全的内在支柱，文化安全则是文化自信的外在保障，两者内外结合、须臾不离。正是基于文化自信与价值观自信在文化中的核心地位和关键作用，大学生维护文化安全，首要使命是增强文化自信和文化价值观，筑牢精神世界的价值支柱。

第一，以理想信念教育为重点，接力全社会共同的奋斗目标。理想信念是共产党人精神上的"钙"，更是大学生成长的强"心"剂。共同信念是文明不可或缺的支柱，当信念的力量完全消失，一切上层建筑就会迅速土崩瓦解。大学生要用马克思主义理论，尤其是习近平新时代中国特色社会主义思想武装自

己的思维世界，坚持共产主义的远大理想和中国特色社会主义共同理想有机统一。一百年来，党团结带领中国人民开展的一切奋斗、牺牲、创造，都围绕一个主题：实现中华民族伟大复兴。中华民族伟大复兴的历史接力棒终将托付给青年，必将在代代青年的接力奋斗中从梦想变为现实。新时代的大学生要以实现中华民族伟大复兴为己任，增强做中国人的志气、骨气、底气，用理想信念灯塔照亮文化安全的前行之路，用共同奋斗的汗水奠定文化自信的缤纷魅力。

第二，培育弘扬社会主义核心价值观，融贯全社会共同的价值追求。社会主义核心价值观是中国特色社会主义文化的价值凝练和追求，发挥着"中轴作用"，是大学生健康成长的坐标轴和导航仪。大学生正处于人生的拔节孕穗期，"青年的价值取向决定了整个社会的价值取向"，抓好世界观、人生观、价值观这个总开关，扣好价值观的"人生第一颗扣子"，才能为自身健康成长提供正确的思想导向和行为方向，将青春梦的奋斗方向汇入中国梦的宏大历史潮流。从认知层面看，大学生要高度熟识、主动认同社会主义核心价值观的基本理念和价值原则，用其校准自己的世界观、人生观、价值观和行为选择。从实践养成看，大学生需将社会主义核心价值观转化为日常生活中的点滴行为，内化为精神追求、外化为实际行动，"贵在坚持知行合一，坚持行胜于言，在落细、落小、落实上下功夫"，通过"力行"而达"至善"。从舆论环境看，大学生要善于用社会主义核心价值观评判社会热点、社会热潮、网络舆情，对于"一些人价值观缺失，观念没有善恶，行为没有底线，什么违反党纪国法的事情都敢干，什么缺德的勾当都敢做，没有国家观念、集体观念、家庭观念，不讲对错、不问是非、不知美丑、不辨香臭、浑浑噩噩、穷奢极欲"等负面现象，大学生心中要有理性正确的判断、不随波逐流的定力、行为选择的戒尺，实现独善其身且兼济天下的价值追求。

第三，以大历史观为思想武器，汲取全社会共同的思想滋养。历史是最好的教科书，也是青年成长最丰富的精神营养剂。大学生要认真学习党史、新中国史、改革开放史和社会主义发展史，用马克思主义历史观武装自己的头脑，学史明理、学史增信、学史崇德、学史力行。坚决抵制历史虚无主义思潮，坚决反对任何歪曲、丑化、篡改党的历史的错误倾向，坚决打击各种抹黑民族英雄与革命烈士的卑劣行为，莫叫英雄烈士流血又流泪。大学生要以党史学习为重点，挖掘中国共产党人精神谱系的生动故事、光辉事迹和伟大成就，继续弘扬光荣传统、赓续红色血脉，永远把"坚持真理、坚守理想，践行初心、担当使命，不怕牺牲、英勇斗争，对党忠诚、不负人民"的伟大建党精神继承下去、发扬光大，为广大青年提供更加有力的精神指引。

二、强民族基因：弘扬中华优秀传统文化

在 5000 多年的历史长河中，无数中华儿女辛勤劳作、拼搏奉献，创造了源远流长、博大精深的中华优秀传统文化，已汇聚为"中华民族最基本的文化基因"，是中华民族"有别于其他民族的独特标识"。中华优秀传统文化是中华民族固本培元、永续创新的思想根基与精神胶水。从"民族之根"角度看，中华优秀传统文化是中华民族独特的精神标识，经过历史的积淀和传承，已内化为全民族普遍认同的精神血脉和文化标识，是民族凝聚力和向心力的主要源泉，是中华民族的根与魂，是最深厚的国家文化软实力，也是中国特色社会主义蓬勃发展的沃土，更是文化自信的力量源泉。中华民族在历史上多次面临亡国灭种之绝境，最终能浴火重生傲立于世，其根本原因之一，就在于中国人民对以儒家文化为核心的中华文化有着强烈的民族认同，成为巩固总体国家安全的固有优势和文化根基。在中华民族伟大复兴的历史征程中，中华优秀传统文化中的思想观念、人文精神、道德规范、意志品质等不仅承载着先哲们的智慧精髓，更是当代中国人滋养精神世界、提振精神力量的源头活水和不竭动力。从"安全之本"角度看，中华优秀传统文化是维护文化安全的坚实堤坝。维护文化安全，从根本上说是维护国家、民族的价值观和生活方式，维护自己的优秀传统文化。一个国家、民族保持其优秀传统文化不被他国外族侵袭或同化，既是实现文化自觉和文化自信的核心要求，更是衡量文化安全的关键指标。一旦本国、本民族的优秀传统文化遭到毁灭性破坏，也就意味着亡国灭种的危机近在眼前。抛弃传统、丢掉根本，无异于割断了自己的精神命脉。

大学生需要从国家文化安全视角，深入挖掘温润而隽永的中华优秀传统文化精神要旨，用中华优秀传统文化的思想精髓滋养成长成才全过程。

第一，参加课程学习，提升中华优秀传统文化掌握的系统性。目前学校通过语文课、思想政治理论课、课程思政、公选课等多种课程载体，深入挖掘各类课程和教学方式中蕴含的思想政治教育资源，用中华优秀传统文化做立德树人、培根铸魂的重要资源。比如高校大学语文必修课，不仅具有提高学生的阅读和表达能力的现实作用，更是引导大学生理解、感受与传承中华优秀传统文化永恒价值、守护中华民族精神血脉的宝贵资源。大学生要积极主动参加各类中华优秀传统文化课程学习，跨越文言文阅读关，主动涉猎和研读哲学、历史、文学等各类传统文化典籍，取其精华，去其糟粕，用"天下兴亡、匹夫有责"的爱国主义担当、"四万万人齐下泪，天涯何处是神州"的民族危机感去润心启智、修德报国，确立"为天地立心，为生民立命，为往圣继绝学，为万世开太

平"的高远视野和宏大抱负,将个人命运与国家民族命运紧紧联系起来,将个人聪明才智奉献到中华民族伟大复兴的历史使命之中。

第二,融入校园文化,提升中华优秀传统文化体验的丰富性。目前,学校在校园文化建设中凸显中华优秀传统文化,已是普遍做法和基本特色。大学生可以通过多种校园文化活动,亲身参与中华优秀传统文化宣传与教育,深入体验其思想魅力和艺术之美。例如,参观学校图书馆、档案馆、宣传栏的中华优秀传统文化宣传展板,观看传统文化纪录片或"高雅艺术进校园"展演活动,感受戏剧、剪纸、泥塑、国画、古琴等的清音雅韵与高尚情操。参与春节、元宵节、清明节、端午节、中秋节、重阳节等传统节日庆祝活动,举办传统美德传承主题班会,优化传统节日的时代内涵和庆祝仪式。参加学校组织的国学经典诵读、传统文化知识竞赛、征文比赛、国学沙龙、书法国画大赛等,让传统文化口口相传、入脑入心。大学生通过积极参与校园传统文化传承,将传统文化融入日常生活之中,从而增进自身的情感认同和心理内化,更好发挥中华优秀传统文化的价值导向和道德浸润作用。

第三,参与社会实践,提升中华优秀传统文化育人的实效性。大学生积极参观承载传统文化的档案馆、博物馆、历史文化遗址等社会实践基地,增加对历史人物和传统文化的了解。选择以弘扬传承中华优秀传统文化为主题的"三下乡"社会实践活动,探访本地非物质文化遗产、古村落等历史文化资源,开展对本地文化名人的研究、纪念活动等,让传统文化走进大学生活。积极组织开展以传承中华优秀传统文化为主题的社会志愿活动,例如传统文化进社区、关爱留守儿童和孤寡老人、开展传统文化社区展演活动,在亲身实践中发扬守望相助、扶老爱幼等中华传统美德,实现中华优秀传统文化育人价值的行动转换,提升育人的实效性。

第四,赋予时代内涵,提升中华优秀传统文化传承的创新性。实现中华优秀传统文化的创造性转化和创新性发展,让传统文化绽放时代光彩,既是激活中华优秀传统文化生命力的内在要求,也是大学生的时代责任。近年来河南广播电视台凭借传统文化加现代科技的手法,将"中国节日"穿珠成链,接连推出清明、端午、中秋奇妙游等系列节目,涌现出《唐宫夜宴》《洛神水赋》等诸多"炸圈"顶流国风作品,生动揭示了中华优秀传统文化破圈爆红、广受赞誉的"创新密码"。大学生可以通过设计创新、技术创新、传播方式创新等多种方式,例如用虚拟现实技术重现历史场景,设计卡通历史人物,用动漫、漫画、手绘等方式讲述历史故事,用网络传播传统文化及其文创产品等,让历史人物更加鲜活、文物里的故事更为饱满,实现中华优秀传统文化的"年轻化""现代化""普及化"。大学生成长为传播中华优秀传统文化的新鲜力量和主力军，中华优秀传统文化才能一代又一代地健康传承、繁荣发展。

三、夯产业基础：推进文化大繁荣大发展

现代文化产业涵盖了新闻出版、广播影视、图书音像、科技教育、网络运营、文学艺术、旅游休闲、娱乐游戏等各个领域，涉及日常生活的方方面面。依托于各种传播载体的文化产业，不仅是国家经济发展的重要组成部分，由于文化产品兼具意识形态属性，发展文化产业也成为精神文明建设的重点。任何一种文化产品都内含着一定的价值观念，人们在消费一定文化产品的同时也在消费和感受一种文化。这就使文化产品成为价值观的载体，其影响远胜于单纯的经济利益。当一国人均国内生产总值（GDP）超越1万美元时，该国的文化娱乐消费需求将呈现爆发增长态势。20世纪70年代末80年代初，美国人均GDP突破1万美元，随之而来的好莱坞大片、计算机芯片、快餐薯片等"美国三片"迎来了大发展时代，给我国文化产业发展提供了鲜活启示。2019年我国人均GDP突破1万美元，2020年达到1.04万美元，实现了新跨越，人们的精神文化需求越来越旺盛。我国文化领域精品力作不断涌现，从大片《战狼2》《金刚川》《流浪地球》《你好，李焕英》《长津湖》到热剧《人民的名义》《山海情》《觉醒年代》，2020年全国制作发行电视剧202部，7476集，年产量高居世界第一，生产电影650部，排名世界第二。以电影市场为例，截至2021年11月25日，《长津湖》票房达到56.95亿元，夺得中国电影市场票房冠军，并占据2021年全球票房冠军。2021年三部中国影片跻身全球票房榜前五位，大大改写了电影市场由美国垄断的传统格局，展示了我国文化繁荣发展的强劲实力。

大学生只有推进文化大繁荣大发展的时代潮流，创造出更多展现我们伟大时代精神的精品力作，使其具有巨大的吸引力和强劲的传播力，才能夯实维护文化安全的牢固基础，构建起抗衡西方文化输出的精神堤坝。

第一，提升综合素养，为文化发展培质。大学生要深刻认识德智体美劳全面发展对维护国家文化安全的重要作用，为传承弘扬中华优秀传统文化和社会主义核心价值观贡献力量。德育方面，大学生要自觉树立"请党放心、强国有我"的时代责任感，牢固树立文化安全意识，对西方文化输出保持清晰头脑，主动维护我国主流意识形态的权威，用社会主义核心价值观戳破西方文化输出的虚幻价值。智育方面，大学生主动学好科学文化知识和专业技能，锻造好技能报国、创新兴国、文化强国的"硬实力"。体育方面，"欲文明其精神，先自野蛮其体魄；苟野蛮其体魄矣，则文明之精神随之"，大学生要积极强身健体，

成就精神文明的稳固基础。美育方面，大学生要充分学习和感受博大精深的中华优秀传统文化、刚健激越的革命文化、奋进勃发的社会主义先进文化，用中国特色社会主义文化筑牢文化自信根基，确立广泛吸收人类优秀成果的博大胸襟与妥善应对西方价值输出的文化自信，成长为具备良好审美品位和丰盈精神世界的人。劳育方面，大学生要确立"劳动最光荣、劳动最崇高、劳动最伟大、劳动最美丽"的观念，通过劳动创造美好生活、实现人生价值，树立正确的价值观和职业观，也是增强青年价值观自信的重要渠道。

第二，培养文化人才，为文化传承储才。大学生既要通过综合素质的提升，奠定文化发展的基础，更要通过多种渠道培养自身文化传承能力，做文化大繁荣大发展的储备人才和后备力量。大学生首先要确立人民情怀，将人民需要作为文化创造与传承的根本价值导向。"人民是文艺创造的源头活水，一旦离开人民，文艺就会变成无根的浮萍、无病的呻吟、无魂的躯壳。"此外，大学生可以从小树立文学梦、艺术梦、创意梦、导演梦、记者梦、演员梦等，将投身文化领域、成为德艺双馨的艺术家作为自己的职业梦想。大学生可以选择文学艺术、新闻出版、广播影视等作为自己学习的专业或第二专业，加大文化人才培养力度。大学生可以通过学校的广播站、艺术团、新闻中心、报社、文化社团等校园社团培养自己的兴趣爱好与艺术特长，为投身文化产业储备专业基础和精神滋养。大学生还可通过信息技术、"互联网+"、大数据、虚拟现实技术等高新技术，创新文化产业，将自己培养成既懂中华文化，又懂先进技术，还能实现文化转化的复合人才，摆脱技术上受制于人的困境，抢占文化发展先机。

第三，打造文化品牌，为文化腾飞助力。现代社会，品牌不仅是一种商品价值的标识，更是以文化为核心的综合效益的表征。例如世界著名娱乐品牌迪士尼，2019年以570.07亿美元的品牌价值位列全球品牌价值榜第17名、全球娱乐品牌榜第1名，但比其商业价值更卓著的是其文化影响。它已演变为美国文化的重要组成部分，多数美国人都由迪士尼卡通人物陪伴长大。迪士尼的出现和兴起源于美国文化，它的兴衰命运也必定和美国经济、美国文化共起落。品牌的文化价值越大，其市场竞争力就越强。此外，从文化产业的国际发展而言，不断打造具有竞争力的文化品牌，参与国际竞争，是文化产业发展的必然趋势。可口可乐、麦当劳、好莱坞、微软、苹果、惠普、索尼……这些国际知名品牌都承担了产品形象代言和国家文化产业实力象征的双重功能。因此，大学生应该早早确立文化品牌意识，致力于用专业知识、科技手段、文创理念打造突出民族特色、展现民族风采的文化品牌，让中华文化走向世界，在世界文化博弈与价值观战争中占据优势地位，让中国之美被世界认可。

四、优国际环境：掌握文化交流交融交锋的主动权

推动中华文化走向世界，在世界文化交流交融交锋中掌握主动权，是维护文化安全的路径选择。任何一种文化都不能闭关锁国，良性交流互动才是文化健康发展的重要动力。"文明因交流而多彩，文明因互鉴而丰富。文明交流互鉴，是推动人类文明进步和世界和平发展的重要动力。"对外文化交往是实施政治影响的重要途径，也是对其他社会进行经济渗透的催化剂。不擅长向其他社会输出本国文化的国家，将在国际影响力争夺中处于劣势。国外文化活动的增强或减弱，也是本国国家实力强盛或者羸弱的现实表现。"远人不服，则修文德以来之"，中华民族早就懂得"观乎人文，以化成天下"的力量，以理服人、以文服人、以德服人，是中华文化的生存特性和独特禀赋。中华文化要在纷繁复杂的国际竞争中保持独立自主，必须在练好内功的基础上主动参与国际文化交流，扩大中华文化的国际影响力。推动中华文化走向世界，让世界了解真实的中国、立体的中国、繁荣的中国，是新时代塑造中国形象、展示中国风貌的必然选择。

在文化交流交锋交融的时代背景下，大学生只有确立中华文化走向世界的理念，才能在国际舞台上维护好中国形象，营造能够保障文化安全的国际环境。

第一，构建文化命运共同体，倡导兼收并蓄的文化交流。"万物并育而不相害，道并行而不相悖"是中国文明的和谐之道，"一花独放不是春，百花齐放春满园"是中国对世界文化前景的美好期盼。人类命运共同体必然包括文化命运共同体，倡导人类的共同利益，主张不同文明在竞争中取长补短，在交流互鉴中共同发展。"人类只有肤色语言之别，文明只有姹紫嫣红之别，但绝无高低优劣之分。认为自己的人种和文明高人一等，执意改造甚至取代其他文明，在认识上是愚蠢的，在做法上是灾难的！如果人类文明变得只有一个色调、一个模式了，那这个世界就太单调了，也太无趣了！"构建人类命运共同体，就是要将人类社会打造成一个由多种文化构成的相互尊重、平等和谐的文化共同体，以增进多元文化的互相沟通、兼收并蓄，实现"各美其美、美人之美、美美与共、天下大同"的文化理想。大学生既要具备全球视野、在文化交流中互学互鉴，积极吸收人类发展历程中的一切优秀文明成果，也要尊重他国文明，用平等谦逊的态度对待异质文化，更要兼收并蓄中坚持自我，保持中国特色社会主义文化的独立性，把文化发展的主动权牢牢掌握在中国人自己的手中，实现中华文化的民族性与世界性的统一。

第二，坚持内容为王，做好中华文化内涵阐释和宣传。当今文化发展，创意取胜，内容为王。文化内容是构成文化软实力的关键要素。要讲好中国故事，就必须对中华文化的内容做深入细致的研究，将其所蕴含的思想特质和精神追求展示出来，并通过通俗的语言和优化的表达方式传递给受众。中华文化内涵阐释，重点做到四个"讲清楚"，即讲清楚每个国家和民族历史传统、文化积淀、基本国情存在差异，发展道路有自己的特色；讲清楚中华文化积淀着民族最深沉的精神追求，是民族发展的丰厚滋养；讲清楚中华优秀传统文化是民族的突出优势和最深厚的文化软实力；讲清楚中国特色社会主义植根文化沃土、反映人民意愿、适应时代要求，有着深厚历史渊源和广泛现实基础。大学生以历史为起点，将中华优秀传统文化的发展脉络及其蕴含的思想观念、人文精神和道德规范理清楚、讲清楚，是讲好中国故事的重点任务。以现实为依据，用抗击疫情、脱贫攻坚、高铁基建等彪炳史册的人间奇迹，讲好中国革命、建设和改革进程中形成的革命文化和社会主义先进文化，向世界展示中国特色社会主义的繁荣密码。超越具象文化，改变国外民众对中华文化等同于武术、美食、京剧等具象文化的狭隘认识，更生动和深刻地展示中国价值观念，让全人类共同价值受到更加普遍的关注和认可。

第三，拓宽传播渠道，加强国际传播能力和话语体系建设。大学生要认识到，好的话语既能清楚表达说者意愿，更能让听者有效接收、深度认同，尤其在不同文化背景的沟通中，恰当的话语表达对文化传播至关重要。要转变我国在国际传播中有理说不出、说了传不开的被动境地，扭转中国形象"他塑"的尴尬局面，就必须增强中国故事的亲和力和传播力，以"讲好中国故事、中国共产党故事，传播好中国声音，阐释好中国特色"为努力方向，打造国外受众喜闻乐见的对外话语体系。大学生需要学好英语和传播学等专业知识，学会运用"抖音"等国际流行网络传播工具，掌握国际传播的基本能力，通过短视频、微博、微信等新媒体向世界展示中国改革开放的巨大成果，展示中国特色社会主义的生机和活力。大学生还可以通过参加民间的对外文化交流活动，参加年会、博览会、论坛、学术会议、访学项目等，积极利用中西面对面交流机会，向世界各国展示中华文化魅力。

五、铸阵地盾牌：抵御不良文化侵蚀

改革开放尤其是十八大以来，我国经济持续快速发展，人民生活水平普遍提升，人们对美好精神生活的需求也在不断强化，我国意识形态领域形势发生全局性、根本性转变。然而，随着改革开放和社会主义市场经济持续推进，一些不良思想文化开始抬头并快速蔓延。在国内，损公肥私、以次充好、混淆是非等现象屡见不鲜，舍小家为大家的奉献精神遭到嘲讽，"炫富""躺平""佛系""丧"等思想有一定青年市场。在国外，"中国威胁论""中国崩溃论"等"唱衰"中国论调不绝于耳，"普世价值"、历史虚无主义、宪政民主等错误思潮，不断变换形式否定中国特色社会主义制度、抹杀中国共产党的功绩……长此以往便造成了部分青年群体出现文化自信减弱与缺失的局面，冲击社会主流价值，败坏社会主义的精神风貌，削弱社会主义的凝聚力和影响力。

面对不良文化的多方面侵蚀，大学生要从被动的文化接受者角色，转化为积极的文化参与者和创造者角色，铸造坚不可摧的思想文化阵地，用先进的中国特色社会主义文化防范和抵御不良文化侵蚀。

第一，牢牢掌握意识形态工作领导权。大学生要高度重视意识形态建设的战略地位。"意识形态工作是党的一项极端重要的工作。"意识形态工作的领导权、主导权和话语权，与党的前途命运、国家长治久安、民族凝聚力和向心力都紧密相连，任何时候都不能旁落。大学生要始终坚持马克思主义在意识形态领域的指导地位，在理想信念、价值理念和道德观念上与党和人民紧紧团结在一起，巩固全党全国人民团结奋斗的共同思想基础。加强理论武装，学好马克思主义理论，尤其是习近平新时代中国特色社会主义思想，从学理上、实践上、情感上旗帜鲜明地批驳各种错误思潮，澄清质疑改革开放、质疑中国特色社会主义、否认中国共产党的错误言论，帮助广大人民群众明辨是非、坚定信念。始终坚持正确的舆论导向，在社会舆情喧嚣中保持理性分析和思考能力，敢于坚持真理传播正能量，不被去中心化的信息飞沫淹没、带偏。大学生还要确立正确的金钱观、成功观和偶像观，以袁隆平、吴孟超、钟南山、张桂梅等民族脊梁、道德模范和德艺双馨的艺术家作为自己的优质偶像，抛弃颜值、多金等肤浅偶像标准，理性追星。

第二，强化文化法治意识。法治建设是维护文化安全的重要制度环节，是维护人民基本文化权益的有效手段，也是全面依法治国的题中之义。法制化的稳定性、明确性、强制性可以为国家文化发展和维护人民群众合法文化权益提供有力支撑。经过40多年的文化体制改革，我国已经颁布实施了包括文化遗产保护、公共文化服务、文化市场管理、知识产权保护等在内的一系列法律、法规，为推动文化管理法制化搭建了基本框架，如《中华人民共和国文物保护法》《中华人民共和国著作权法》《中华人民共和国公共文化服务保障法》《中华人民共和国电影产业促进法》等。此外，《中华人民共和国宪法》《中华人民共和国国家安全法》《中华人民共和国反恐怖主义法》《反分裂国家法》《中华人民共和国反间谍法》《中华人民共和国网络安全法》《中华人民共和国香港特别行政区维护国家安全法》等法律制度的颁布，也为总体保障国家文化安全、打赢意识形态保卫战提供了强大的法律支持。大学生要树立强烈法律意识，自觉遵循相关法律规范，既不发布违反文化法律的相关观点、言论或作品，也要善于运用法律武器，与不良思想文化做斗争，例如积极举报丑化英烈的言论或行为，举报淫秽、色情、赌博、暴力、凶杀、恐怖或者教唆犯罪的低俗腐朽思想内容，共同构建弘扬主旋律、展现正能量的优质文化生态。

第三，构建清朗网络空间。当前网络"毒素"依然存在，网络沉迷痛心疾首、网络谣言屡禁不止、网络暴力屡见不鲜、网络诈骗防不胜防、网络"饭圈"乱象频现。互联网是意识形态斗争的主阵地、主战场、最前沿，要健全互联网领导和管理体制，坚持依法管网治网，营造清朗的网络空间。作为互联网时代的"原住民"，共建绿色网络空间的接力棒已经交到当代青年手上，维护网络文明与安全是当代青年义不容辞的责任。大学生要理性认识电子竞技职业与网络游戏沉迷的本质差别，切不可将电子竞技为国争光作为自己沉迷网络游戏的借口。要深刻认识网络谣言对国家政治安全、网络安全、青少年健康成长的巨大危害，切实提高对网络谣言的发现能力、比较能力、辨识能力、确证能力和抵御能力，最终能够及时妥善洞察、应对、遏制网络谣言的产生与蔓延。要深刻认识网络暴力往往通过网络发布违背人类公德底线和传统价值观的观点，对当事人名誉、权益和精神造成损害，是社会暴力在网络领域的延伸，往往伴随侵权行为和违法犯罪行为，需承担相应的法律后果，大学生要予以坚决抵制。大学生要提高安全防范意识，及时识破虚假爱心传递、热门节目"中奖"、网络交友陷阱、网络钓鱼诈骗、校园网络"裸贷"等骗局，切实保障自身经济安全，避免心理与精神受创。大学生更要理性追星，不参与明星粉丝团、后援会等组织，禁止"饭圈"粉丝互撕谩骂、拉踩引战、造谣攻击等各类有害行为，避免对粉丝群体产生不良诱导甚至鼓励滋事，不参加粉丝消费和应援集资行为。大学生要共同把谣言、欺诈、诽谤、恶性竞争和网络暴力驱逐出去，给网络活力护航，为网络正气撑腰，让网络天地变得清新清朗，让网络生态更加优质。

大学生维护文化安全的五重使命中，增强文化自信和价值观自信意在构筑精神支柱，是维护文化安全的核心支柱；弘扬中华优秀传统文化意在赓续中华民族亘古流传的精神基因，是维护文化安全的历史精华；推进文化大繁荣大发展旨在夯实文化产业基础，是维护文化安全的产业根基；掌握文化交流交融交锋的主动权旨在优化国际环境和国际形象，是维护文化安全的外部环境；抵御不良文化侵蚀旨在铸造社会主义文化阵地，是维护文化安全的思想盾牌。文化安全的构成越来越丰富，其格局也在不断变化发展之中，大学生维护文化安全也将内容常新、动态更新、永续创新，"永远在路上"，才能担当起建设社会主义文化强国、实现中华民族伟大复兴的时代使命。

第六编 06 其他

职业教育高质量发展的难题与对策

河南工业职业技术学院　王旭

摘　要：习近平总书记关于职业教育的重要论述，是我国职业教育高质量发展的根本遵循，探讨职业教育高质量发展面临社会认可度不高、人才供需矛盾突出、专业与产业匹配度低、毕业生就业稳定率低、师资队伍建设不足等方面的难题，从坚持党的领导、建立高水平现代职业教育体系、培养工匠精神、变革理念与机制、提升毕业生就业稳定性和加强师资队伍建设等方面探索推进职业教育高质量发展的对策。

关键词：职业教育；高质量发展；难题；对策

职业教育是最近备受关注的社会话题，也承载了今天社会的真实需求。在中国，职业教育的发展是不断变化的，由于社会经济发展和产业升级，对人力资源的要求提高，为了能够培养出足够多的中高级技能人才，传统的人才观正在发生变化。职业教育领域正在发生新变化、产生新面貌，但办好职业教育的要点和基本规律是清晰的。党的十八大以来，习近平总书记高度重视职业教育，其重要论述和指示精神指明了职业教育的战略地位、发展目标、核心任务和实施路径，揭示了职业教育的本质，为我国职业教育高质量发展提供了根本遵循。当前，应对世界百年未有之大变局，实现中华民族伟大复兴，需要深入探索职业教育发展道路，探讨职业教育面对的问题与挑战，把加快推进职业教育高质量发展摆在更加突出的战略位置。

一、职业教育高质量发展面临的难题

（一）职业教育社会认可度不高

职业教育的自身特点决定了其在诸多社会问题的解决上发挥着至关重要的作用。当前，虽然政府大力推行职业教育，但其发展依然不尽如人意，呈现出"重要却不受欢迎"的窘境。其独特且不可替代的地位尚未得到社会的真正认可，具体表现在民众接受职业教育的意愿不强、职业院校自身吸引力不足、企业对职业院校毕业生满意度不高、媒体对职业教育正面关注力度不够等方面。受传统观念的影响，职业教育常常被等同为单纯体力劳动，被污名化为缺乏理性成分、纯粹依赖经验、简单复制技能动作的过程。各地"强制"分流忽视了教育发展情况、家长学生意愿等因素，通常以中考、高考成绩为准，违背了普通教育与职业教育的类型定位，损害教育公平。职业院校生均公共财政预算教育经费支出的地区差异仍然较大，支撑职业教育事业发展的经费投入仍显不足，2014—2018年，高职专科学校与高等本科学校年生均拨款水平之间的差距均超过8000元。多地职业教育对经济发展态势不敏锐，在每次产业结构调整和优化升级的关键节点，职业教育反应迟缓，在专业设置和课程设计上不能及时做出调整。职业教育没有依据职业教育自身规律来设计人才培养路径，产生理论与实践相割裂的问题，拉低了职业教育质量。从1998年我国对高等教育实行并轨改革，取消统包统分制度后，职教吸引力急剧下滑，优质生源师资流失、就业优势削弱、社会声望下跌，这一局面至今没有较大改变。

（二）职业教育人才培养与市场需求矛盾突出

我国职业教育人才供需矛盾突出，集中体现在人才培养全过程中的难点与瓶颈。作为一种跨界的教育类型，强化职业教育社会价值的关键所在，是在人才培养过程中融入产业。一方面人才供给与劳动力市场需求长期严重脱节，我国职业教育缺乏一定的市场意识，对劳动力市场的需求认识不够深刻，职业教育具有一定的滞后性，在经济结构转型、产业格局调整、科学技术变迁的背景下，职业教育的专业建设和课程设置往往面向相对过时的社会需求，学校职业教育培养的人才可能会出现无法及时适应劳动力市场多样化需求的情况。在实践层面，职业教育产教融而不透、校企合而不深等问题突出存在，关于校企合作的推进机制和保障机制尚不完善，对于企业利益的补偿机制尚不健全。另一方面人才培养全过程缺乏产业思维导致严重脱节，人才培养规格不对接，对岗位所需职业能力的分析与凝练做得还不到位，课程结构设置不合理，课程体系对行业发展、职业变迁、岗位职责变化的回应不足，教学内容陈旧不更新，对产业转型升级、行业企业发展的跟随度低，无法及时传递前沿信息，教学内容对于实现综合育人，对接工作岗位、课程体系、职业技能大赛、职业技能等级证等方面做得还不到位，师资队伍素质不全面，教师教学能力、理论和实践教学经验不足，师资培训还没有达到预期效果，培养主体单一不多元，混合所有制产业学院难以落地，评价导向偏离不精准，很少参考企业的评价标准。

（三）职业教育专业与产业匹配度不高

如今，产教关系是职业教育改革发展的重要价值尺度，产教融合已经成为国家职业教育改革发展的基本战略。我国职业教育对产教融合已进行了数十年的实践探索，先后出台了《关于深化产教融合的若干意见》《国家职业教育改革实施方案》《国家产教融合建设试点实施方案》等文件，但是目前职业教育与产业仍是"两张皮"，职业院校专业设置与产业的匹配度不高。从产教不融合问题的表征来看，一是专业结构与产业结构不匹配，区域经济产业在新技术的加持下迅速转型升级，但职业院校的办学却相对滞后，专业设置落后于区域经济产业结构；二是职业院校的专业规模与产业规模严重脱节，职业院校集中开设某一种专业，造成区域专业型人才供给过剩，毕业生就业困难，专业规模过小，不足以支撑区域产业经济的人才需求；三是职业院校的专业水平不足以支撑区域产业经济的人才需求，多数职业院校还停留在传统的专业建设逻辑上，对专业的内涵发展、生产性实训、研发型校企合作的关注不够，进而，职业院校的专业不足以支撑区域经济产业的运行。专业产业匹配度不高是多重原因交互作用形成的问题，职业院校"封闭式"办学，专业建设信息的渠道不通畅，产业、企业对职业院校专业设置与调整的参与和指导不够，导致了一方面，在教育与产业之间，还有广阔的中间地带，其中劳动力市场是调节产业系统与教育系统的重要力量；另一方面，专业体系和产业体系之间的匹配和对应也不是一一映射的逻辑关系，往往是多个专业才能服务一个产业。

（四）职业院校毕业生就业稳定率低

就业既是经济发展问题，又是社会民生问题。职业教育是区别于普通教育的类型教育，以促进就业和适应产业发展需求为导向。毕业生就业质量是衡量职业教育办学质量的核心指标，而就业稳定性是就业质量的重要表征。然而近年来，职业院校毕业生的就业稳定性却不容乐观。根据麦可思《中国大学生就业报告》，虽然近年来高职高专学校毕业生就业率较高，保持在90%以上，但毕业工作与专业的相关度仅为62%左右，毕业三年内平均雇主数为2.4个，约50%的学生在毕业三年内转换了职业甚至行业。职业教育毕业生就业不稳定会带来多重危害，不仅影响个体当下的生活质量，更影响个体长期的职业生涯发展，最终会造成社会不稳定，而且阻碍我国经济发展和产业转型升级。缺乏稳定就业的职业教育毕业生群体，难以成长为能工巧匠、大国工匠，难以支撑我国从制造大国向制造强国的转型。职业院校毕业生更换就业单位甚至职业种类的原因在于，学生职业选择不理性，学生及家长的职业生涯规划意识也不强，专业选择盲目性较大，一些职业院校专业人才培养目标定位层次过低，指向专业化程度要求较低的工作，导致学生专业能力不够强，工作收入比较低，薪资缺乏吸引力，已经成为我国技术技能人才队伍建设的重要瓶颈，学历导向的人才评价机制造成学历而非技术技能水平成了影响个体职业发展的重要砝码，致使学生职业成长路径不畅，受传统儒家思想影响，"学而优则仕"的观念根深蒂固，技术技能人才的社会地位相对较低，社会对职业院校毕业生的尊重程度不够。

（五）职业教育师资队伍建设不足

尽管职业院校教师队伍建设取得了一定成效，但对比国家职业教育高质量发展对师资的要求，职业院校师资队伍建设仍然存在教师经济社会地位不高、专业化发展支持不够、工作成就感较低等突出问题。职业院校教师经济社会地位不高，与普通教育教师相比，职业院校教师工作压力大、待遇低，受我国招生制度的影响，职业院校学生普遍存在学习习惯差、行为习惯差、自我管理意识差等问题，职业院校教师面临更为繁重的学生管理压力，工作琐碎繁杂，从收入上看，职业院校教师福利待遇普遍低于普通院校教师。职业院校教师专业化发展的支持体系不完善，职业院校教师多为普通教育毕业生，动手实践能力不强，职业院校教师培养机构短缺，培训内容宽泛，缺乏针对性，内容上的供需错位导致教师参训积极性不高；培训专业有限，难以覆盖职业院校所有专业，存在部分学科教师重复培训、部分学科教师缺乏培训的不合理现象；教师培训时间缺乏统筹安排，职业院校教师平时教学任务重、假期招生任务重，难以抽出时间参加培训。职业教师入企实践机会较少，影响"双师型"教师队伍建设，学校为专业课教师对接行业、企业的支持力度较小，教师到企业实践的机会很少。职业院校教师工作成就感低，职业倦怠明显，在当前职业教育学生生源质量下滑的时代背景下，职业院校教师出现职业认同危机与自我意义感丧失的现状，造成职业院校教师的职业吸引力不足、工作积极性不高的现状，有调查显示，当前中职院校教师从业满意度不高，仅处于"基本满意"状态。

二、推进职业教育高质量发展的对策

（一）坚持党的领导，把握职业教育的社会主义办学方向

围绕立德树人根本任务，职业教育首先要解决培养什么样的人和为谁培养人的问题。坚持为党育人、为国育才，要求我国职业教育以培养为建设社会主义现代化强国服务、担当民族复兴重任的各级各类技术技能人才为根本目标。在习近平新时代中国特色社会主义思想指引下，加强党对教育事业的全面领导，全面贯彻党的教育路线、方针、政策，指导实践、推动工作，保证职业教育高

质量发展的正确方向。职业院校要加强思想政治理论课建设，构建"大思政"工作格局，全面推进"三全育人"工作，使职业教育人才培养牢牢坚持正确的政治方向。只有坚持党的领导，才能确保中国特色职业教育为人民服务、为社会主义服务的初心和使命；也只有坚持正确的办学方向，才能使职业教育与经济社会齐头并进、协同发展，从而办好人民满意的教育。职业院校要以立德树人为根本任务，重视德育，培养学生正确的人生观、世界观、价值观，培育学生优秀品质，努力让职教毕业生成为德技并修的高素质技术技能人才。职业教育要坚持以理想信念教育为核心，以社会主义核心价值观为引领，将思想政治工作贯穿于教育教学全过程。重视思想政治理论课教育教学工作，充分发挥思想政治理论课的主渠道作用，定期开展集体备课，扎实推进习近平新时代中国特色社会主义思想进教程、进课堂、进头脑，同时结合学科专业特色落实课程思政要求，全面提高学生的综合素养。

（二）加快建立高水平现代职业教育体系

在职业教育规模已居全球第一的背景下，贯彻全国职业教育大会精神，首要任务是树立高质量发展理念，努力实现我国职业教育从量的扩张到质的提升的转变。现阶段我国职业教育都面临着规模庞大但人才培养质量难以满足产业发展转型升级与社会发展需求的挑战。树立职业教育高质量发展理念，是职业教育作为以培养技术技能型人才为主要目标的类型教育适应我国经济发展新常态的主动选择，是在职业教育领域全面贯彻新发展理念的根本体现。要实现职业教育的高质量发展，我们需要从新发展理念视角对职业教育过程中的各要素进行梳理，以创新作为高质量发展的出发点，协调职业教育各方利益，实现职业教育发展的转型，只有这样才能真正建立高水平的现代职业教育体系，真正实现全国职业教育大会提出的目标。客观上，经过党和政府领导以及各级各类职业学校的努力，我国已经建立相对完整的现代职业教育体系，为我国社会经济的快速发展提供了良好的技能人才保障与智力支撑，但在新发展格局背景下，随着我国社会发展主要矛盾的转变，我国经济与社会发展需要建立与其相适应的高水平现代职业教育体系。就当下我国职业教育整体人才培养质量和结构体系现状来看，我们在高水平的技术技能人才的培养数量与质量方面，同新发展格局下我国经济发展对技术技能人才的需求还存在着明显的矛盾，整体融会贯通的高水平现代职业教育体系还没有完全建立起来。

（三）大力培养工匠精神，为职业教育高质量发展铸魂

技能社会中的职业教育面临立足新发展阶段、贯彻新发展理念、构建新发展格局、推进高质量发展的新任务、新使命。新发展阶段，就是职业教育已经

进入爬坡过坎、提质培优历史转折时期，这是职业教育发展的历史定位；树立新发展理念，就是树立面向社会的跨界教育、面向人人的终身教育、面向能力的实践教育、面向市场的就业教育，这是职业教育发展的指导原则；构建新发展格局，就是构建高质量职业教育体系，这是职业教育发展的根本目标；推进高质量发展，就是让共享成为根本目的、协调成为内生特点、开放成为根本机制，这是职业教育发展的路径选择，这需要培养工匠精神为职业教育高质量发展铸魂。从高素质技能人才到能工巧匠再到大国工匠，一以贯之的是工匠精神，这是技术技能人才的魂。工匠精神是一种职业精神，强调爱岗敬业、求实创新、专心专注、敬业乐业、精益求精、与时俱进，专注提升技艺水平，追求德技兼修。培育工匠精神，在制度保障层面，需要构建"校企点对点、校行点对线、校地点对体"的产教融合模式，推广中国特色学徒制；在运行机制层面，需要推进工匠精神的养成教育、实践教育、体验教育，构建第三方评价机制；在教育模式层面，需要探索混合所有制改革，创新集团化办学、现代学徒制、1+X证书制度，构建"工作过程系统化"课程体系，实施"行动导向教学""项目教学"等。用工匠精神铸魂育人，才能推进我国职业教育从世界规模最大到世界实力最强的伟大实践，增强中国特色、世界水平的职业教育发展的道路自信、理论自信、制度自信、文化自信。

（四）变革理念与机制，破解专业与产业不匹配

要实现产教深度融合、校企深度合作仅仅有专业与产业的互动不足以彻底实现专业与产业匹配。专业与产业的匹配是教育界、产业界从利益共同体走向文化共同体，最终实现命运共同体的大转型，在转型的过程中，匹配相应的要素与机制改革。首先，改变办学理念，从校企合作、产教融合的办学模式做好职业院校的供给侧改革，从新时代、新技术分析中国产业经济的新结构，进一步分析产业结构中的劳动力就业结构，对职业岗位、职业能力、现有劳动力基础进行深度分析，再落实到职业院校的人才培养过程中，以此引领职业教育的供给侧改革，根据区域经济社会的发展需求，在国家政策精神的指引下，探究区域内职业教育与产业体系的有机结合。其次，变革职业教育产教融合的实践机制，构建"教育—市场—政府—中介组织"等多重要素参与的协同治理格局，在传统的机制中引入市场性的中介组织，为职业教育产教融合实践提供多元主体的治理力量，以政府力量引导行业企业参与，形成教育界、产业界和学术界的合力，建立区域性的产业研究院，在学校办学和产业经济之间搭建信息沟通、文化互动和利益共享的平台，为产教融合贡献更加通畅的合作渠道，及时为职业院校的改革提供指导。最后，深化三教改革，提高职业院校专业人才培养质

量，产教融合最根本的结合点是职业教育的人才培养，新时代职业教育产教融合需要聚焦课堂，致力于高水平课堂的打造，拓展职业教育课堂空间，突出职业教育的类型特征。

（五）提升职业教育毕业生就业稳定性

新时代，只有把职业教育放在更加突出的位置，不断培养提高职业院校学生的就业创业能力，为产业链升级提供必需的各类技能人才，才能实现毕业生高质量就业，进而提高国家经济运行效率，促进构建新发展格局，切实提供国家可持续的竞争力。我国要实现从工业大国向工业强国、从制造大国向制造强国的转变，需要源源不断的高素质技能人才支撑，这就需要职业院校在激发全社会自主创新、奋发图强的动力和活力，培养和造就一大批"大国工匠"过程中充分发挥应有的作用。提升职业教育毕业生就业稳定性需要全社会发力，系统性地解决。加强专业选择指导，对青少年来说，能力可以发展，价值观尚在形成，因此应把兴趣和个性作为职业决策的优先考虑因素，职业学校应更充分地开展各类职业体验活动，帮助学生更好地了解自我，了解职业世界，从而能够更合理地选择自己喜欢且适合的专业。提高职业教育质量，在教学上应及时将新技术、新工艺、新规范纳入课程体系，推进理实一体化教学改革，在强化技能训练的同时，加强学生学习能力、问题解决能力和创新能力的培养。加强职业精神培养，职业教育在培养学生各种职业技能的同时，还应当将职业精神和工匠精神的培养渗透在教育教学全过程。构建技能社会，构建从初级工到高级技师再到大国工匠的技能成才通道，提高技术技能人才的收入和社会地位，逐步改变人们对技术技能人才和职业教育的态度，推动社会从文凭社会向技能社会转型。

（六）加强职业教育师资队伍建设

弘扬尊师重教传统，稳步提高职业院校教师的经济社会地位。尊师重教是中华民族的优良传统文化，但是长期以来，公众对职业教育存在偏见，社会对职教教师的尊重程度不高。国家和政府相关部门需要加大主流媒体对职业院校教师正面形象的宣传，讲好职业教师故事，给予职业院校教师与其付出相应的社会荣誉。继续稳步提高职教教师的社会地位和经济待遇，增强教师职业吸引力。改革传统的教师教育模式，促进职业院校教师专业化发展，当前教师教育应从学历教育转向学力教育；从传授知识为主转到培养与发展教师创新意识与能力、掌握获取学科知识的方法为主；加强师德师风建设，落实教师的教育精神和职业品质的培养；从传授知识转到提高教育实践能力。构建突出职业教育特色的师资培训体系，吸收具有代表性的行业企业参与本领域专业教师培训内容的设计，充分考虑纵向上的培训体系建设，对处于不同生涯发展阶段的教师要有不同的培训内容设计。塑造"人人皆可成才"的人才观，提高职教教师的职业认同感，相对基础教育和普通高等教育，我国职业教育长期处于被边缘化的地带，职业教育要回归教育主流地位，必须摆脱长期以来以升学为目的的人才培养观念的影响，建立以学生为本、因材施教、让每个人都"出彩"的教育理念，为职业院校教师提供良好的职业外部环境，提高职业认同感，形成职教教师自我发展的内生动力。

三、结语

新时代、新使命、新征程，在全面开启现代化建设新征程的重要时刻，习近平总书记高度肯定了职业教育的战略地位，指出职业教育前途广阔、大有可为，系统部署坚持党的领导，坚持正确办学方向，坚持立德树人，优化职业教育类型定位，深化产教融合、校企合作，稳步发展职业本科教育，建设一批高水平职业院校和专业，推动职普融通，增强职业教育适应性，加快构建现代职业教育体系等任务，指明了新时代我国职业教育改革发展的方向，为职业教育理论研究和实践改革探索提供了根本遵循。在新发展格局背景下，我国经济的高质量发展和产业的转型升级对技术技能型人才提出了全新需求，职业教育对技能型社会建设具有重大意义。各类职业院校应在人才培养过程中尊重技能教学的内在规律，以工匠精神为职业教育改革的内在驱动力，德技并修，积极探索具有中国特色的技术技能型人才培养模式，推动职业教育高质量发展。

现代职业教育体系建设背景下高职院校人才培养质量提升的实践路径

陕西铁路工程职业技术学院　吕瑞琴

摘　要：党中央、国务院对加快发展现代职业教育做出了一系列重大部署，这就为推动新时代职业教育现代化指明了方向、明确了任务、提供了行动指南。面对职业教育高质量发展的历史机遇，应准确把握新时期职业教育发展规律，科学谋划，着力提高人才培养质量。本文从推进人才培养模式改革、系统设计课程体系、加强教学组织管理、强化教师队伍建设、抓好就业质量关五方面提出实践路径，从而为培养更多高素质技术技能人才、能工巧匠、大国工匠，为全面建设社会主义现代化国家、实现中华民族伟大复兴的中国梦提供有力人才和技能支撑。

关键词：现代职业教育体系；人才培养质量；实践路径

2021年4月，国务院召开全国职业教育工作会议，习近平总书记专门对职业教育工作做出重要指示，强调在全面建设社会主义现代化国家新征程中，职业教育前途广阔、大有可为。国务院印发了《关于加快发展现代职业教育的决定》，这一系列部署，体现了党中央、国务院对职业教育工作的高度重视。随后，教育部也出台了关于学习贯彻习近平总书记重要指示和全国职业教育工作会议精神的通知，这对于落实《中国教育现代化2035》《国家职业教育改革实施方案》《职业教育提质培优行动计划（2020—2023年）》等重要精神，加快推进我国新时代职业教育现代化具有重要意义。

一、"因地制宜"，推进人才培养模式改革

职业教育是培养技术技能人才、促进就业创业创新、推动中国制造和服务上水平的重要基础。人才培养是教育的中心工作，因此，推进人才培养模式改革就成为职业教育发展的题中之义。人才培养模式改革应紧跟社会发展需求，

注重体制机制的创新，充分调动学校、企业和社会各方面的力量，扎实做好育人工作。

(一) 实施分类多样的人才培养模式

面对职业院校学生教育背景、技能水平、文化素质以及学习需求的不同，特别是扩招后，退役军人、下岗职工和农民工等与普通高中毕业学生有较大的差异，因此，生源结构的多元化就要求推出与之相适应的分类多样的人才培养模式。首先，根据不同专业生源类型的特点，根据就业岗位需求，实施分类培养的人才培养模式。根据学生的职业背景和工作经历，有针对性地进行探索，运用项目导向式教学，提高学生的主动性和积极性。其次，调整优化专业类别，实施分类培养。按"职业平台+专业方向"进行分类培养，开展专业群建设，同时通过灵活多样的学习方式，增加学生自主学习的时间和空间，达到共同的育人效果。

(二) 深化产教融合的联合培养模式

2017年12月，国务院办公厅印发《关于深化产教融合的若干意见》，《意见》指出，深化产教融合，促进教育链、人才链与产业链、创新链有机衔接。为了满足差异化和多样化的人才培养需求，就需要将企业的发展与教育紧密结合，推动产教融合深度发展。坚持产教融合、校企合作，坚持工学结合、知行合一，着力提升学生的职业精神、职业技能和就业创业能力。首先，结合行业背景，开展产学研协调创新中心。积极主动推动产教融合，推动产业、教育、人才、科技、信息、资本等要素有效组合，搭建校企合作平台、创新创业平台、实践实训平台，从而提高人才的技术技能水平。其次，探索与学生职业经历、文化基础相适应的现代学徒制人才培养模式。不断优化实习实训、顶岗实习设计，建立高水平专业化职业教育实习实训基地，大力提升产教融合水平。

(三) 实现课程思政融入人才培养

加强和改进高校思想政治工作，是高等教育改革深化的重要任务。因此，在百万扩招背景下，教育在关注学生技能水平提升的同时，也应该重视综合素质培养。在教学中，应不断挖掘课程内容中的思政元素，贯穿职业道德教育、爱国主义教育等主题，培养学生具有强烈的社会责任感和使命感，从而形成全方位的育人格局，实现"润物细无声"的目标。

二、因材施教，系统设计课程体系

现代职业教育体系建设背景下，要牢固树立以提高质量为核心的教育发展观，把工作重点和资源配置集中到教育教学上来。课程改革是重要的要素，要不断探索将理论知识的学习和实践技能的培养相结合，运用多样化的教学方式，全面提高教学质量和效果，来提升学生专业技能和综合素质。

（一）做好分类分层精准教学

坚持立足实际，根据不同专业特色、不同学科领域、不同授课对象的特点，分层分类教学，做到精准施策。围绕自身技术领域，以优势专业或特色专业为核心，打造专业群课程体系。构建"中国特色高水平专业群引领，行业领先专业群支撑，校级重点专业群协同发展"的"五类三级"专业群建设体系。集中优势资源，在培养学生通用专业知识的基础上，开设模块课程，着力培养岗位需要的特定能力素质。由于学生学习基础的差异，因此要实施灵活多元的教学模式，采用项目化、任务化的教学方式，学生在做中学、学中做，对接企业需求，精准培养。

（二）推进职业教育优质资源的共建共享

适应"互联网+职业教育"发展需求，推动优质资源共建共享非常重要。利用中国大学慕课（MOOC）、智慧职教等平台建设一批课程资源，广泛应用线上线下混合教学，方便学生自主学习。本着"校企合作、资源共享、实现多赢"的宗旨，服务学生、服务教学，以资源库应用推动信息化校园建设、提升教师信息化教学水平、优化运行平台功能，构建以学习者为中心的教学和学习方式。

（三）推动教师教材教法改革

加强高职院校教师队伍建设，教师要转变教学理念，整合教学资源，提高综合素质。通过培训和企业实践等方式，培养高素质的专业教师，聘请企业人员和校内教师共同担任教学任务，互为补充，互相促进。教材要对接现代科技产业、服务职业教育发展需求，围绕专业群建设，实现教材知识体系的跨界整合，同时教学内容要运用信息化方式呈现。教法要紧跟产业发展的变化，按照企业的需求组织教学，打造学校和企业一体化的教学方式，同时突出个性化学习，提高学习效率。

三、宽严并济，加强教学组织管理

职业教育是国民教育体系和人力资源开发的重要组成部分，是广大青年打开通向成功成才大门的重要途径，肩负着培养多样化人才、传承技术技能、促进就业创业的重要职责。打造一大批具有高技能的人才队伍，适应现代化产业发展的需求，如何培养人才就显得非常重要。

（一）实施学分银行学籍制度

实行学分制是教学管理制度的一项重大改革，学生一方面可以通过学习获得学分，另一方面也可通过其他专业资格认定得到学分，例如，在线学习取得的各类证书、获得的专利、发表的作品、竞赛获奖、创新创业成果、志愿者服务等进行认定，并根据不同的级别、档次、难度制订学分转换标准。实施学分银行学籍制度能够在满足就业的前提下，更好地满足学生个性需求，提高学习效益，也能够进一步提高学生专业技能和创新水平，扩大学生获得知识的广度，促进高质量就业，从而实现职业教育的育人目标。

（二）借助信息化手段，实施教学管理

适应新形势的发展变化，借助信息化手段进行教学管理非常重要。为了更好地了解和掌握学生学习情况，各二级学院建立教学管理微信群和QQ群，及时发布各专业的学习任务，同时定期召开班会，分享交流其在学习中的体会和感受，提出建议，以更好地进行教学管理。扩招学生一方面要学习理论知识，另一方面要夯实专业技能，理论部分的专业知识由校内教师承担，实操实训部分的教学采用技术技能训练的方式，对于学生集中于某一企业的可以通过送教上门的方式集中训练，或者企业专业人员在校开展实训指导，使得学生将理论知识转化为实践技能，更好地满足企业的生产需求。

（三）实施多元化教学评价标准

评价方式对职业教育的发展具有较强的指引作用。面对各类社会资源，职业院校的评价方式需要实现转型升级和优化重组。从注重理论学习到更加考虑实操能力，从强调学校要求到考虑社会需求，制定多样化的灵活的考核方式。评价方式更加注重过程性考核，比如学生实训时的表现、作品设计完成情况、理论知识测试等方面均可作为考核的重要方面，同时综合考虑学生日常学习和实训实操等各部分的学习结果，并合理设置考核比例，从而对学生的个体发展和能力素质等进行全方位的考察。多元化的评价主要由教师负责，但同时企业专业人员也可对实训操作、作品设计部分进行打分，最终构成学生的成绩，这样的考核方式对学生而言，更公平合理。同时，对于企业来讲，也是了解学生的重要窗口，有利于制订更为科学的培养方案，共同提升人才培养质量。

四、内培外引，强化教师队伍建设

教师队伍建设是兴国强校的根本举措，高职院校依据人才培养方案和课程体系，强化培训，多措并举，不断优化教师队伍，通过内培和外引促进优质师资力量不断发展提升。

（一）挖掘职业教育优质师资

优质师资力量的挖掘和培养是人才培养的重要保证，在校企合作的背景下，职业院校可以邀请企业工程技术人才和高技能人才定期开展专业讲座、企业经营管理等方面的讲座或者报告会，使得学生更多地了解企业的需求和发展。企业技术人员也可以到学校进行实训指导，职业院校的教师可以到企业现场锻炼实习，按照资源共享、优势互补的原则，整合一批具有区域性、行业性的职业院校高技能人才，组建高水平职业院校改革试点校，从而发挥地方优势、行业优势，影响和带动本行业其他职业院校。通过企业和学校资源共享，打造一批优质教师，共同为职业教育的发展提供坚强的力量。

（二）加大教师培训培养力度

科学制订教师引进计划和培养培训规划。首先，加大具有实践经验的专业教师的培养力度，定期到企业现场锻炼，发挥自身专业优势，促进企业生产管理高效运行，公共基础课教师可结合专业进行调研。其次，企业专业人员通过公开课、报告会等形式，讲解企业发展概况，从而使得学校制订更加契合产业发展的计划。再次，统筹社会、企业和职业院校三方力量，加大教师的培养力度。最后，共同开发研究项目，促进教师实践能力的提升。

（三）促进教师专业化成长

建立教师专业化成长规划，组建优秀人才研究团队，参加教师职业能力比赛，提升教学专业化水平。发挥劳动模范和技能大师的引领作用，形成老带新、传帮带的良好氛围，使得青年教师能够在实践中尽快成长起来。鼓励教师和企业共同开发实践项目，发挥各自的优势，打造一批具有代表性的研究成果。探索校企合作的新路径，在教学合作、科研合作和社会服务各方面深入融合，健全教师专业化提升体系。

五、搭建平台，抓好就业质量关

职业院校应当加强与相关企业的合作，通过共商办学，为学生提供真实的实训基地，也为企业输送大量的技术型、创新型、专业化的人才。

（一）深化校企合作和产教融合

健全校企合作机制，鼓励企业和学校共同发挥主导作用，及时掌握行业企业对学校人才培养的需求，强化校企共商、共建、共享，培育一批工匠和技术能手，推动实现现代学徒制试点、订单班等多样化的校企合作形式。同时，强化政府的支持力量，加大学校和企业合作项目的扶持，共同组织开展各类技能竞赛，与行业企业建立更高目标、更深层次、更多维度的合作，实现校企互惠双赢。

（二）实施 1+X 证书水平提升制度

高职百万扩招面对的生源是下岗失业人员、退伍军人和农民工等群体，职业院校的培养，使他们提升职业能力，使其提高实践操作能力和紧贴企业岗位实际生产过程，开展项目教学、案例教学等，教学模式的改革力求以企业生产环境为背景，课堂与生产车间紧密契合，探索实行"1+X"证书制度，鼓励学生在校期间同时取得专业能力证书，从而提升职业教育质量和学生就业能力。

（三）加强创新创业的培养力度

加强创新创业培养力度是提升人才培养的质量的重要抓手，因此，高职院校可以利用"互联网+"大学生创新创业大赛、课外科技作品大赛、技能大赛等活动，激发学生创新意识。培育大学生创业孵化基地项目，为学生的创业热情提供平台和支撑，同时可以将创业成果转化为实际效益，从而促进大学生创业带动就业。高职院校也可借鉴企业比赛制度，举办各类专业实践比赛，使得学生在参赛中提高专业能力，也可以通过大学生创新创业大赛、互动交流会等活动，让更多学生了解创新创业大赛，并积极主动参与进来。另外，通过社会假期实践，"三下乡"和"三走进"活动帮助大学生在社会中锻炼自己、提升自己。

立德树人视阈下高职院校创新创业生态升级路径研究

陕西铁路工程职业技术学院　张君第　曾庆伟

摘　要："十四五"期间，教育事业将全面迈上高质量发展阶段。针对敬业、合作精神等创新创业价值观如何培育和践行，部分大学生创新创业的积极性不高、期望值过高等现实问题，高职院校应始终坚持立德树人，在准确把握创新创业内涵的基础上，积极推进创新创业教育改革，在创新创业主体建设，加快创新创业教育和思政教育、专业教育等融合，提升创新创业服务保障水平等方面下功夫，不断升级基于学校的创新创业生态，持续提升大学生创新创业能力，促进其全面健康发展，为全面建设社会主义现代化国家输送更多高素质技术技能人才。

关键词：立德树人；高职院校；创新创业生态；升级路径

一、引言

在深入实施创新驱动发展战略，全面开启现代化建设新征程背景下，坚持创新的核心地位，将创新创业教育深度融入人才培养全过程，建设高质量教育体系，是全体教育工作者的奋斗和努力方向。"十四五"期间，我国创新创业教育及竞赛等系列活动蓬勃开展。就创新创业能力而言，中国的大学与一些高等教育发达的"小国"相比都存在明显差距。高职院校作为高素质技术技能人才培养的主阵地，从增强职业技术教育适应性角度，应全面升级基于学校的创新创业生态，加强创新创业多主体协同育人、"创新创业+"教育理念和模式改革创新。通过全面融入创新创业教育，实现向创新创业型人才培养的转变，提升国家的整体人力资源水平。

二、创新创业生态升级的现实意义

创新创业生态是指一定区域内的创新创业现状，是各创新创业主体之间及主体与发展环境之间，通过信息传导、能量流动、物质循环等，形成的开放式、网络化、动态演变的统一体，是主体和客体等要素共同作用的结果。高职院校创新创业生态构建升级是一项系统性工程，涉及政行企校等多方社会主体。

（一）促进大学生全面健康发展

一名优秀的大学生应拥有较强的环境适应能力、前瞻性的思考能力、良好的判断力等。企业在用人时，特别是民营企业，重点考虑的是人才的价值和给企业创造的效益，而不看重其学历学位，这就为综合素质高、创新创业意识强、具有较强实践能力的高职学生提供了很多的机会和展示的舞台。具备创新意识、创新精神和创新创业能力，才能实现人生价值。

通过创新创业教育，大学生除掌握了创新创业基本知识，还具备了行业选择、企业管理、财务运营等方面的能力，丰富了自身知识结构，熟悉了创业环境，具备了一定的开拓创新能力。大学生创业过程中，需要自主决策，处理面临的各种难题和压力，可以增强创业者抗压能力和责任意识，激发创业热情，同时对其组织管理能力、沟通协作能力、对新生事物的接受能力、自主学习能力及更好地适应现代社会的激烈竞争均有促进作用。这些能力并非专业学习所能获取的。

（二）助力创新创业教育提档升级

创新创业教育是高职院校主动适应经济社会发展需求，进行教育变革的迫切要求。是新时期大学生素质教育的新突破，是高校人才培养模式的新方法、新探索，更是当代青年学生绽放自己、展现风采、服务国家的新平台。当前，部分高职院校对创新创业教育科学理念的认知还存在一定的偏差，对创新和创业二者的关系定位不准确；创新创业师资队伍规模不足、结构不合理，师资力量明显弱于专业教师队伍，大多由行政岗人员或辅导员组成，且没有受过系统的创新创业教育，缺乏创业实践和企业管理经验，教学内容大多理论性过强，教学模式僵化，涉猎面太窄，与实践联系不紧密，使有些学生想创新创业却不知道从何做起；课程设置及教学内容安排偏重创新创业实践能力培养，缺乏敬业、合作精神等创新创业价值观的教育引导，导致部分大学生创新创业过程中呈现出来的社会责任感和使命感意识不足，赴基层创新创业的积极性不高，惧怕创新创业失败带来的风险而不敢大胆尝试，或创新创业期望值过高，遭遇挫折时难以走出逆境，出现道德和行为失范现象甚至违法犯罪。以上问题意味着高职院校现行的创新创业教育体系提档升级势在必行。

（三）为国家重大战略提供支撑

升级创新创业生态，一方面能够培养出更多适合我国经济社会发展需要的人才，促使人才供给不足的问题得到改善。另一方面，可以优化我国人才结构，整体上提升人才质量，为经济转型升级提供支撑。

高职院校毕业生作为我国人力资源的重要组成部分，人才规模大、创新创业热情高、实践能力强。因创新创业教育目标和人才培养总目标的相容性强、契合度高，人才培养与行业产业需求对接紧密，学生在新技术集成应用创新上更具优势，创业选择的灵活性也更大。根据教育部统计数据，近五年我国大学毕业生创业比例达3%，超过发达国家1.6%的水平近一倍。其中，高职学生创业率达3.4%，本科学生创业率达1.6%。毕业三年后创业比例上升至8.1%。并且增速较快，每五年首次注册登记的大学生创业者数量增长一倍，正助力跑出创新创业的中国"加速度"。

三、创新创业生态升级路径和方法

高职院校应围绕创新创业生态的主体和环境载体两大要素，打造创新型教育教学团队，建设升级软、硬件环境，实施项目的市场化运行管理和绩效评价，坚持探索基于学校的创新创业生态持续优化机制，将学校创新创业生态建设融入社会创新创业大生态。

（一）构建多元主体协同创新机制

学校创新创业生态的主体主要包含学生、教师和校内其他直接参与者及校外环境中影响创新创业实施过程及最终效果的外部力量，包括政府、行业企业、科研院所及其他社会服务机构等。应加强创新创业生态各主体要素之间的联系，发挥各方资源优势，实现融合协同、创新发展。

首先，唤醒大学生的创新创业主体意识。从环境和目的等方面，教育引导其深刻理解创新创业的时代内涵和价值，认知"创新创业"是指"基于创新的创业"，与传统创业的根本区别在于是否有创新因素。并且，这里的创新不局限于理论、技术方面，还包含管理、流程、营销等。同时针对有创新创业梦想的大学生，及早实施"未来企业家计划"，建立"一对一"的创新创业导师制，在真实运作的校园商业环境中，面向大一学生打造校园创新创业体验活动。大学生作为创新创业主体，必须客观认识创新和创业之间的联系，认识到我们生存的世界充满竞争和挑战，既要有创新意识、创新思维、创新品质和创新技能，又要敢于冒险、勇于尝试新事物，积极融入创业实践，积累、具备一定的创业能力和经验。当创新精神作用于创业实践时，才能在竞争激烈的市场环境下开辟创业之路，实现创业的成功，产生较强的现实意义。

其次，打造一支多元化、复合型高素质教师队伍。师资队伍是建设高质量教育体系的基础，更是实现创新创业教育升级的关键。针对创新创业教育师资不足、结构不合理，力量明显弱于专业教师等问题，可实施"内培外引"和多元化策略。一方面对校内创新创业教育师资队伍加强培训教育，成为既深谙创新创业学科知识和教育规律，又精通实践操作的"双师型"教师，促使教师的教学理念与专业素质与时俱进，能够在创新创业教育教学中不断改善教学方法，充分挖掘学生的潜力；另一方面，聘请校外优秀的创新创业实践者，包括企业家、劳动模范、优秀校友等，作为校内师资队伍的重要补充。高素质的师资队伍可从理论和实践两方面保障创新创业教育的内容更加丰富，形式更加新颖，并促进创新创业教育与思政教育、劳动教育等的融合发展，为学生确定人生目标、养成正确的创新创业价值观提供指引。

最后，加快推进混合所有制产业学院建设。高等职业教育的产教融合经过最初表层的办学专业对接行业企业，到中层的专业群对接产业链，再到深层的共建产业学院，合作的广度和深度不断拓展。产业学院作为校企深度合作办学的载体，兼具技能人才培养、学生创新创业实践、产业新技术研发、企业技术应用服务、实体资产运营等诸多功能。伴随学校创新创业生态升级的需要，应构建互助互利的共赢机制，将校内教学资源、出资企业及政府部门的研发和实践资源等整合成为归属于产业学院的资源共同体。共同体应当坚持立德树人，围绕学生成长成才这根主线，统筹规划，共商对策，实施联动，充分发挥政府、行业、企业、学校等各方主体的能动性和资源优势，将高职院校产业学院建设推上更高水平，为创新创业教育及实践提供良好平台。

（二）促进"创新创业+"教育模式改革创新

高职院校创新创业生态构建升级应始终坚持立德树人，以"开放共生"为目标。重点通过思创融合、专创融合等不同路径，实现"创新创业+"教育模式改革创新。应适当增加跨专业的公共选修课，囊括一系列与经济社会发展相关的通识课程。因受众群体是具备较高政治素质和知识水平的高校大学生，其建设发展必须遵循现代化经济体系建设发展需求和学生实际，扩充完善相关课程，调整完善教学内容，服务于现代化经济体系建设需求。增强学生创新创业课程学习的自由度和饱和度，提升课程教学与学生需求的匹配度。

一方面，促进创新创业教育与思政教育深度融合。思想政治教育贯穿育人全过程，目标是促进人的全面发展，是坚持立德树人的根本保障，具备人才培养"压舱石"的作用。不仅要重视创新创业技能的培养，更要发挥思政教育的价值引领作用，用社会主义核心价值观滋养大学生创新创业工作，保证二者的价值目标高度契合。思政课程作为落实立德树人根本任务的关键课程，可以为创新创业教育开展提供良好载体。在思政课程教学中融入创新创业教育理念和内容，重点突出马克思主义哲学思维和方法对创新创业的导向功能，突出运用中国特色社会主义理论去指导新时期创新创业教育事业的发展，突出国史、国情教育及行业史教育，突出从职业道德修养和法律底线角度切入，对学生干事创业进行规范指导，突出为学生带来最新国内外创新创业形势及相关政策等。教师应当探索可行的互融式教学模式，实现二者的高度融合和相互促进发展，让学生在思想政治理论的引领下接受创新创业教育，不断增强大学生的社会责任感、使命感和创新创业能力，有效开展创新创业活动。

另一方面，深化创新创业教育与专业教育紧密结合。随着社会经济的不断发展，社会对人才的需求也在发生变化，强调培养单一专业素质的教育方式已经不能满足社会发展的需要。在人才培养的全过程融入创新创业教育，类似于给高铁列车每节车厢增加动力。若将人才培养比作高铁列车，专业教育是车头，创新创业教育则是分布在每节车厢的动力源。离开每节车厢提供的动力，虽然高铁列车仍能行驶，但和普通列车无异，不能充分满足社会发展需要。因此，在教育实践中，应立足专业教育，夯实专业基础，凸显创新创业教育，不断提供加速度，妥善处理两者之间的关系，做到优势互补、高度融合。方能让毕业生在人力资源市场上成为专业优势明显、思维眼界开阔、创新创业能力突出的"抢手货"。

融入专业的创新创业教育必须基于师生共创。课程教学内容设计时，根据当前最新的技术和相关研究课题，对教学内容进行相应改进与完善，以便学生能及时接收到最新的技术。并且鼓励学生在新老技术对比中，找到创新点，以形成新的研究课题。院校可以尝试从专业核心课程入手，将包含的创新创业知识点进行梳理、标注，既实现了创新创业教育与专业教育融合发展，又提升了创新创业课程的授课深度和专业化。在项目案例来源上，加强创新创业教育与企业生产一线技术革新的融合。教师可通过企业的委托课题进行创新型研究，带着学生将研究成果转换成创业项目，继而进行创业孵化，把人才培养、企业技术革新实践和最终的创业进行有机融合。

（三）提升创新创业服务保障水平

高职院校创新创业服务保障水平应同步提升，不断完善学校双创工作治理体系，整合校内外创新创业资源，重构双创教育新场景，打开校门、打开脑门，避免纸上谈兵，着力重塑良好的基于校园的创新创业生态。

一是建立积极高效的运行机制。协同推进人才培养模式改革及创新创业教育制度建设，坚持将学生创新创业意识、能力培养融入办学理念。引导大学生从旧思维中跳出来，不断挑战自我，敢于追求和探索。学校应结合时代特色，运用新媒体手段以学生更加喜闻乐见的形式加以推广，如通过校园广播、大国工匠讲堂、微信推文、直播平台等，创新传播形式，将创新精神和创业素养渗透到学生个体的价值观培养中。营造良好的校园创新创业文化氛围，促使大学生关心、关注、认清当前社会发展形势，形成符合时代发展的就业观念，树立创业是更高层次就业的现代就业观念。

讲好身边的创新创业故事。克服学校创业文化的功利化倾向，凸显其育人价值及社会效益。其中的关键在于鼓励冒险，宽容失败，倡导质疑权威、自己动手的精神，改变"创业即创造财富"的单一价值评判，提升创业者的社会责任感，鼓励其在创新创业中服务社会。身边事更接地气，也更能入脑入心。用青年更易于接受的载体，将身边优秀企业家、劳动模范和教师的成长经历及优秀品质呈现出来。加强创新创业励志项目或案例收集挖掘，通过邀请优秀校友和创新创业知名人士来校开设创新创业讲座，为学生创业提供宝贵的经验，使大学生易感能学，唤起情感共鸣。学校应通过广播、报纸、网站、微博、微信公众号等媒体平台开设创新创业故事和成功案例专栏，最好安排专职人员收集整理历届毕业生创新创业成功典型事迹，定期分享创新创业成功的典型和创业得失故事。让成功事迹感召青年一代，激发大学生强烈的创新创业热情，实现润物无声、春风化雨的效果。

二是搭建项目孵化落地平台。整合建好校内创业园、创客空间等实践基地，着力提高学生就业创业能力。学校教育不仅教给学生知识，更重要的是为学生提供科技创新、成果转化的平台和机会，为地方经济发展服务。从找准项目竞争和扶持的平衡点角度考虑，学校应变输血为造血，减少包办、增加引导，方能提高成活率和项目的竞争力。为大学生提供丰富的"线下+线上"实践活动舞台。鼓励大学生成立创新创业社团组织，定期举办创新创业相关大赛、论坛等，引导更多人参与到创新创业实践中。同时，利用线上虚拟创新创业实践平台，体验熟悉企业创立运营流程和管理模式；持续建设各类创新创业实践平台。制定开放、共享的平台管理制度，实施项目的市场化运行管理和绩效评价。通过邀请有实战经验的优秀创业者、知名企业家走进校园，进入青年学生的世界，讲述创新创业经历，手把手地言传身教，激励学生在创新创业道路上茁壮成长；坚持产教融合、校企协同。不断拓宽校外创新创业实践基地覆盖面，引导大学生走进创新型企业，参与其中以更好地将理论运用到实践中，激发创新创业灵感。学生创新创业项目应以产业行业为依托建设产创融合后端，将项目放在面向产业行业的市场空间进行孵化。孵化应交给最擅长孵化的相关企业或创新创业空间，由专业的人做专业的事。由校企合作企业为优秀项目提供场地、管理人员、资金支持，从原材料、设计、加工、销售等环节，全部向创业团队开放，全流程提供支持合作。

三是发挥双创竞赛激励带动作用。在国家持续大力推动下，"互联网+"大学生创新创业大赛已形成完备的"校级初赛—省级复赛—全国总决赛"三级赛制，已成为全国最生动的创新课和最有温度的国情思政课。通过竞赛，探索如何基于自身专业知识，针对存在的问题创新优化，在这一过程中有效地培养了学生的独自思考解决问题的能力以及提升了学生的创新能力，增强了学生创业的信心。同时，大赛在学校和市场之间架起了教师科研成果转化的桥梁，推动了科研成果落地，助力产教融合。学校除了做好赛事组织工作，也应积极邀请行业专业、校友中的知名创业者和社会风险投资人参与赛事评审，并从融资策略、商业逻辑、产品理念、路演技巧等方面对参赛学生培训，帮助学生与业内专家建立联系，提升大学生创新创业活动参与度，丰富大学生创新创业实践经验，提升大学生应对创新创业中所遇到问题的能力。大赛已成为我国深化创新创业教育改革的重要平台，为大学生实现创新创业梦想打开了一扇美丽的天窗。

四、结语

在全面建设社会主义现代化国家新征程中，创新型人才是最宝贵的资源。加强创新创业教育是一种服务于国家战略的人才培养观。高职院校应以问题为导向，全面构建升级校内创新创业生态，将创新创业理念及能力教育全方位、立体化融入人才培养全过程，从意识、知识、能力和心理品质方面着手，不断提高技术技能人才培养质量，让大学生具备坚定的意志、充实的知识、卓越的能力和健康的心理，勇于追逐梦想，为国家创新驱动发展，加快经济转型升级提供人才支撑和智力支持。

以社团活动为载体，推动美育全覆盖，培养德智体美劳全面发展的高素质大国工匠

天津市机电工艺技师学院　天津市机电工业学校

王彩霞　裴丽莎　王茜

摘　要：近日，习近平总书记在全国职业教育大会上对职业教育做出重要指示，他强调："在全面建设社会主义现代化国家新征程中，职业教育前途广阔、大有可为。"近年来，随着国家对职业教育重视程度越来越高，以及以集团化为代表的天津市职业院校不断整合、壮大，成为国家级示范校并以高质量的教学培养出世界技能大赛冠军、全国技术能手等国之重器，吸引越来越多的初中毕业生报名职校。2020年，天津市初中毕业生报名职校比例约占本市中考学生总量的40%，广东省、江苏省报名职校比例均占本省中考学生的45%以上，由此我们看出，国家职业教育现已占据了中国教育的半壁江山。

关键词：中职学校；学生社团；美育；全面发展

职业教育呼唤高技能、高素质人才。1978年改革开放以来，职业教育已为各行各业累计培养和输送达2亿的高素质劳动者。资料显示，当前，我国有1.13万所职业院校、3088万名在校生，在现代制造业、战略性新兴产业和现代服务业等领域，一线新增从业人员70%以上来自职业院校，他们是加快推进制造强国、质量强国建设的生力军。而如何培养德智体美劳全面发展的高素质大国工匠，促进职业教育高质量发展，是职业教育面临的重大课题。

中职学生社团作为中职学生课外活动的重要载体之一，在培养学生兴趣爱好、陶冶情操以及强健体魄、提升社会实践能力等方面具有重要意义，不仅对"第一课堂"进行了有效的补充，还改变重技能轻美育的现状，从而引导学生全面发展。本文将针对中职学校社团特点，根据学生社团发展现状，找出问题、剖析原因、精准灌溉，引导学生社团健康绿色发展，为中职学生的全面发展提供一方沃土。

本文将通过文献分析法对国内社团建设成功案例的研究，以及访谈法和问卷调查法对我院社团建设现状进行综合分析，全面掌握学生社团现有以及潜在的问题，并通过分析原因探索出如何有效加强和完善社团建设的有效途径，进而提出科学合理的对策建议，构建"以社团活动为载体，推动美育全覆盖"的新型美育模式，助推德智体美劳五育协同发展格局，为中职学校的教育模式的完善做出更多实际型的价值贡献。

一、绪论

（一）课题的背景及意义

1. 课题研究的背景

2018年，习近平总书记在全国教育大会上强调，坚持中国特色社会主义教育发展道路，培养德智体美劳全面发展的社会主义建设者和接班人，这也进一步回答了教育者要培养什么人这一命题。面对新时代的任务，中职院校不仅要坚持以立德树人为根本任务，还要以培养高素质的技能人才为己任，其中就囊括了德育、智育、体育、美育、劳育五个方面，而学生社团是美育的重要组成部分，是以美促德、以美增智、以美强体、以美促劳的重要载体之一，是以美育人的主渠道。

此外，中职学校学生具有年龄小、学习基础薄弱、自律意识偏弱、缺乏自信等特点。根据这些特点，广泛开展学生社团活动，让更多学生参与其中，培养学生积极的、正向的审美情趣，既是学生实现自我价值、成就出彩人生的需要，也是提升学生综合素养的有效手段。因此，加强中职学校学生社团建设的研究是必然趋势，也是必然要求。

2. 课题研究的内容和创新点

本研究旨在通过研究天津市海河教育园区某中职院校社团发展的历程、社团发展的现状以及存在问题和所采取的对策进行研究。目的是获得制约中职学校学生社团发展的内在因素和外在因素，并提出行之有效的对策。本研究通过研究社团的社团活动质量、教学方式、资金投入、管理机制等多个维度进行研究。充分得到实证研究的数据，丰富社团发展的理论研究和实践研究。

（1）对于中职学校学生社团建设的研究，以当今热点习近平总书记重要讲话精神中对德智体美劳五育协同发展提出的要求为点，研究海河教育园区某中职院校"以社团活动为载体，推动美育全覆盖"工作的进展情况，以及在推动过程中出现的问题、背后的原因及有效的对策。

（2）分析美育测评，为社团开展奠定基础。五育协同发展，美育是关键一环。美育主要体现在社团的主修上，还体现在日常艺术修养的课程上。以海河教育园区某中职学校为例，每年对在校生进行抽查测评，测评分为德智体美劳五个方面，而在与学生问答、测试美育的环节中，就有社团活动的相应知识，也会有社团活动中的个人才艺的展现，这种方式，就与社团活动的报名形成闭环，这也是方式的创新。

（3）加强各校之间的社团活动交流，以文艺汇演、美育实践课堂等多种方式使成员实现自我突破、自我成长、增强自信、交流互动，创建中职院校独特的社团文化。

二、中职学校学生社团建设存在的问题及原因分析

（一）社团能满足学生精神文化生活的需要，但质量参差不齐

调查发现，即使社团活动种类繁多，学生能够进行自主选择，但是从社团文化、活动创意性、活动吸引力以及社团活动连续性等方面来衡量社团活动，却反映出质量不高、参差不齐的现状。

1. 对社团活动是美育工程的重要实验方式认识不到位

美育作为德智体美劳协同发展的重要组成部分，相比较智育而言，还没有被充分重视。社团活动可以促进学生建立正确的价值观、激励健康人格的形成，有利于学生全面发展。同样，社团活动帮助学生学会承担责任、协调人际关系、规范自身行为，它也承担着文化娱乐和实践创新功能，但是社团的这些作用没有被社团的领导层、管理层、社团指导教师和学生注意到，并没有将其放到与智育同样的地位，更没有认识到社团活动是美育工程的重要实验方式。

2. 社团教学方式缺乏研究创新，形式单一

社团活动作为展示社团文化的重要载体，也是加强社团内部成员之间的交流、构建人际关系和锻炼自身能力素质的平台，但是社团活动中呈现出形式单一的问题，具体表现在：一是缺少教育目标，盲目追求社团数量，忽视社团的内涵建设；二是缺乏创新，有的社团活动缺乏创新，导致常年来活动形式单一，缺乏发展动力；三是活动定位不准确，很多社团在制订活动时，缺乏全局观念和整体设计，缺乏品牌特色。

3. 社团资金投入及硬件设施匹配不科学

目前大部分中职学校学生社团的经费十分有限。尽管部分学生社团在开展活动时能通过赞助或缴纳会费以及学生自购等方式，筹措到一部分资金或物资，但仍是整体经费不足，活动效果受制约，社团发展受影响。

目前大部分中职学校学生社团均没有匹配固定的活动场所，设备的提供明

显受到环境的制约。很多体育运动或者文艺类需要特定场地的社团，因没有符合条件的活动场地，而使得活动无法顺利开展。设备的匹配上还存在不足的情况，硬件不能保证，社团课就没有学生可以动手体验的环节，社团课就显得枯燥，缺乏吸引力。

（二）社团管理机制基本健全，但管理力度薄弱

一个优秀社团的发展离不开强有力的决策层和管理层，其管理力度的强弱影响着社团发展的走向。

1. 对社团的管理力度不足

通过调查发现，目前天津市海河教育园区某中职院校中社团管理制度基本健全，涵盖社团教师管理制度、社团学生管理制度、社团场地管理制度、社团物资管理制度、社团安全管理制度等相关管理制度。这些制度规范了社团的建设，但是这些制度在落实的时候，却没有实现制度落实到行之有效的地步。

通过调查发现，管理也形成了自上而下的管理层次。学校党委领导、学校团委牵头并成立管理部门。社团外部的管理内容是社团的教师队伍的管理、社团活动场地的安排、社团活动质量的监督，这些均由社团外部管理部门统一管理。外部管理力量不充足，实际上管理力量的薄弱也就导致各种管理制度没有执行到位。社团内部管理内容是社团学生的管理、社团活动过程的管理，这些均由社团内部指导教师和辅导教师以及社团学生干部进行。对于规模庞大的社团来说，教师或者学生因为对社团的期待不同也会影响社团的管理力度。那些对社团不感兴趣的教师和学生干部以及缺少管理理念和方法的教师和学生干部也会削弱社团中的管理力量。总体而言，不管是社团外部管理还是内部管理，目前都没有处在学校教育教学的中心，那么相应的管理也会弱化。

2. 对社团服务和协调不充足

经过研究发现，该学校中的社团数量多、规模庞大。团委作为社团的管理部门同样也是社团的服务部门，其中也承担着社团的协调工作。具体工作内容包括每周社团活动的场地安排、每周社团活动物资的领取、教师请假和学生请假、教案和社团课程月度计划表收取验收等工作。同时协调社团开办过程中出现的问题，例如有些社团因为当时课程的设置，要从原来户外的场地转到室内场地，那么管理人员就会与其他社团协调互换场地或者协调新的场地，但是由于人员的限制，时常也会出现服务和协调不到位的情况，由于前期社团服务与协调工作没有做到位，也会影响社团活动的开展。

（三）社团促进校园文化繁荣，但育人效果不显著

社团作为校园文化的重要组成部分，它是体现校园文化的重要载体，也是

学生进行课外活动的主要途径。因此社团在学生教育当中担负着重要的责任。

1. 学生社团被动学习多，主动学习少

学生缺少社团主体精神。社团在加强校园文化建设、提高学生综合素质、引导学生适应社会、促进学生成才就业等方面发挥着重要作用，但是学生作为活动的主体，由于缺乏激发社团指导教师、社团骨干、社团成员的模式，学生缺少社团主体精神，一般是在社团指导教师的带领下被动学习，主动探索的欲望低。

2. 社团人数众多，教育引导针对性弱

通过调查发现，由于很多社团的设置打破了年级、专业、年龄的限制，所以对于规模大的社团来说，社团课程一般会采取标准的活动模式，那这种模式忽视了社团的真实情况，包括社团男女比例、社团学生的年龄、社团成员的专业。也就是说，社团活动重标准、轻个性，这种标准化的实践教学，不能满足个体差异性需求，学生无法发挥主观能动性，不利于促进学生个性发展、提升实践能力，导致学生对专业教学的兴趣不足。

（四）小结

通过研究社团发展现状并分析问题，进一步明确限制社团的因素。经过归因分析，社团发展中出现的问题主要体现在社团质量参差不齐、育人效果不显著这两个方面，同时也为后续的对策研究指出了方向。

三、改善中职社团建设现状的对策

（一）提升社团活动质量，激发社团内在活力

本次研究发现，社团活动质量参差不齐，部分教师不重视社团活动，部分学生参与社团活动的热情不高涨。根据这一现象，激发社团内在活力、提升社团内涵建设迫在眉睫。

1. 凝聚教师共识，提高学生认识

教师作为学生社团活动的组织者，教师的作用就是为学生提供优质的社团活动内容，带领学生进行活动，通过社团活动发现学生所长并帮助学生掌握一项新的技能。因此，社团教师要在思想上认识到社团活动的重要性以及对学生全面发展的作用。所以社团教师要充分重视社团活动，并把社团活动放在教育教学的重要位置。

学生是社团活动的主体，同时也是社团活动的受益者。在平时的教育教学中学校要关注学生的精神文化需求，更要将社团文化融入学校的各方面，这样学生才会认识到学校开展社团活动的意义和作用。同时，教师要引导学生树立

正确的学习观念和活动观念。社团活动是学生的"第二课堂",它是"第一课堂"的延伸,对学生的成长成才发挥着重要的作用。不仅要学好书本知识更要认识到社团活动的重要性,引导学生把社团活动作为自己能力拓展的重要平台,从思想上提高学生对社团活动的认识。

2. 提高社团课程建设设计与教研能力

社团作为学生的必修课,其教育质量同样关乎着学生成长,社团课程的质量决定社团活动开展得顺利与否。社团教师要充分重视社团课程的建设,要根据社团规模、社团性质、社团成员等方面做好社团课程建设,设计出适合学生并能吸引学生的课程。高质量的课程才能保障社团的内涵建设。

社团和文化课程与实训课程同样重要,因此社团教师对社团课程要进行教研和学生的学情分析,并根据真实的学习情况不断改进社团课程内容的设置、活动的形式、活动的时间等方面。因此,社团教师要通过社团每一次的活动,不断提高自己的教研能力,不断提高社团建设的质量,促进社团不断激发内在动力。

3. 打破社团评价"瓶颈",建立健全评价体系

社团作为学生的必修课,同样发挥着重要的作用。因此,激发社团的内在动力,提高社团建设的质量,建立健全社团评价体系是保障社团发展的重要路径。

社团评价体系从社团教师、学生、课程建设、活动组织、活动内容、活动效果等方面要建立健全评价机制。评价的目的是通过反馈评价结果,为社团指出不足,让社团明确发展方向,保障社团确实能够发挥出"第二课堂"的育人效果。

(二)加强领导,打破管理壁垒

加强社团领导层和管理层的领导,畅通管理通道,才能保证学校社团正常运行。

1. 加强党委领导,保证社团课程顺利开展

通过调查发现,社团在学校教育教学中的地位取决于学校党委对社团的重视程度。通过对现状的研究,发现学校领导班子如果没有将社团放在学校教育教学中重要的位置,那么社团教师和学生也会忽视社团的地位。只有学校党委加强对社团的领导,那么学校中的社团才会得到社团教师和学生的充分重视,也会为社团建设扫清路上的障碍。

2. 提高管理部门服务与协调能力

社团管理部门是为各个社团提供服务的部门。针对社团开展过程中出现的

问题，社团管理部门负责全体社团教师配备、学生管理、场地安排、活动物资等工作。因此，加强管理部门服务与协调能力要根据学校教育教学要求综合统筹学校中所有社团，根据社团提出的要求，提供相应的帮助，协调各个社团中涉及的因素。

3. 打破管理界限，形成教育合力

社团的运行涉及学校的方方面面，社团作为一个庞大的工程，涉及全学校的教师、学生、场地、物资等。为了更好地管理社团也为了促使社团向高质量发展，在学校党委的领导下，学校中的人力和物力资源要形成一股合力。因为社团的建设需要学校所有资源的支持，只有学校中形成一股教育合力，社团才能更好、更快地发展。

（三）提供社团文化展示平台，打造社团名片工程

给社团提供展示风采的平台，帮助社团明确发展方向，打造精品工程，使社团成为学校对外展示的窗口。

1. 建立保障机制

建立资金保障机制。通过研究发现，社团活动具备充足的活动器械才可以开展形式多样的社团活动。建立社团活动经费账户，加大资金投入，为社团提供充足的物质保障才能够满足社团自身的发展。

建立人员保障机制。每学期学校的教职工都会有些许的变动，为了保障每个社团都能有专业的指导教师，社团管理部门要和人力资源部门进行沟通，随时根据人员变化调整社团指导教师。社团指导教师是社团工作的牵头人物，如果学校中没有具备该社团专业知识和技能的老师，便可以通过聘请学校外的专业教师担任该社团的指导教师。根据社团规模、社团性质、社团活动场地，可以增加社团指导教师。将社团分组进行管理，各指导教师分别负责各小组的社团活动。根据社团要求配备一定数量的指导教师，才能保障各个社团开展高质量的活动。

通过相应的保障机制，各个社团可以配备足够的人力和物力资源，为社团发展建设打造稳固的基础。

2. 找准社团定位

学校是学生们共同生活的家园，那么在学校社团蓬勃发展的情况下，要为社团发展搭建校内展示平台，为学生们提供展示青春风采的机会，激发学生的热情，提高学生参与社团的热情。通过学校的平台选拔出优秀社团，形成一种积极的氛围，着力打造精品社团，让精品社团成为学校文化的重要展示窗口，同时也成为向外界输出学校文化理念的重要载体。社团选拔，为各个社团指出

了发展方向，同时也选拔出了精品社团，在学校里形成名片工程。通过社团纳新暨文艺展演活动，可以展示各社团风采。

3. 优化外部环境

通过查阅资料，我们不难发现，社团的发展还受社团外部环境制约，就是能够引导社团向好发展，并为社团提供广阔展示平台，能够获取一定资金支持，有效开展各项活动的外在因素。一是学校的支持是社团发展的先决条件。要发展学生社团首先要营造一个有利于社团发展的外部软环境。具体来说，就是需要学校党委及有关部门（团委）的支持和引导。只有得到学校的支持与认可，学生在社团才有可能有其"立命安身"之地。对社团活动，团委要尽可能地给予支持，这种支持包括人力、物力、财力等方方面面。二是主管部门对社团的引导是社团前进的依据。学校仅仅是支持社团发展还是不够的，还要对社团加以正确引导。只有得到学校主管部门的正确引导，学生社团才能找到其持续发展的方向。主管部门应重视社团建设的辅导，配备足量的社团指导教师，以天津市海河教育园区某中职院校为例，师生比能1∶20，但对于数控铣、电梯等技能型社团或具有一定危险性的安全社团、弘扬传统文化的空竹社团等，还是需要师生比达到1∶10为最佳，因为社团的师资匹配还是比较匮乏的。同时，帮助社团完善内部制度，就目前情况看，中职学校拥有比较完善的社团制度的少之又少，对于每个社团都有自己完备的章程和各项制度的更是少之又少，面对这种情况，天津市海河教育园区某中职院校统一模板，制定ISO9000制度体系，形成了流程，构成了一套强而有力、适合保障社团发展的管理措施。此外，为社团搭建展示平台也尤为重要，学校里的大小活动，都有学生社团的参与。如"心韵之声"社团以建党百年为契机，排练《万泉河水清又清》，荣获天津市津南区群众性文艺演出优胜奖，并将代表津南区参加天津电视台演唱节目录制，这为学生赢得人生出彩机会的同时，也为社团创立了新的品牌；"演绎人生"社团以编撰、排演话剧、舞台剧为主要活动内容，经过长期的学习和指导，排演爱国剧《永不消逝的电波》，荣获天津市中职院校第三届课本剧一等奖；"四史"学习社以思政为主题主线，编撰思政情景剧《望乡》，荣获海河教育园区一等奖。除此之外，社团每年开展文化节、参加天津市美育实践课堂文艺展演比赛等，都为社团提供了展示机会，有了机会便有了激励，有了激励便有了干劲，有了干劲就能更加保障社团质量和效果。

综上所述，以上社团能取得突破性成就，打破学生不愿参与的桎梏，综合分析有以下四点原因：一是坚持党的领导。社团的建设要在学院党委的领导下，在团委的指导下开展活动，成立哪些社团，由谁担任指导教师、辅导教师，都由人力资源部拟定，经学院党委审阅确定。要紧扣党管一切这条主线，将社团工作统一到党建带团建的思想上来。二是课程设置丰富多彩。学校要求每个社团要精心设计每次课程，要有系统性、连贯性，同时注重社团学生课上活动参与率，注重培养社团骨干自主讲授课程，不断增强骨干组织能力，成为学生喜闻乐见的社团。三是政策支持、资金投入力度大。社团在硬件设施的采购上都需要资金支持，而社团的硬件设施好，对学生的吸引力也会增强，社团的核心竞争力也会增强，打造精品社团对资金投入有一定需求。四是思政类社团成为主流。该校除研"习"社以外，还有"四史"研究社、"新闻眼"社团等，这对了解党史、新中国史、改革开放史、社会主义发展史，涵养家国情怀，培养民族精神尤为重要，从而使学生更加深刻理解中国共产党为什么"能"、马克思主义为什么"行"、中国特色社会主义为什么"好"，为青年做社会主义核心价值观的践行者打下了坚实的理论基础。

（四）小结

对社团建设发展提出具体对策，丰富了社团研究的理论，也为社团建设发展提供了具体的路径。加强社团的领导、突破传统管理、激发社团内在活力，提供广阔的展示舞台进一步完善社团发展。

结语

近年来，党和国家高度重视社团在人才培养中的重要作用，积极支持学生社团活动，大力促进学生社团发展，切实加强对学生社团管理，引导学生社团健康发展。在国家大力支持下，学生社团进入了蓬勃发展时期，社团数量迅速增多，社团种类快速增加，社团活动成为学生学习生活中不可或缺的部分。社团是学生自我教育、自我管理、自我服务的最佳组织，社团这一平台，让更多的学生深化知识、提升能力、彰显个性、促进学生的全面发展。而学生社团也是审美教育实施的重要途径，对审美教育的发展起促进作用。借助学生社团平台推动美育全覆盖，以美育发展促进五育并举，培养德智体美劳全面发展的高素质大国工匠。

黄炎培职业教育质量观的内涵及其当代价值

重庆工业职业技术学院党委宣传部　金正连　钟艳红

摘　要：黄炎培的职业教育思想对中国的职业教育影响深远，学界对黄炎培职业教育质量观较少研究。黄炎培职业教育质量观主要包括：第一，职业教育质量要求：发展学生能力、大职教主义整体观；第二，职业教育质量方针：科学化、社会化、连贯系统教育；第三，职业教育质量方法：手脑并用、做学合一、先修业再毕业、职业道德、"一贯互进法"；第四，职业教育质量之敌："职业教育之礁"等内容。黄炎培职业教育质量观对于当代的职业教育有着重要的借鉴和指导意义。

关键词：黄炎培；职业教育质量观；职业院校；高质量发展

黄炎培是中国杰出的教育家、社会活动家，中国职业教育最早的倡导者、研究者、践行者。他曾筹办南京高等师范学校、河海工程专门学校（河海大学前身）、南京大学、厦门大学等高等学府，筹建上川铁路，办川沙学堂、浦东中学、比乐中学等，创办《教育与职业》《救国通讯》等杂志，倡办中华职业学校，成立中华职业教育社、职业教育研究会，联合社会名流创立中国民主政团同盟（后改为民盟）、中国民主建国会等。新中国成立后担任政务院副总理、全国人大常委会（副）委员长、全国政协副主席等职务。

黄炎培的职业教育思想对中国的职业教育影响深远，学术界对黄炎培的贫民教育思想、德育教育思想、劳动教育思想、教学思想等以及与杜威、蔡元培、陶行知等人的思想比较等方面的研究有丰富的成果，而对黄炎培职业教育质量观较少涉猎，其职业教育的质量观散见于他的众多著作和演讲中，本文尝试从黄炎培众多职业教育有关质量的观点和论述中梳理出黄炎培先生关于职业教育的质量观的基本概貌，以期对当代职业教育的发展和创新有借鉴作用。

一、黄炎培职业教育质量观的基本内涵

（一）职业教育质量要求：发展学生能力；大职业教育主义

1. 发展学生能力

黄炎培认为，教育的本义在于发展学生的能力。"盖教育云者，固授人以学识技能，而使之能生存于世界也。""学校决不应以传授知识为唯一任务，应扶植儿童整个向上的生活。""应启发儿童生理、心理，助长其正当发展。"

人类从诞生伊始就一直传授子女们以各种生活技能，确保自己的后代能够生存和发展下去，以适应外部世界，这就是最早的教育。今天，人们需要学会更多的技能和本领才能适应社会的发展，但教育的本质没有改变，通过教育发展学生的能力，而职业教育则更多地倾向于发展学生职业方面的技能。这就隐含着职业教育的质量问题，学生的职业能力训练并发展好了，职业教育的质量也就高了。

2. 大职业教育主义

1925年12月，黄炎培提出"大职业教育主义""一般教育不发达，职业教育当然不发达""只从职业学校做工夫，不能发达职业教育""只从教育界做工夫，不能发达职业教育""只从农、工、商职业界做工夫，不能发达职业教育"。按照黄炎培的观点，要想做好职业教育就要放眼全局，具备"大职业教育主义"的思维。这说的正是职业教育的质量问题。

事物都是相互联系的，在各行各业都很糟糕的情况下，职业教育怎么可能"独善其身"呢？环境污染、全球气温升高，哪一个国家都不可能置身事外；新冠肺炎疫情来临，世界各国都受到影响。这也正是习近平总书记提出"构建人类命运共同体"的初衷。

当年，习近平在浙江担任省委书记时就提出："'跳出浙江发展浙江'，不仅是浙江经济社会发展的必然要求，也是一种全局意识和政治责任。"这和黄炎培的"大职业教育主义"有异曲同工之妙，说的都是同一个道理，干任何事情都要有大局意识和整体观念，只有看到整体的情况，才能干好局部的工作，做到"胸中一盘棋"。

（二）职业教育质量方针：科学化、社会化、连贯系统教育

1. 职业教育质量方针之科学化

此意味着"用科学来解决职业教育问题""职业教育，直接求百业的进步，间接关系民生国计大问题，并不会在科学以外，别有解决的新办法"。怎样用科学来解决职业教育的问题呢？黄炎培认为，要"因职业的各种不同，与人的天

性、天才、兴趣、环境的各种不同，替它分别种类，谁则宜某种，谁则不宜某种"。实际上这已经把职业教育置于社会心理学的科学基础之上。西方广泛运用职业能力测试来选人用人，而我们在这方面则运用较少。

2. 职业教育质量方针之社会化

此意味着"办理职业教育，必须注意时代趋势与应走之途径，社会需要某种人才，即办某种学校""职业教育的原则，着重在社会需要"。黄炎培认为，职业学校"最要紧的一点，譬如人身中的灵魂，'得之则生，弗得则死'"，"从其本质说来，就是社会性；从其作用说来，就是社会化。"这个论述鞭辟入里，社会化确实是职业教育的灵魂，如果职业教育培养出来的人才都是社会不需要的，是社会所排斥的，那么职业学校就没有办学的必要了。从这个意义上来说，职业教育最要紧的就是社会化。

3. 职业教育质量之连贯系统教育

按照黄炎培的观点，应该建立职业陶冶—职业指导—职业训练—职业补习、再补习这样一个连贯的、系统的职业教育过程。如果职业教育不能连贯进行，则会大大减损职业教育的质量，拉低人们的职业技能水平。社会上那种把普通学校作为正统教育而把职业学校作为偏系教育的传统观念应该坚决摒弃。直到今天，社会上仍然有不少人认为高考考取了本科才算成功，考取了职业院校就是失败的，一句话，高考以上本科为荣、以上高职为耻。民国时期的社会心态是不是在今天再次呈现？

（三）职业教育质量方法：手脑并用、做学合一、先修业再毕业、职业道德、"一贯互进法"

用什么样的方法才能达到职业教育比较好的质量呢？黄炎培认为，有如下四种方法可以采用。

第一，手脑并用、学做合一。黄炎培对当时开办实业学堂的经验进行了探索和总结，认为实业学堂教学生读农工商的书本，而不是教给学生农工商怎么做，这就必然导致学生重视理论学习而轻视实践、贫于能力。"职业教育的目的乃在养成实际的、有效的生产能力，欲达此种境地，需要手脑并用。"学生在学习动手操作的同时，必然要开动脑筋，这就是"手脑并用"。"如果只注重书本知识，而不去实地参加工作，是知而不能行，不知真知。"这和哲学上强调实践的重要性是一致的。

第二，先修业再毕业。中华职业教育社在其章程中明确规定：生徒半日授课、半日工作，务期各种技能达于熟练。中华职业学校的规定有：学生修业期满仅发给学生修业证书，学生必须到工作单位实习一年，证明能够胜任所担任的工作后,学校再发给学生毕业证书。这就清楚地要求学生,其在学校学习到的职业技能必须过硬,综合素质能够得到用人单位的认可才行,用用人单位的实践来检验学生的职业技能的质量,也是在检验职业教育的质量。

第三,注重职业道德。黄炎培认为,单纯强调职业技能而忽视职业道德不是好的职业教育,高质量的职业教育应该包括职业技能的学习和职业道德的培养,二者缺一不可。如果离开职业道德的培养,那么职业教育就失去了其真义。这和当前强调"德艺双馨""德技并修"是一致的,都是强调道德的重要性。他为中华职业学校亲自拟定的校训是"敬业乐群",对学业具有嗜好心,对事业具有责任心,具有优美和乐之情操与共同协作之精神。这些说的都是人的道德品质。

第四,"一贯互进法"。黄炎培所提倡的"一贯互进法",就是在学生初中毕业后选择与自己天性相近的高中科目进行学习,毕业后实习一年,学习什么就实习什么,升入大学,学工的仍然学工,学农的仍然学农,毕业后就职一两年,再入研究院,学成正式就职。这种方法"学而习,习而复学,使其所学与社会需要相配合,免蹈一般学非所用的流弊""使青年聚精会神于一种专科,学于此,习于此,所认定的知能,必较普通教育方法所得为切实而熟练"。这就和"拳不离手,曲不离口"的道理是一样的,任何技能都是熟能生巧,功到自然成,职业技能就应该以数量的训练达到质量的提高。

(四)职业教育质量之敌:"职业教育之礁"

按照黄炎培的观点,职业教育质量最大的敌人是"职业教育之礁"。1923年,他在《教育与职业》杂志第一期上刊登题为"职业教育之礁"的文章,认为从事职业教育的受教育者"非以职业为贫,即以职业为苦""非真对于职业抱有最高之信仰而来也,来学时既无就业之诚,学成后更安有乐业之日。此无形之礁石"。这一现象在差不多一百年后的当代社会亦不同程度地存在着,这对职业教育到底有多大的危害呢?

职业教育就像一艘航行在水中的大船,突出水面的礁石,行船人看得见,可以轻松地绕开;而水面以下的暗礁石,行船人看不见却对行船的安全产生巨大威胁,只要撞上暗礁,必然毁坏船只直至沉没,就像泰坦尼克号撞上冰山一样。政府对职业教育的政策和做法是看得见的,可以称为"有形的礁石";而受教育者包括其家长对职业教育的态度则是看不见的,可以称为"无形之礁石"或者叫"暗礁"。因为是人们对于职业教育的态度、认识、理念等,无法直接看到,但是对职业教育却危害极大,因为有什么样的态度就会在适当的时候自然产生相应的行为。

来职业学校学习职业技能就根本没有抱着真诚之心，学成之后也没有从事所学职业，可想而知，受教育者会以高度的热情和全部精力去学习职业技能吗？绝不可能。这样，学习的效果或者说是职业教育的质量就可想而知了，也就不可能好到哪里去。因此，我们称"职业教育之礁"是职业教育质量的最大敌人。

以上简单梳理了黄炎培职业教育质量观的概貌，这些质量观对于当代职业教育有什么样的借鉴意义呢？

二、黄炎培职业教育质量观的当代价值

一是为国家制定职业教育发展政策提供依据。黄炎培先生在一百年前就系统论述了提高职业教育质量的若干问题，当年黄先生所论述的不少问题犹在眼前，对于我们当代的职业教育极具指导意义。

比如，对于"大职业教育主义"，我们的政府、行业、企业和职业院校是否可以更加紧密地联系在一起加强合作和研发呢？对于"一贯互进法"，政府是否可以制定相关的政策以保证实现"一贯互进法"以促进职业教育的高质量发展呢？对于"职业教育之礁"，我们的政府主管部门是否可以有所为有所不为呢？等等。

二是为企业内涵式发展提供优质人才。企业的发展需要高质量的职业技能人才，某种程度上就取决于企业每年新增的新鲜血液的质量即职业院校的毕业生的质量。职业院校毕业生的质量高，则可极大地促进企业的内涵式发展。

人是最活跃、最能动的因素，人可以白手起家，创造无限可能，这就是各个国家、各个城市都在千方百计地吸引人才的最根本原因。深圳原来就是个不起眼的小渔村，改革开放后汇聚了全国众多的各类人才前来创业，每年全国城市科技创新指数排名，深圳基本是前三名，2021年排名仅次于北京，全国第二。

三是为职业院校高质量发展提供理论和实践指导。当前，职业院校如何高质量发展，黄炎培的职业教育质量观可以提供很好的指导。比如，职业教育的科学化问题，我们是否可以在学生入学后进行一次新生职业能力测试，根据测试结果建议学生选择适合他们职业倾向的专业，如果学生同意就无条件转专业；职业教育的社会化问题，当前，人工智能、大数据、云计算等极为前沿，职业教育应该立即着手设立相应的职业教育，以快速适应社会需求；先修业再毕业问题，我们当代的职业教育敢不敢让用人单位的实践检验我们的职业教育质量；等等。

三、用黄炎培职业教育质量观反观当代职业教育实践

毋庸置疑，黄炎培职业教育质量观对于当代职业教育具有重要的指导意义，因为其职业教育质量观均来自他的实地考察和用心思考，虽然时过境迁，但是一百年前黄炎培论述的许多问题在今天的职业教育领域依然存在。用黄炎培职业教育质量观反观当代职业教育的现实，我们至少产生三点思考和认识。

1926年，黄炎培提出："一、只从职业学校做工夫，不能发达职业教育；二、只从教育界做工夫，不能发达职业教育；三、只从农、工、商职业界做工夫，不能发达职业教育。""内部工作的努力不用说了，对外还须有最高的热诚，参与一切；有最大的度量，容纳一切。其实岂但职业教育，什么教育都该这样，也许什么事业都该这样。这样职业教育方针称他什么呢？大胆的称他'大职业教育主义'。"黄炎培的意思很清楚，要想搞好职业教育，就必须和全社会保持密切的联系，尤其是社会的各行各业，仅仅局限于职业教育之内是搞不好职业教育的。

反观今天的职业教育，只是沉浸在自己的小圈子里，职业学校之间交流倒是比较多，但职业教育与本科院校、职业教育与企业界的交流就很少了，更谈不上深度融合了。2017年，习近平总书记在党的十九大报告中提出："完善职业教育和培训体系，深化产教融合、校企合作。"说明之前的职业教育与企业的合作远远不够，而这种情况在九十七年前，黄炎培就专门论述过了。

"一贯互进法"互进几何？1942年，黄炎培撰文："我所主张的学习一贯互进法，就是：'学生毕业初级中学，欲升入高级中学，便应就其天才、天性所近，认修高中某种分科。三年毕业后，实习一年，例如学工则习工，学农则习农。再升入专科大学，习工者仍学工，习农者仍学农。毕业后，依其所学，就职一二年，入研究生院或就学国外，学成正式就职。'"意思是无论学什么专业，都要一贯坚持，理论学习和实践操作交替进行，长期坚持必见成效。"行此法，可使中材子弟，得较可靠的一技之长，立身而报国。如遇天资较高者，必可养成一个具有实际学力与实际服务能力的专门家。"

反观当前的职业教育，经常有所学专业与就业专业不匹配的情况。有研究显示，我国有33.3%的大学毕业生半年后找到的工作与自己所学专业存在不匹配的情况。就是说我国有三分之一的大学毕业生就业非自己所学，学的是一个专业，干的是另外一个专业，造成专业不能精进，即使学得好也无法在实践中继续钻研，资源浪费严重。

八十年前，黄炎培先生论述过的问题，八十年后的今天，不应该需要我们

再来论述其科学性、合理性，而应该是我们的认识是否到位的问题和如何做的问题了。

"职业教育之礁"远在天边还是近在眼前？1923年黄炎培就说过："非以职业为贱，即以职业为苦。总之，受职业教育者，非真对于职业抱有最高之信仰而来也。来学时既无就职之诚，学成后更安有乐业之日？此无形之礁石。"一百年过去了，今天我们的职业教育是否还存在"职业教育之礁"的情形呢？完全存在。

这么多年来，职业教育在艰难中求生存。社会各界、政府部门对于一流大学的投入常常令高职院校羡慕不已；长期以来，职业教育得不到重视，只是近几年才逐渐得到改善；社会各界对职业教育的认识也不够全面和科学。这些因素都造成"职业教育之礁"在今天还依然存在的现实。

要实现职业教育高质量发展，还有很长的路要走，还需要全社会的共同努力。

构建现代职业教育体系：精神、框架与路径

重庆工业职业技术学院　雷希

摘　要：职业教育归属于国民教育体系的一部分，有着自身的根本属性和存在方式。筑造现代化职业教育体系是新时代践行教育强国战略的应有之义，是寻求教育适时性转向的必然之举。以"立德树人"作为当前职业教育的根本任务和指导思想，倾力培育职业院校的工匠精神，科学搭建职业教育的专业论、课程论和教学论的完整架构，推动职普融通、产教融合与校企合作路向的深入挖掘，以期高质量构建科学合理、多元全面的现代职业教育体系。

关键词：现代职业教育体系；立德树人；产教融合

20世纪80年代，以教育部、上海和辽宁的职业教育研究所为领跑者，组织沈阳、苏州、无锡、常州、芜湖、沙市六个城市的职业教育机构和企业共同承担国家教育规划"八五"重点研究课题，旨在以渗透着理论的实验促进中国的职业教育建设。经过三十多年的摸索提炼，我国形成了独具中国特色的职业教育的理论体系和实践路径，在借鉴多方经验的基础上，逐渐浇筑成现代职业教育体系的全新面貌。步入新时代，在规律性、科学性成果的普照下，遵循社会历史发展机遇，以"立德树人"思想指导现代化的职业教育建设，培养职业院校的工匠精神，适应现代产业升级的需要，深耕专业、课程和教学三大领域，实现职普融通、产教融合与校企合作路径的锻打。

一、现代职业教育中工匠精神的养成

习近平总书记指出："加快构建现代职业教育体系，培养更多高素质技术技能人才、能工巧匠、大国工匠。"伴随着经济社会的变迁、生产要素的变更，产业转型升级被国家提到了至关重要的位置，在此背景下，能否抓住历史变迁所带来的新一轮生产力大发展的机会，决定着经济可持续发展的效度。各个层面对工匠精神的弘扬，直接影响着经济可持续发展效度的张力。现代职业教育是

培育工匠精神的前沿阵地，换言之，对工匠精神的重视本身即是现代职业教育的本质所在。

（一）现代职业教育强调工匠精神培植的必要性

1. 履行高校立德树人根本任务的需要。近年来，职业教育面向市场所需培养高技能人才，往往重视对人才专业素质的提升，而忽视职业素养培育。如此一来，步入社会之后的学生，将所学应用于产业发展链条中时，往往在思想意识上缺失技术的价值取向。质言之，现代职业教育首先应当教给学生的就是技术为谁所用的本体论释义。显然，在马克思主义指导下的中国社会，怀揣工匠精神的专业人才，其技能应用的终极目的是人民的幸福生活，换言之，高职院校的学生技能操作的实际效力是要融入人民对物质生产与精神生产的共同追求之中的。因此，"落实好立德树人根本任务，健全德技并修、工学结合的育人机制，完善评价机制，规范人才培养过程"，是现代职业教育夯实工匠精神的必然之举。

2. 适应产业升级、推动供给侧改革的需要。我国经济在经过几十年的快速发展之后，需要在经济发展质量和内容上有质的提升，尤其是在产业升级上实现突破。在供给侧结构性改革的总体背景下，人们对产品的需求逐渐青睐于质量和个性化，企业也因此将更注重科技研发和中高端产品的制造。高职院校培养的学生更多直接面向企业输出，作为企业的生力军，自然应具备"工匠精神"，只有将精益求精的品质要求和为民劳动的精神追求融入生产过程的每一个环节中，才能为制造业强国的实现奠定坚实的基础。

3. 实现高质量就业的需要。随着高等教育改革的境遇，社会和企业对学历的要求越来越由普遍的接纳迈入精英化的选择，换言之，学历在表象上已然成为大众化的事物，但实质上，企业所录取的就业生中很大一部分并未达到其标准。因此，为了避免人才浪费和被随意闲置，需要现代化职业教育竭力培育拥有"工匠精神"的现代职业毕业生。并且，对职业院校毕业生自身来说，唯有秉持"工匠"精神，牢记职业为人的价值取向，不断提升劳动技能，探究专业创新的可能，方可获得高质量就业的机会。

（二）现代职业教育工匠精神培育面临的问题

1. 在课程体系构建方面，职业院校还未将"工匠精神"作为完整系统的课程内容归入课程体系的构建之中。"工匠精神"在西方尤其德国，在职业教育的设计导向、能力开发和专业教学等方面，都已经有比较成熟的参照坐标和评价指数。因此，作为在该领域后来者的我国的职业教育恰恰缺少这种成熟的"工匠精神"专业化的培育内容和机制，这也是很多职业院校的学生缺少对"工匠精神"基本内涵和要求的认识的原因。

2. 在产教融合深度方面,职业院校还未做到充分和具体。"工匠精神"的培育除了思想道德上的理论传输外,还需要在具体技能操作中融合"工匠精神"的精要。而产教融合就是验证学校对于"工匠精神"培育效果的最初的实验方式。学以致用这是我国历史上知识论的精粹要旨,产教融合即是在新时代对这一知识论观点的实在运用。企业视技能水平和职业素养并重,在当下的经济社会发展中,后者是前者释放最大效用的根本保证,而职业院校由于在产教融合方面做得不够深入和具体,便导致了毕业生缺少责任和担当,难以契合企业的用人目标。

3. 在校园文化建设方面,职业院校未能很好地将文化的宣传与"工匠精神"加以融合。学生生活的大部分时间是在学校中的,毋庸置疑,学校成了学生的第二个家。所以,校园文化的建设方向和形式直接关系到学生在课堂之外所受教育的补充程度。企业对毕业生素质的要求倒逼职业院校在提升学生"工匠精神"培养方面要下足力气,使学生养成对职业的忠诚、热爱和创造品格。而这些品格的养成,最初都是以一种意识的形式出现的,这种意识的铸造往往伴随着校园文化潜移默化的影响。由此可见,"工匠精神"与校园文化的结合方式和内容的安排需要进一步的探索和完善。

二、铸建现代职业教育的专业论、课程论和教学论框架

职业教育承载着满足社会需求的重任,是培养为社会直接创造财富的高素质劳动者和专门人才的教育。可见,职业教育既是经济社会发展的需要,也是提高就业质量的需要。所以,一个完整的现代职业教育框架的构建是当代中国特色社会主义现代化建设的重要组成部分,也是实现中华民族伟大复兴的必由之路。合理的现代职业教育框架意味着现代职业教育科学和理论的建立,即是由专业论、课程论和教学论各部分组成的统一整体。

(一)现代职业教育的专业论

1. 影响现代职业教育专业论的因素

政策制定引导因素。教育始终是国家软实力的重要组成要素,关涉到整体国家实力和人民自身素质的提高,只有坚持教育兴国才能够紧跟当前经济社会发展的大趋势。国家在现代职业教育领域所实行的政策,直接影响到现代职业教育发展的方向和后劲,是现代职业教育所制定主题的重要依据,尤其是在产业结构调整方面的战略和策略,更是关乎现在职业教育的具体规划。

科技发展催化因素。当前,全球新一轮科技革命蓄势待发,在农业、工业

和服务业等众多领域出现了与以往不同的生产经营模式,科技的元素越发融入整个经济社会的运行之中。对于劳动力素质的要求,经历了由多面化的技能掌握到单工种技术的持有,再到如今在科技辅助下重新对多种技能的熟练掌控。因此,现代职业教育的变革需要符合科技时代所带来的生产资料更新换代的状况,培养出能够熟习各种具备高新技术的现代化生产工具的综合型人才,顺应新时代科技发展的浪潮。

教育资源推动因素。所谓的教育资源即现代职业教育所拥有的教育条件,既包括外部所给予的政策、经费和场地的支撑,也包含职业院校自身所拥有的优秀的教师队伍和管理队伍。社会对专业化水准的要求越来越高,教育资源在专业化建设上的倾斜则能够培养出大量专门化的人才。

2. 现代职业教育专业建设的方法

学校专业机构的设置要全面。学校内部机构的设置,要在分析市场发展需求的基础上,紧贴学生自身的兴趣,并且负责机构运行的人员需具备相应的专业知识,能够及时掌握市场的最新动态,具有高度责任心。专业机构的设置,其主旨目标就是为学生服务,帮助学生的知识水平有专门化的应用,并使学生成长为社会、企业等真正需要的高质量人才。

学校专业设置的程序要规范。首先,学校应当建立多元化的信息渠道,除学校自身的招生就业办公室外,还要多与企业和市场相关机构建立联系,及时进行信息的搜集和筛选,掌握市场对于产业转型升级的最新需要。其次,开展市场调研,派驻专门团队了解多方市场发展的最新趋势,以及社会对于职业教育的态度,以此帮助学生在按照自身兴趣精进专业的同时能够适时地作出就业调整。再次,利用国内外最新职业分析的设计方案进行学生职业能力的测试,目的在于诊断出学生目前的技术掌握能力和专业素养是否能够胜任相应职业的需求,在这一方面需要借助最新的职业分析规划方法。最后,在可行性分析的基础上,完成教学开发,制定因材施教的课程计划。

学校专业类型的设置需要有所依据。职业院校专业类型的选择需要参考两方面因素:一方面,学校办学方向以服务地区发展为主,专业的设置要考虑到地区经济社会发展过程中的优势和短板,专业设置比较有针对性,规划方案的制定相对简单;另一方面,学校办学方向以行业的需求为主,专业的设置要顾及最新的市场动态,针对市场的特色举办相应的专业门类,因此,专业设置具有广延性和综合性。

（二）现代职业教育的课程论

1. 职业教育课程开发的基本概念

职业教育课程开发，就是在基于调研数据的基础上所进行的课程设计，相关课程内容的制定，以及课程结构的排列。课程结构，分为以课程方案的总体布局为主要任务的全结构设计，同时也包括以教材的使用为主要目标的具体结构设计。实际上，不管是全结构的设计，抑或是具体结构的揣摩，都需要以一定的课程标准作为标杆，这也是职业教育课程开发的重中之重。因此，课程开发即是围绕课程标准的要求所进行的教学计划、教学大纲和教材编写的多维性研究。

2. 职业教育课程开发的三种模式

根据相关考证，学科体系的课程开发分为三种模式。第一，目标模式。课程设计以相关主题的提出作为基本遵循，设计课程实施所需要的基本内容，试图达到课程设计目标所期望产生的学生的具体行为。第二，过程模式。课程设计根据最先已经形成的学科体系为中心，注重学生在整个学习过程中自身对知识及其他事物认知的形成，而不局限于对相关主题施行结果的回复。第三，环境模式。课程设计中，环境对于学生和教师有影响，同样，教师和学生也会对环境产生影响，如此意味着，课程设计的主体和外部环境之间进行着双向的互动作用。

（三）现代职业教育的教学论

1. 现代职业教育教学论的属性

职业往往带有专业属性的成分，那么作为专门的职业教育，自然应具有专业性。换言之职业本身与专业性是相互包含与渗透的一体，只不过职业是作为这个整体的表象而显露出来的，而专业性则作为这个整体的属性而内含于机体之中。

因此，作为现代职业教育教学论的属性，专业性在具体的教学过程中体现为四个方面：首先，具体教学所面对的不同专业类型的划分，其教学内容会偏重该专业在转化为职业过程中所需要的基本技能的学习，即从事职业所需资格的养成；其次，教学过程是督促学生意识到在未来走向社会时应当明晰所学专业所对应的职业功能，以此为目标形成针对性学习；再次，具体教学的教学过程应模拟社会环境、企业情境、生产链条，做到使学生初步感知未来职业所面临的状态；最后，教学论的本质是为了培养出社会所需要的专门人才和高质量劳动力，因而具体的教学过程应当吸取社会对于专业建设的意见，这本身就是提升职业专业性的过程。

2. 现代职业教育教学论的定位

职业教学论所涉及的种种内容，概括而论，是两类专业：一类是围绕对物的处置而形成的技能操作型专业，另一类是以现实的人作为服务对象的工艺管理型专业。实质上，这两类专业都是为了现实的人的自由而全面发展，因此，它们是同一个过程的两个方面，而不是截然对立的两条路线。

综上所述，职业教学论的定位大致分为三部分：第一，现代职业教学论是隶属于教育科学的一部分，是教育科学在职业教育中的分支；第二，现代职业教学论是具备专业属性的专门类科学，因此是众多科学门类中层次、结构清晰的特殊部分；第三，时至今日，现代职业教育教学论更多的是整合利于自身学科发展的其余学科知识而形成的一门具备综合性内容的大学科体系，是认识论发展与时俱进的产物。

三、推动现代职业教育体系路径的探寻

我国的现代职业教育体系的建设起步晚，在很多地方还处于摸索实验的阶段，但难能可贵的是，我国的现代职业教育体系在层次划分和专业分类上日渐趋于完整和科学。可见，作为引领未来经济社会发展重要脉动之一的现代职业教育是具备进一步增进的可能性和必然性的。对于其增进路径的探究，自然需要及时地予以推陈出新。

首先，探究职普融合的新教学图景。职业教育和普通教育在互联互通中实现学科建设就业导向双引领，在提升学生知识储备、技能学习和职业观建构方面形成巨大合力。长久以来，普通教育在教学模式的规划上，侧重的是综合性的能力，往往忽视基于学生兴趣点的专业化教学，而职业教育恰恰能够弥补这一缺陷。当然，职业教育也需要从普通教育的学科建设和管理方式上吸取经验，提高自身教育体系的现实水平。无论是普通教育还是职业教育，伴随着科技的经济形态的发展变化，注重学生个性化所需逐渐成为教育过程的着力点。因此，要研发一套满足学生个性化成长、于理论与实践结合中启发引导式的新教学模式。

其次，探寻产教融合的新形态。当前，正值新一轮产业革命的升级转换，高科技要素在产业发展中日益占据主导地位，与此相对，产教融合也要突出科技要素的比重。在产教融合的项目设计和践行中，产与教要突出科技在产业发展中的作用，并在资源共享的基础上规划出产业科技化的新思路；利用数字信息和互联网平台，为产教融合提供新的时空契机，打破传统的时空界限，并建造数学模型进行产业可行性分析，为线下的实体产业发展保驾护航。

最后,深化校企合作的运行机制。企业作为市场经济的基础单元,能够洞悉经济社会发展的最新动向,换言之,企业能够将市场的产业需求与发展走向有针对性地反馈给职业院校,以此增强人才培养的专门性和专业性;在校企合作中,企业也可以提前储备未来高精尖的产业工人,在资源双向流通中预先实现对未来企业中坚力量的实践培训,以此达到学校与企业之间信息的对称和教育的高效力。

新时代背景下职业教育何以实现"大有作为"
——学习习近平总书记对职业教育工作作出的重要指示精神

湖南工业职业技术学院 孟正文

摘 要：学习习近平总书记对职业教育工作作出的重要指示精神是职业教育体系干部师生当前及今后一个时期一项重大的政治任务。深入学习习近平总书记对职业教育工作作出的重要指示精神、落实全国职业教育大会精神，推进职业教育提质培优增值赋能，要增强职业教育发展的"动力"，激发职业教育文化的"活力"，进而提升职业教育服务的"质力"。

关键词：职业教育；高质量发展

习近平总书记在致首届全国职业技能大赛的贺信中指出："大力弘扬劳模精神、劳动精神、工匠精神，激励更多劳动者特别是青年一代走技能成才、技能报国之路，培养更多高技能人才和大国工匠，为全面建设社会主义现代化国家提供有力人才保障。"习近平总书记作出重要指示强调职业教育前途广阔、大有可为。这是职业教育发展历程中前所未有的机遇，新时代为职业教育的发展提供了有利的政策、广阔的平台和丰富的资源，职业教育战线应凝聚一心、奋进实干，以培育大国工匠、打造技能强国为目标，为实现个人梦创造条件，为实现中国梦提供前提条件，加快建设国家尊重技能、社会崇尚技能、人人享有技能的技能型社会。

一、增强职业教育发展的"动力"首在守正创新

当前，中国已经成为一个具备完整工业体系的工业强国，职业教育的作用不言而喻，它不仅是将教学与生产劳动结合的教育场所，更是培育复合型、应用型和创研型人才的重要阵地。职业教育的发展已初见成效，但社会认可度还不够，问题的根源在于没有激发职业教育本身的动力活力。要让更多的人看到职业教育的未来，提高职业教育的社会地位，当务之急是职业院校提升政治站

位，立足于新时代经济社会发展的需要；推进产教融合，持续深化改革，强化顶层设计；创新人才培养模式，让学生成为既有理论功底又有实操经验的复合型人才，得到企业青睐，实现高质量就业。

（一）提升政治站位

虽然职业教育的发展势头迅猛，但是在改革的道路上还存在一些矛盾与问题。尤其是在一些疑难杂症上，换个角度、提高位阶看待问题就会找到解决问题的途径，这个角度就是政治角度，这个位阶就是政治高度，政治站位一高，许多问题就会迎刃而解。

职业院校是否具备较高的政治站位要看是否具备政治意识，是否具备站位意识，即能否以全局意识把握国内外政治形势、指导实践。因此，职业院校提高政治站位需要从多个方面统筹发力。首先，就要深刻认识到职业教育的地位。实现"两个一百年"奋斗目标和中华民族伟大复兴是认识职业教育重要性的政治高度，是职业院校着力培养有理想信念、有知识技能、有职业道德的劳动者和专业技能人才的立足点。这同样也是提高我国国际竞争力的战略目标，实现"中国制造 2025"战略规划，就必须培养出世界一流的制造人才队伍，获得人才优势，奔向国际制造业高地。其次，提高政治站位还需要有责任心、有专业度的教师团队。在教与学的辩证统一关系中，教师和学生是教与学的主体，要充分调动教师"教"与学生"学"的积极性，才能有效提升教学质量。教师要以高度的责任意识去关心、教导学生，以专业的教学能力引导学生树立正确的三观，帮助学生形成辩证思维方式。最后，职业院校要全面加强学生思政工作。利用思想政治课程和课外实践活动，从学生学习、生活、工作等各个方面渗入爱党爱国教育，让学生成为一个个有理想、有本领、有担当的时代青年。

（二）推进产教融合，建设现代化职业教育体系

产教融合、校企合作是职业教育的基本办学模式，深化职业教育集团化办学，支持校企共建企业学院、企业实验室和工作室，为产教融合搭建平台。

首先是实现校区园区无缝对接，推进校区园区一体化发展。这就需要整合教育与社会资源，鼓励校企联合办学，组建职教集团，利用职教集团的社会资源和教育资源优势，专业理论与实操经验双管齐下，培养学生的专业技能能力，提高就业竞争力，实现校企共育和双赢局面。其次，做好专业产业相互衔接。打造重要先进制造业配套基地，围绕重点产业设置重点专业，引导职业院校建设好特色专业群，培养专门人才。2021 年，山河智能装备股份有限公司、远大科技集团有限公司等在内的 15 家企业入选湖南省第二批建设培育的产教融合型企业，并将长期与职教集团牵头单位湖南工业职业技术学院及相关成员学校开

展现代学徒制人才培养工作,承担实施1+X证书制度试点任务,共建学科专业点、产教融合实训基地、产业学院等,共享知识产权,以此推动构建形成校企命运共同体。未来将进一步发挥职业教育集团化办学主体作用,提升技术技能人才培养质量,形成引领示范效应。

(三)创新人才培养模式

创新职业教育人才培养,从个人角度出发,是为了让个人掌握生存技能,实现自身发展和人生价值,从国家角度出发,是为了更好地更高效地实现职业教育的目标,培养高质量、创新型人才更好地服务于中国特色社会主义现代化建设。一是要完善实践教学内容,既要使专业与社会发展、企业需求紧密联系,又要根据学生自身的兴趣和特点设定教学方式,帮助学生理解专业理论知识、提高实践能力。二是要改善实践教学场地和设施建设。对校内实训基地进行优化和升级,利用人工智能、大数据等技术手段,构建职业技能培训基地。三是扩充教学队伍、改善师资结构。学校应鼓励和支持教师参加职业技能培训与社会前沿讲座的学习交流,并定期组织教师去相关企业挂职学习;引进行业专家、能工巧匠或企业技术骨干入校宣讲,不断充实教学队伍。总之,创新技能人才培养模式,事关职业教育改革成效,事关中国制造强国战略的实现和民族的未来,因而,职业教育人才培养的问题是国家发展的关键问题。

二、激发职业教育文化的"活力"贵在赓续传承

职业教育的含义包括技术层面和文化层面。职业院校既是传授专业技能知识、技术的组织机构,又是孕育文化的重要阵地,职业教育培养的对象是人,文化即人化,职业文化是在人们长期活动中形成的价值观念、行为规范等,也是维护职业群体利益和规范的文化制度。发展职业教育,更要重视职业教育文化的建设,挖掘更深层次的职业教育理念,传承大国工匠精神,打造职业教育品牌。

(一)挖掘职业教育理念

中国是四大文明古国之一,自职业教育的萌芽时期开始就与人类的社会生活联系密切,"教民以猎""教民以渔""教民以耕"等都是职业教育的活动,包括我国古代的手工艺教育也曾达到了职业教育的巅峰,不仅如此,天文历算、冶炼铸造、农医兵器等技能都包含在职业教育的内容之中。足以见得,由古至今,职业关乎着每个人的生计,职业教育关乎着国家的经济发展。反观当下,在社会公众的眼中,职业教育被看作是"筛子底下的教育",只有学习成绩吊车尾、不爱学习爱捣乱的差生才是职业教育的培养对象,职业教育似乎成了一个

贬义词，"重身份、轻技术"的传统职业教育观念根深蒂固，社会民众应用辩证发展的眼光看待职业教育。

为了各行各业及社会公众更深入了解职业教育的办学理念、发展前景，调动其参与职业教育的积极性。要打破对职业教育都是"差生教育""职业院校学风差劲"等刻板印象。需要政府加大对职业教育产教融合、校企合作制度的宣传，以推动社会转变对职业教育的传统落后的观念，重塑职业教育形象、凝聚共识，营造良好的合作氛围。

（二）传承大国工匠精神

理解工匠精神首先要明白匠心，"何为匠心？"所谓匠，代表高技能；而所谓心，代表的是认真做事而达到审美境界的高素质。因此"匠心"指的就是既掌握高超的技术技能，同时兼备良好的人文素养与职业道德，在技术或技艺方面有着良好的创造性。

当前，职业教育走在高质量发展的重要阶段，在培养能工巧匠、培育工匠精神方面需要多方齐发力。一是在社会营造崇尚劳动、尊重劳动者的文化氛围。不论是通过知识还是劳动来获取利益与价值，都值得人们尊重和认可，特别是对于高技能人才和工匠，应该给予适当的物质褒奖和精神支持，并通过宣传技能人才的典型模范事迹来引导学生和公众尊重每一位劳动者。二是工匠精神走进校园、渗入学生心中。职业院校要从办学理念、校训校风、环境建设等方面抓起，将工匠精神的内涵根植学生心中。比如开设技能巧匠事迹宣传栏、组织参加各种技能竞赛、精品工程项目展示、体验工匠精神等方式，让学校的每个角落都充斥着工匠精神，学生在潜移默化中接受工匠精神的熏陶，引导学生做"工匠精神"的传播者和发扬者，成就"匠心人生"，在国家建设中彰显担当。

（三）打造职业教育品牌

要推进职业教育的高质量发展，初步打造职业教育的"教资品牌"和"地区品牌"，更深层次就是增进国际人才交流与科研合作，最终打造"中国品牌"。一是加强"双师型"教师队伍建设，打造教资品牌，采取"走出去"和"引进来"双模式，加快专业教师转型，对优秀模范教师要进行广泛宣传，发挥典型人物的带动作用。二是聚焦地方区域产业建设和战略部署，为地方经济产业发展培养专业技术人才，着力打造具有地方特色的职业教育品牌，有利于提升城市魅力，吸引更多优秀人才加入城市建设之中。以湖湘楚怡教育品牌为例，湖南省贯彻落实"三高四新"战略目标，大力开展"楚怡行动计划"，开展楚怡品牌学校和专业建设。将蕴含"爱国、求知、创业、兴工"的百年楚怡精神融入校园文化和思政教育之中，优化育人体系。作为与楚怡工业文化一脉相承的湖南工业职业技术学院充分发挥"双高"建设示范引领作用，与新化县楚怡工业学校签订合作协议，双方在品牌建设、师资队伍建设和治理能力建设等方面加强交流与合作，并取得良好成效。三是打造中国特色职业教育品牌，办好示范性中外合作办学机构和项目，建设一批高水平国际化专业，鼓励职业教育走出国门，形成在教育模式、技能专业、人文交流等方面具有国际影响力的中国职教品牌。

三、提升职业教育服务的"质力"重在增值赋能

我国职业教育正式进入提质培优、增值赋能的新时代，对于职业教育工作有了新的方向和要求。为提升职业教育的"质力"，必须坚定认同"立德树人"的根本任务、全力打造"有温度"的就业指导服务、构建"纵向贯通、横向融通"职教体系。

（一）落实"立德树人"根本任务

立德树人是高校的立身之本，立德通过德育培养来引导人、感化人、激励人，树人是坚持以人为本，通过各个阶段、各个类型的教育来塑造人、改变人和发展人。在智能时代，产业升级和岗位类型变化的提速使得技能人才素质培养的内容也不断扩增，培养学生健全健康的人格是落实立德树人的基础环节，更是从人口红利向人才红利转型的重要节点；坚持立德树人就是要聚焦德技并修的育人机制，以社会主义核心价值观作为精神引领，以技能竞赛、艺术体育比赛、素质拓展活动等为载体，实现学校、企业、社会"三位一体"联动培养机制；坚持立德树人不仅要在学生的德育上下功夫，还要着力提高教师品德修养，加强师德师风建设，完善师德师风评价体系，只有教师自己树人，拥有高尚人格，才能身正为范，促进学生立德成人。

（二）打造"有温度"的就业服务

就业，是职业院校办学水平的重要指标，更是关系着千家万户的幸福，是国家稳定和发展的基石。职业院校要助跑就业的"最后一公里"，一是建设就业指导的教师团队，做好前期就业观念指导工作，有针对性地进行职业生涯规划教育，帮助学生树立有利于自身全面发展以及推动社会发展的职业理想，并关注每一位学生的心理健康状况，安抚学生的就业焦虑情绪，及时发现问题解决问题。二是加大困难帮扶力度，做到精准帮扶，最大限度降低"不就业、懒就业"的毕业生数量，同时实现有就业意向的学生成功就业。三是利好政策鼓励毕业生去基层、西部地区就业和参军报国。积极宣传政府的相关就业政策，以物质奖励和引导教育毕业生下基层、去西部地区、进部队建功立业，去小微企

业实践锻炼。四是持续跟进就业服务。利用新媒体平台和大数据技术，为学生从海量的就业信息中筛选、推送符合其个人意愿和特点的就业岗位，及时反馈学生的就业意见，提高就业服务质量，进一步完善就业服务体系。

（三）构建"纵向贯通、横向融通"职教体系

教育部对职业技术教育的定义作出了新的阐释：就是面向人人的终身教育，面向市场的就业教育，面向能力的实践教育，面向社会的跨界教育。构建"纵向贯通、横向融通"职教体系是职业教育的发展趋势。在纵向融通方面，强调的是教育对象在教育体系内部的接续培养。职业院校对内推行"1+X"证书制度，学历教育和技能培训齐头并进。对外为企业在职员工提供继续教育培训服务，既提高社会职工的技能水平和职业素质，又可与企业建立友好合作关系。在横向融通方面，旨在为学生选择不同的教育类型打通渠道，强调的是职业教育和普通教育的协调。即推进职教"小高考"以及完善普职融通制度，提升各级职业教育之间的相互促进关系，疏通技术技能人才成长之路。促进职业教育的纵向贯通和横向融通，才能发挥职业教育个性化、多元化、终身化的职业教育特色，确保群众在成长和职业生涯发展过程中持续学习技能，提升技术技能人才的成就感和幸福感。

在新时代背景下，职业教育如何实现"大有作为"已有了新的思路。根据职业教育的中国特色和类型，关键把握守正创新的含义，坚持和巩固中国特色社会主义教育发展道路，完善和发展现代职业教育体系；从职业教育文化建设入手，要把握正本清源的实质，理解职业教育理念的新内涵、弘扬大国工匠精神、建设高素质技能人才队伍、打造具有特色文化的职业教育品牌；从职业教育的质量出发，质量是职业教育的生命线，未来职业教育质量改革的主线就是增值赋能、提质培优。总之，我们要打造更优制度、更全体系、更高质量、更有活力、更加开放的职业教育，使职业教育真正打破"围墙"，彰显职业教育的价值，为建设教育强国添砖加瓦。

精准扶贫工作中的职业教育理论及其实践

无锡职业技术学院马克思主义学院　李沛

摘　要：本文主要探讨职业教育理论及其在扶贫工作中的实践作用。从职业教育的发展史可以看出，职业教育作为社会教育的一种重要内容，在近现代中国扶贫工作中曾有着重要的地位和作用。党的十八大以来，习近平总书记提出的"精准扶贫"理念中，将职业教育作为一项重要的实施措施。实践表明，职业教育扶贫在"精准扶贫"的理念指导下，取得了丰硕的成果。为确保脱贫攻坚战的胜利和成果，本文从坚持思想政治教育的引领作用、借鉴"大职业教育"理念推进地方社会改造、探索职业教育扶贫效果的长期评估方式三方面提出未来职业教育扶贫工作的思考和建议。

关键词：职业教育；精准扶贫；社会教育

2020年是中国全面建成小康社会和全面打赢脱贫攻坚战收官之年。经过多年的努力，我国的脱贫攻坚已经取得决定性的成就，当然，在脱贫攻坚战的全面收官阶段，仍然需要对突出问题和薄弱环节进行精准发力，确保剩余贫困人口可以如期脱贫。本文主要探讨新时期的职业教育，对当前脱贫工作的意义和作用，以期为我国脱贫攻坚战的最终胜利，提供一些有益的建议。

一、回顾历史：职业教育与社会教育的结合

职业教育作为个人工作技能和经验传授的一种手段，在中国传统时期早就存在，但中国古代社会的职业教育，有着明显的职官性和生计性的特点，通过学习一技之长以谋生，是中国传统社会中个人从事职业教育的一个重要目的，然而，在传统社会，职业技能主要通过官办、家传和小规模私学完成，明清时期的大规模的技术推广，也仅存在于少数行业（农业、纺织）。所以传统社会的职业教育，并不是一种面对大众实施社会教育，以改变普通人生活面貌的方式。

这是当时的社会性质所决定的。

按照马克思主义关于人类社会起源的观点，职业性的教育，是人类发展到一定历史阶段的产物。现代职业教育的产生，依托于现代社会分工体系的建立，正是人类开始有了社会分工，才产生了各种各样的职业团体和职业伦理，职业教育才有其必要性。20世纪以来，随着现代教育体系在中国的建立，职业教育开始与社会教育相结合。职业教育在中国的发展，是从专业化起步，并向社会化拓展的。现代化的职业教育学校和职业教育课程萌生于19世纪末期到20世纪初期。辛亥革命后，职业教育得到迅速发展，从1917年中华职业教育社的成立，到1922年职业教育学制进入《学校系统改革案》，职业教育正式在教育体制内取得了地位。按照中华职业教育社的提法，是"用教育的方法，使人人获得生活的供给和乐趣，同时尽其对群之义务。"职业教育的教学宗旨是"为个人谋生之准备、为个人服务社会之准备、为国家及世界增进生产力之准备"。中华职业教育社把职业教育的宗旨，与社会和群体的需求联系在一起，也将职业教育作为社会教育的一个重要构成部分提了出来。

20世纪20年代至30年代，社会教育（平民教育、民众教育），被当时的教育学者认为是实现救国救民的一种重要形式。著名思想家、乡村建设运动的倡导人梁漱溟先生提出，社会教育是乡村建设运动的一个重要突破口，即下沉乡村的知识分子带领农村大众，最终在乡村建立一种人生向上、合作进取的组织模式和内在伦理。又如平民教育的提倡者晏阳初先生，提出面向全体大众的平民教育，包括文艺教育、生计教育、卫生教育和公民教育四个内容，分别对应解决中国民众"愚、穷、弱、私"的问题，生计教育主要解决"穷"的问题，它对于贫苦民众的意义，在于普及科学的知识技术，改善其生计组织，以提高其经济生活。如果说生计教育，还只是以向贫困大众教授技能改变其命运的话，那么在著名教育家、中华职业教育社创始人黄炎培先生看来，职业教育就不仅仅是为个人谋生的，而且是为社会的发展和进步而服务的，因此职业教育不仅仅是简单的生计教育，而且是通过一定的职业陶冶和思想品德的培养，从而达到"使无业者有业，有业者乐业"的目标，在黄炎培的思想中，职业教育社会化的方向，是在生计教育的基础上，吸收公民教育和道德教育的元素。

新中国成立后，党和国家十分关心职业教育的发展，职业教育的发展理念一定程度上延续了"个人谋生、服务社会、增进生产力"的三大宗旨。20世纪50年代，教育部在制定中等职业技术学校的培养目标时，提出了"培养具有必要文化科学的基本知识，掌握一定的现代技术，身体健康，全心全意为人民服务的初级和中级技术人才"的培养目标。改革开放以来，职业教育作为社会教育的一种重要形式得到了更大的重视，尤其是着眼于城乡发展、区域发展的差距，职业教育被赋予了更多的社会功能，即帮助城乡居民脱贫致富和西部地区的劳动力输出与就业。1996年，《中华人民共和国职业教育法》正式实施，法律规定国家采取措施扶持农村、少数民族、边远穷困地区职业教育的发展，帮助妇女、失业人员、失能人员拥有接受职业教育的机会。进入21世纪，为农村劳动力转移和就业服务，仍然是职业教育发展的一个基本方向。尤其是21世纪初，通过职业教育扶贫得到国家和社会越来越多的重视，相关政策也逐步得到落地。

党的十八大以来，党中央对职业教育的使命和社会责任，做出了进一步的提升。2014年6月，习近平总书记就加快发展职业教育做出重要指示："职业教育是国民教育体系和人力资源开发的重要组成部分，是广大青年打开通往成功成才大门的重要途径，肩负着培养多样化人才、传承技术技能、促进就业创业的重要职责，必须高度重视、加快发展。"帮助青年学子追求梦想，为贫困地区搭建发展之桥，是职业教育发挥更大社会作用的舞台。在2015年的中央扶贫工作会议上，习近平总书记明确指出发展职业教育的重要性："贫困地区教育事业是管长远的，必须下大气力抓好。脱贫攻坚期内，职业教育培训要重点做好。一个贫困家庭的孩子如果能够接受职业教育，掌握一技之长，能就业，这一户脱贫就有希望了。国家教育经费要继续向贫困地区倾斜、向基础教育倾斜、向职业教育倾斜，特岗计划、国培计划同样要向贫困地区基层倾斜。"习近平总书记的这些论述，把发展职业教育，作为精准扶贫战略的一项最直接、最可持续的措施，是对职业教育成为一种社会教育的最集中的理论阐述，提升了职业教育的社会价值和意义。习近平新时代中国特色社会主义的职业教育理念，不仅是马克思主义关于人的全面发展、人与社会关系的观点的运用，还是对百年来中国职业教育思想中的精神财富的继承，它把职业教育从解决人的生存和"饭碗"问题，提升到个人融入社会、改造社会的层面。职业教育与扶贫工作的深入结合，就是在习近平新时代中国特色社会主义的共同理想下，以社会本位的教育思想开展的伟大实践。

二、立足现实：职业教育与脱贫攻坚战

（一）"精准扶贫"理念之前的职业教育扶贫工作

在"精准扶贫"理念提出之前，职业教育虽然在雨露计划等项目中起到了一定的作用，但从实施效果上看，其实施的精准度仍然有所欠缺，主要的实践困境在于：第一，社会大众对职业教育观念上存在误区。社会各界和人民群众

对职业技能教育的认可度偏低。尤其是贫困地区的农民认为，职业技能学校可读可不读，花钱读这个书还是做个打工的，不如不读。同时，受传统思想的束缚，人们潜意识里认为职业教育是"不入流的教育"，要让孩子成才又有出息那就都去搞学术、做学问，或者做管理，这是一种观念上的误区。

第二，职业教育在贫困地区的发展条件有限。贫困地区的职业教育投资相对分散，未能形成规模效应，有的学校缺少基本的实习实训设备，信息化教学、场景化教学的相关配套设施不够完善，许多工学结合、校企合作方面的探索还未能实现，学生的实习机会少，实践能力得不到提升。

第三，职业教育在贫困地区的发展质量参差不齐。有的地区的职业教育课程设置不够合理，基础课程过度向大学课程看齐，难以提升学生（尤其是基础较差者）在语言、文字表达和逻辑思维方面的共性能力，专业类课程与当地经济社会发展和产业结构的联系度不够，导致学生在就业方面缺少竞争力，优质师资力量不足，教师团队流失严重也导致了教学质量难以有效提高。

第四，职业教育实施的政策体系较为单一，发展职业教育的资金主要来自政府财政，社会资本的参与程度不够高。目前学校主导的职业教育扶贫格局没有得到根本改观，企业、行业、社会组织，尤其是贫困群体个体未能真正成为扶贫主体，如此就导致了职业教育扶贫社会协同不力，边际效益递减的问题。

（二）"精准扶贫"理念对职业教育扶贫工作的促进

在这样的现实条件下，习近平总书记提出的"精准扶贫"理念，重在解决贫困现象的"局部集聚"和"整体分散"并存的问题。"精准扶贫，就是要对扶贫对象实行精细化管理，对扶贫资源实施精确化配置，对扶贫对象实行精确化扶持，确保扶贫资源真正用在扶贫对象上、真正用在贫困地区。"精准扶贫的理念，对新时代职业教育在扶贫工作中的地位和作用，提出了方向性、策略性的要求。

按照习近平总书记提出的"精准扶贫"理念，职业教育扶贫政策体系得到了进一步的完善，职业教育扶贫工作也在各地得到了重视。2016年12月，教育部等多部门颁发《教育脱贫攻坚"十三五"规划》中指出，要帮助贫困人口通过职业教育实现家庭脱贫，尤其是通过建档立卡的形式，使贫困生免费接受中等职业教育或获得国家助学金。2016年《职业教育东西协作行动计划》的出台，也极大地推动了东西部地区的教育合作与结对帮扶。2017年，教育部和国务院扶贫办联合出台了《贯彻落实〈职业教育东西协作行动计划（2016—2020年）〉实施方案》文件，这份文件明确指出了职业教育与精准扶贫的关系，即通过东西部扶贫协作，将精准扶贫与职业教育发展相互结合。拓宽职业教育资源，提升西部地区中职和高职院校的办学水平。

据教育部的统计，2016年以来，职业教育东西协作行动计划共在帮扶投入方面，累计投入帮扶资金超过12亿元，捐赠物资设备价值5697.96万元；在合作共建方面，共建示范专业点421个、示范性实训基地214个、分校（教学点）21个，共同组建职教集团（或联盟）39个；在人员交流方面，相互派挂干部1693人，选派优秀教师8803人；在学生培养方面，对接完成26901名学生的中职招生兜底；中职招收建档立卡家庭学生人数达到31.48万人；在职业培训方面，开展各类培训项目469个，培训总人数83704人。总体上看，东西协作职业教育扶贫各项任务顺利推进，取得了明显成效，为完成全面建成小康社会的脱贫攻坚任务作出了重要贡献。

三、进一步发挥职业教育作用，确保脱贫攻坚战役决胜

2020年，我国的脱贫攻坚战进入收官阶段，宏观环境的不确定性仍然很大，完成最后的脱贫攻坚任务，取得脱贫攻坚战的完全胜利，仍然需要大量的努力。职业教育在脱贫攻坚战役中，将继续发挥重要的作用。本文认为，在脱贫攻坚战的决胜阶段，进一步发挥职业教育的作用，应当继续做好三个方面的工作：坚持思想政治教育的引领作用；借鉴"大职业教育"理念，推进乡村社会改造；探索职业教育扶贫效果的长期评估方式。

第一，坚持思想政治教育的引领作用。扶贫必先扶志，精神扶贫是精准扶贫的核心理念。无论是从消除贫困的根源和思想基础来看，还是从教育培养人才的基础理念来看，思想政治教育都需要放在首要的地位。职业教育在帮助贫困人口摆脱生活困境的过程中，不仅仅是传播知识和教授技能，更重要的是使贫困群体树立对生活的信心，形成乐观向上、积极进取的人生态度，培养忠爱友善的公民道德，从而形成人生发展不竭的内生动力。也就是说，使"无业者有业"是职业教育扶贫的初步目标，使"有业者乐业"才是达到人与社会可持续发展的长期目标。在贫困地区开展职业教育，需要坚持思想政治教育的引领作用，不但要加强思想政治课程的教育，还要将中华传统美德、社会主义核心价值观、中国特色社会主义理论等方面的内容，有机融入职业教育的实践过程中，而且，不仅仅是职业教育从业者，包括驻村干部、扶贫社会工作者和企业扶贫人员，都要做到有思想、有道德、懂政治，能够积极引导和激发贫困地区群众脱贫致富的内在活力，从而形成"先进带动后进"的良好氛围。

第二，借鉴"大职业教育"理念，推进地方社会改造。职业教育是社会教育的一种重要体现形式，通过社会教育，可以带动地方社会的变迁和改造。在

扶贫工作中，可以借鉴黄炎培先生的"大职业教育"的理念：职业教育是一种社会广泛参与的教育形式。不是孤立地办职业教育，而是与社会建立广泛的联系，投身到改革社会的政治活动中。在徐公桥等地的乡村改造试验中，中华职业教育社以教育发端，把为农民解决最实际的问题作为试验的出发点和落脚点，在乡村自治、教育普及、生产充裕、娱乐改良等方面都起到了突出作用。当前我国的脱贫攻坚事业，除了以政府作为主导力量进行推进之外，更需要多方动员社会各界的力量的参与，而职业教育则是一个吸纳社会力量的重要手段。在"大职业教育"的理念下，职业教育不再局限于学校普通教育，而是与职业相沟通，与服务社会相结合，接受教育者在学习知识的过程中，通过职业陶冶、职业指导和职业见习，提升对社会、对职业的理性认识，从而养成对社会、对国家的责任感和使命意识。通过职业教育培养的一批具有公益精神和改造能力的个人，将会对地方社会的公共事业投入更多的努力，也会为当地企业、协会、研究机构等职业团体，形成具有可持续发展的人力智力资源。

　　第三，探索职业教育扶贫效果的长期评估方式。实现人的全面发展，促进个人融入社会，是教育的最终目标。对职业教育的发展效果评估，也应该从个人发展的需要和社会教育的需求出发。当前，我国现行的对口支援、精准扶贫政策表现为一种应急的机制，在制度上缺乏规范性和制约性，对于职业教育绩效的评估主要针对就业率、经济收入等层面指标，缺少对扶贫对象全面发展和融入社会的深度评估。一方面，应进一步建立健全职业教育质量效果监测评估机制，从监测评估主体、监测评估内容、监测评估组织、监测评估程序、监测评估时间等方面，建立全过程周期的监测评估体系。另一方面，要探索制定一些针对个人全面发展的有效测评方式，如职业教育体系内受教育者的人生规划测量、社会公益事业参与评估、人口迁移与职业变化调查、教育扶贫前后家庭和社会关系评估等，用综合性的测量方式，较为全面准确地评估职业教育的扶贫效果。